子どもの貧困と公教育

義務教育無償化・教育機会の平等に向けて

中村文夫
NAKAMURA Fumio

明石書店

目次│子どもの貧困と公教育——義務教育無償化・教育機会の平等に向けて

はじめに —— 子どもの貧困、学校統廃合、学校職員の非正規化　7

1　子どもの貧困の現状と課題　15
(1) 子どもの貧困率 16.3％という現実　15
(2) 現行の選別主義的施策　16
　ア　就学援助の実態　16
　イ　認定基準の考察　22
(3) 戦後の子どもの貧困対策と就学督励　29
　ア　法整備の過程　29
　イ　教育福祉の考察　32

2　戦後公教育体制の解体と3つの課題　41
(1) 安倍政権による戦後公教育の解体　41
　ア　教育再生実行会議の施策と実体化　41
　イ　グローバル人材の育成と地方創生　45
(2) 子ども、地域、学校　47

3　新たな選別主義的施策　51
(1) 「学歴・学力保障」に向かう選別主義施策　51
　ア　子どもの貧困対策法の施策　51
　イ　文教概算予算に見る子どもの貧困対策のねらいと問題点　57
　ウ　就学援助制度の位置づけ　62
(2) 「学歴・学力保障」政策の具体的な展開　64
　ア　先行してきた社会福祉の取組　64
　イ　「学歴・学力保障」の新展開　72
(3) 足立区「2015年子どもの貧困対策元年」　73
　ア　23区の格差のなかで　73

　　　　　イ 構造的な課題と基本構想　74
　　　　　ウ 教育環境とこれまでの施策　76
　　　　　エ 2015年子どもの貧困対策元年　80
　　（4）イギリスの拡張学校の事例　86

4　普遍主義の進展・義務教育の無償化　91

　　（1）学校財政の脆弱性　91
　　（2）義務教育の無償化への展望　100
　　　　　ア 明治期から学校財政はどのようになってきたか　100
　　　　　イ 公会計化による改善と就学援助事務　102
　　　　　ウ 「子どもは地域の宝」を実現する義務教育費の無償化　108
　　（3）高校授業料の無償化　114

5　学校統廃合　119

　　（1）学校設置と統廃合の戦後史　119
　　　　　ア 21世紀は学校統廃合の世紀　119
　　　　　イ 戦後の学校の教育環境整備　120
　　（2）文科省の路線転換　122
　　　　　ア 地方創生と廃校　122
　　　　　イ 学校統廃合推進の衝撃　124
　　　　　　　① 手引の内容と影響　124
　　　　　　　② 戦後の学校統廃合の変遷　127
　　　　　ウ パンドラの箱　128
　　（3）地方創生と学校の統廃合　133
　　（4）都市部における学校統廃合　134
　　（5）脱統廃合　139
　　　　　ア 学校統廃合をしない、できない場合の方策について　139
　　　　　イ 手引の分析　143
　　　　　　　① 手引の前提条件への批判　143
　　　　　　　② 適正規模・適正配置　144

　　　　③ 学校統合の留意点　146
　　　　④ 小規模校を存続させる場合　147
　　ウ　しない、できない場合の具体的方策　148
　　　　① 小さな学校の評価と工夫　148
　　　　② 教職員定数、複式学級標準の改善　150
　　　　③ 学校施設環境、スクールバスの課題　153
　　エ　存続の意志を　157

6　学校職員の非正規化と外部化　161

(1) 学校職員構成の変容　161
(2) 教員の多忙化の現実と理由　165
　　ア　OECD調査への対応　165
　　イ　鍋ぶた型からピラミッド型へ　167
　　ウ　非正規教員の拡大の要因　172
(3) 学校スタッフ職の非正規、官製ワーキングプア化　174
(4) 21世紀ピラミッド型学校職員雇用　180
　　ア　小規模化するなかでピラミッド型は有効なのか　180
　　イ　チーム学校への期待と危惧　182
(5) 公設民営学校と教育バウチャー　187
　　ア　新自由主義政策の究極のかたち　187
　　イ　教育活動の外部化　191
　　ウ　日本における教育バウチャー　195
　　エ　公設民営学校の具体化　197

おわりに ── 公教育の再生、展望と課題　207

あとがき　213

付録　増補改訂版　学校給食費の公会計化を目指す人のためのQ＆A
　　　　── 法令遵守の徹底から無償化を展望します　215

参考文献　231

索引　235

はじめに ── 子どもの貧困、学校統廃合、学校職員の非正規化

　子どもの貧困、学校統廃合、そして学校職員の非正規化が、公教育の現在を浮かび上がらせる。そのなかでも、子どもの貧困についての情報や報道はたくさん世に出るようになった。しかし、学校現場では、子どもの貧困を正面から受け止めることは多いとはいえない。子どもの貧困に起因する学校給食費（以下、給食費と略す）の未納、いじめ、長期欠席（不登校）について、社会的要因から理解するのではなく、保護者のだらしなさ、子ども同士の心理的要因や授業態度などに限った受け止め方をする傾向がある。対策を講じる場合も、個別的な家庭状況や子ども自身の問題とされがちである。

　子どもの貧困への対応は、とりわけ給食費の未納問題に顕著に現れる。文部科学省（以下、文科省と略す）の「学校給食費の徴収状況に関する調査の結果について」（2014年1月23日）によれば、未納の主な原因についての学校の認識は、「保護者としての責任感や規範意識の問題61.3％」「保護者の経済的な問題33.9％」「その他4.9％」である。このような、保護者に給食費を払うべき責任感や規範の意識が欠如していると断じる学校側、つまり教育行政の現場担当者の主な判断は、この調査が始まってからずっと変わらない。これまでも文科省は、2006、2009、2010、2012年と「学校給食費の徴収状況に関する調査」を行っている。調査を始めた目的は、当時、社会的に騒がれていた給食費の未納問題の実態調査であり、焦点は未納の規模とその理由を解明することにあった。その意図通りに、最初の悉皆調査によって20億円を超える規模の未納額と、親のモラルの問題が経済的な理由を上回る結果となった。2014年調査によれば未納者の割合は、わずかに0.9％である。厚生労働省（以下、厚労省と略す）「平成22年度国民生活基礎調査」によれば、子どもの貧困率（相対的貧困率）が16.3％である。この現実からすれば、貧困世帯の保護者もよく支払いをしていると感心するのが心ある人の態度ではないだろうか。このような視点

は浸透していない。保護者の責任感の欠如という発想は、未納世帯の子どもへの給食を止めるという懲罰的、見せしめ的な行動に出る学校や地方自治体を生み出す。未納分が出たことによる行政的な責任をどのように果たすのかが優先されている現実がある。たとえば、北本市の4つの中学校の校長は2015年6月に、3ヵ月未納なら給食の提供を止めると保護者へ通知した。通知には、給食は有料なので支払いをするのは社会的ルールであるなどの文言も記されていた。その結果未納の保護者全員から納入、あるいは納入の意思が示されたという[1]。支払い義務があるのは保護者であり、子どもたちは義務を負っていない。明らかにお門違いの態度である。学校給食法第2条では教育としての給食を目標とし、第3項には「学校生活を豊かにし、明るい社交性及び協同の精神を養うこと」と記され、「学校給食実施基準」第2条には、「学校給食は、当該学校に在学するすべての児童又は生徒に対し実施されるものとする」としている。一部の児童生徒への給食の提供を止めることは、この目標や基準を逸脱した行政措置といえる。学校給食の目標を逸脱し、給食提供を止める措置をしたことに対して鳫咲子（2015）は、「学校や行政は懲罰的な対応ではなく、滞納を福祉による支援が必要なシグナルととらえる必要がある」[2]と、的確なコメントを出している。教育と福祉とを積極的につなげていく発想を学校に働く職員は共通の姿勢としてもつことが大切である。

　1つ目の課題として子どもの貧困を取り上げる。絶対的貧困の「科学的」概念をつくったイギリスのB・S・ラウントリーは、非熟練労働者にとって貧困に陥る生涯の3度の危機として、幼少期、子どもをもった家族形成期、そして仕事からリタイアした老齢期を挙げている[3]。前2期は、1つの事柄を子と親という立場を変えて表現したにすぎない。彼がイギリスのヨーク市で調査したのが1899年であることを考えると、1世紀以上を経ても貧困世帯の子どもの生き難さは変わっていない。子ども期の危機がその後の人生に多大な影響を与える。

　現在、貧困状態にある保護者には、国の制度として生活保護（教育扶助）があり、準要保護制度がある。子どもの貧困対策として、選別主義（selectivism）に立つ就学援助制度による金銭的な保障が行われている。補助のなかには、もちろん給食費も含まれている。この就学援助制度の受給率には地域的な偏差が

ある。単に、個別世帯の問題だけではなく地域的な偏りについての検討が不可避である。まず、第1章ではこれまでの子どもの貧困対策を検討する。第2章でその背景となっている公教育とその新自由主義的な在り方について概括的な把握を試みる。第3章では子どもの貧困について就学援助などの就学督励の政策から、貧困の世代間連鎖の言説にのって子ども自身の自立的な頑張りによる貧困からの脱出へと政策が転換していることを明らかにする。2013年に「子どもの貧困対策の推進に関する法律」（以下、子どもの貧困対策法と略す）が成立し、2014年に「子供の貧困対策に関する大綱」がつくられた。子供の貧困対策に関する大綱では、学校を子どもの貧困対策のプラットフォームにすると記されている。北本市の事例にあるように子どもの貧困について関心が深いとはいえない学校職員の現状からすると、この視点は衝撃的である。

　ただし、その中味を見ると、保護者の経済的状況に影響されずに義務教育を学べる体制をつくることではなく、子どもへの「学歴・学力保障」による自立を促すことが中心となっている。このような子どもの貧困対策は近年、厚労省の所管する生活保護世帯への自立の一環として取り組まれた。それは世代間連鎖を防ぐ先行した取組であった。この政策は選別主義の新自由主義的な転換である。この新たな選別主義的な政策は本当に有効性があるのか、検討を加えたい。卒業資格取得を目的とした学びでは、人生を拓いていくことはできないと考えられる。第3章には、『埼玉自治研』No.44に掲載した「子どもの貧困への教育行政からのアプローチ」の一部も使用した。

　検討にあたって、子どもの貧困層の拡大という1つ目の課題へのアプローチに地域的な課題を設定する。なぜなら、近代公教育は一方で近代国家を支える国民の創設であるとともに、地域の共同体の存続という側面もあわせもっていたからである。子どもは地域や社会の宝という視点は重要である。この2つの側面は、必ずしも一体的ではなく相互反発しながら学校教育をつくり上げてきたと考えている。今日、公教育の市場化が、子どもの貧困への対策事業において活用されている実態にも言及する。「民間活力の活用」[(4)]は、さまざまな方面から公教育を虫食い状態にしている。

　第4章では、それまでの公教育の矛盾への批判を踏まえて、普遍主義（universalism）に立った教育福祉を構築していくことを模索する。選別主義が

所得、職業、居住地域、家族関係などによって給付資格を限定するのに対して、普遍主義は給付資格を限定しない考え方である。教育福祉における普遍主義は、たとえば民主党政権下で実施した高校授業料の無償化のように、すべての子どもたちへの制度の適用によって実現される。貧困に陥る子ども期の危機を回避・改善するためのベースになるものとして本書では、公教育、とくに義務教育の無償化を、基本的な政策として具体的に展開することを求める[5]。なお、普遍主義は財政的な支出が拡大し、選別主義より効果が薄いとされるが、中間層へも給付されるために財政支出への同意がとりやすい利点がある。また、経済的再分配機能が高ければ、公共への信頼も高まるのである。当然劣等処遇の問題も生じない。さらに、税の高負担によって普遍主義をとる北欧では、格差是正効果があるだけではなく、累積債務の減少も見られるという国家財政面の好効果があるとする研究者もいる[6]。今後、総合的な分析が必要である。

　就学援助制度の充実は当面の措置としては必要な対応であるが、それは貧困の状態にある子どもたちを選別した給付であり、そこにはスティグマ（社会的弱者に押しつける負の烙印、屈辱）が生じる。日本国憲法第26条にあるように給食費、教材費など公教育、とくに義務教育において無償にすることを実践的な課題とし、すでに無償化に踏み出した地方自治体を紹介する。義務教育は無償であり、義務教育以外も漸進的に無償化を目指す視点が大切である。日本も2012年10月に国際人権規約A-第13条2(b)(c)の留保解除を行った[7]。このことによって公教育の無償化が日本でも基本的な判断の軸に置かれることとなった。その無償を実現する立場にあるのは、学校教育法第5条にあるように第一義的には設置者である。公立学校において学校教育に必要な財源確保は、義務教育であれば市町村、高校であれば都道府県が当たることになる。国の役割はそれを援助し、補助することである。

　そして、実態からすれば、義務教育費の無償化の直前にまで至っているのが日本の状況である。つまり、保護者負担として残っているのは給食費と修学旅行費、授業の補助教材などの一部にまで狭まっているのである。普遍主義に立った解決まで、もう一歩のところに来ている。公教育にあっては、このような問題意識を政策の俎上に載せることは、2013年の子どもの貧困対策法以前

には、高校授業料無償化があるだけであった。

　地域的な側面を検討することは、少子高齢化による人口減少の地域的な偏りという２つ目の課題にも通じる。人口減少は全国的な現象であるが、社会的な人口移動に伴う課題も存在し、21世紀になって学校の統廃合が急速に進んでいる。文科省は「地方創生」政策にのって、学校統廃合への積極策に転じた。明治の学制頒布以来、全国津々浦々に学校をつくってきた地域の人々の願いが通じない時代となってしまっている。就職機会も少なく、地域全体として将来を閉ざされていると感じてしまう未来の貧困がここでは大きな課題である。このような厳しい状況にあっても、社会や地域の宝としての子どものために学校を維持していくことに意義があると考えている。文科省の政策転換について詳細な検討を加える。この課題については第５章で検討したい。第５章は、『現代思想』2015年４月号に掲載した「まち、こども、学校、そしてそこに働く人々」および『公教育計画研究』第６号に掲載した「小規模学校の存続についての一考察」をもとにして構成をし直し加筆した。

　３つ目の課題として、学校職員の非正規化、外部委託化について取り上げる。義務制教員の17.22％（高校教員の21.45％）が非正規教員である現実はあまり知られていないし、教員相互でもその危険性の認識があるとはいえない。教員の多忙化への調査や記事が文科省と財務省との予算折衝の時期に合わせて毎年のように新聞等をにぎわす。2014年からは、この学校職員の定数配置の課題として「チーム学校」と呼ばれる教員とそれ以外の学校職員の組織体制の在り方が中央教育審議会（以下、中教審と略す）等で検討されてきた。義務教育費国庫負担制度や教職員定数標準法などの国の制度によるもの以外にも地方自治体が独自に任用している学校職員は多職種に分かれている。その多くが非正規公務員として官製ワーキングプアとなっている。学校職員の構造的把握により、教員をはじめ学校職員の定数配置の実態から、子どもの貧困の課題に通底する深刻な問題を明らかにする。そして、「チーム学校」がこの問題の解決策になるのかを検討する。その先にあるのは欧米の新自由主義教育政策の究極の形態である公設民営学校や教育バウチャーと呼ばれる制度の導入であるとも考えられるからである。

　この３つの課題はいわば進みつつある戦後教育体制（レジーム）の解体に伴

う影の部分である。戦後公教育の基本的な理念の1つである教育機会の平等は、世界共通の近代公教育の基礎的な概念であった。それが覆されつつある。教育機会の平等とは何かという議論がある。機会の平等なのか、結果の平等なのかという視点があるが、いま、進んでいる状況は視点の相違を超えて危機感を共有しなくてはならない事態となっている。OECD（経済協力開発機構）によるPISA（生徒の学習到達度調査）の調査も含めて、グローバル人材の育成が疑う余地のない教育政策として打ち出されている。グローバル人材については、2015年7月15日に成立した公設民営学校を認めた法律のなかにある、公設民営学校のねらいとして掲げられた次の言葉が端的な表現でわかりやすい。すなわち、「産業の国際競争力の強化及び国際的な経済活動の拠点の形成に寄与する人材」である。保護者も、自分の子どもがグローバル人材となって雄飛する姿を望ましいものとして夢見る。また、子ども自身も将来の自分の姿をそこに見ようとする。

　教育政策も英語教育の早期化、中高一貫の中等教育、スーパーサイエンススクールなどの特別な後期中等学校の制度化、そしてグローバル大学（G大）とローカル大学（L大）への区分けなど、複線型教育体制を前提とする多様な教育機会の分岐が拡大している。わかり切ったことではあるが、グローバル人材に誰もがなるわけではない。そしてどの道を歩くのかは、子どもへの教育投資を保護者が早期からどの程度行えるかどうかで、おおよそ決まる。保護者の貧富の差が、分岐しつつある多様な教育機会の選択に決定的な影響を与える。このように新自由主義的な教育政策のコンセプトは「分ける」である。分離したうえで再包摂する考え方である。

　現在の公教育の矛盾は、公教育の市場化と選択の自由に象徴される新自由主義的な政策の影響によるところが大きい。渋谷望（2003）は、グローバリゼーションによって国民の福祉と国民経済との間にあった相関関係が揺らいだ結果、「再訓練などスキルの獲得に意欲のある「アクティブな行為主体」とそうでない者——「アンダークラス」、「排除される者」、「マージナルな者」——とのあいだに分割線が画されるのである」と述べている[8]。分割線によって光と影とができる。グローバル人材の育成を光の部分とすれば、子どもの貧困や学校統廃合、学校職員の非正規化などは影の部分に当たる。

はじめに

　近年、子どもの貧困対策は、主に社会福祉からのアプローチであった。そのために、教育内容や公教育システムへの考察は、外在的であった。グローバル人材育成の影の部分であり、その光の部分への批判と対となったものでない限り、子どもの貧困問題は内在的な課題とはならない。本書では教育行財政からの子どもの貧困など3課題へのアプローチを試みる。子どもたちが向かおうとしている未来は、稼働年齢の間は、生活保護には至らないが最低限の生活環境で自立的に生きることを強いる社会である。そこに向けた「学歴・学力保障」が子どもの貧困対策の中心に置かれようとしている。また、学校職員について、非正規あるいは民間委託職員が拡大している現実は、子どもの貧困対策を先行して実施している生活保護関連職場でも同様かそれ以上に深刻であり、官製ワーキングプアの人々が子どもの貧困対策の前面に立っている構造を示している。いわば、貧しい者が貧しい子どもたちへの自立支援をするという構図である。まるで合わせ鏡のようである。

　地域密着型の公教育を構想するなかで、地域の生き残りと連動した学校の在り方を模索し、公教育が40％（今後さらに拡大する可能性がある）の非正規労働者養成機関とならないための解決の糸口と公教育の再生を模索していきたい。

　制度は、変わるときがある。変わらねばならないときがある。しかし、その変更は本当に子どもたちの豊かな未来をつくり出すものなのか、厳しく吟味する必要がある。「分ける」というコンセプトに対して、「混ぜる」ことの大切さを考えてみたい。「地方創生」と教育政策の変化に焦点を当てることで光と影との陰影をのぞいてみることにする。いまある光を消し去り、影を光とすることへのささやかな試みである。

（1）朝日新聞「「給食停止」当然？　やり過ぎ？」2015年7月4日。
（2）同上。
（3）B・S・ラウントリー、長沼弘毅訳『貧乏研究』千城、1975年。
（4）1999年に「民間資金等の活用による公共施設等の整備等の促進に関する法律」（PFI法）が施行された。国や地方公共団体が担ってきた公共サービスを民間事業者が競争しながら請け負うことで、サービス向上が可能となるという考え方に基づいている。
（5）中村文夫「公教育の無償化への再構築──学校徴収金、とくに学校給食費の公会計化をステップとして」http://www.jichiro.gr.jp/jichiken_kako/report/rep_hyogo34/02/

0225_ron/index.htm（2015 年 9 月 10 日閲覧）。
（6）福田直人「「普遍主義」と「選別主義」」『生活経済政策』No.210、2014 年、16 〜 21 頁。
（7）社会権規約 13 条 2(b)「種々の形態の中等教育（技術的及び職業的中等教育を含む。）は、すべての適当な方法により、特に、無償教育の漸進的な導入により、一般的に利用可能であり、かつ、すべての者に対して機会が与えられるものとすること」、(c)「高等教育は、すべての適当な方法により、特に、無償教育の漸進的な導入により、能力に応じ、すべての者に対して均等に機会が与えられるものとすること」。
（8）渋谷望『魂の労働』青土社、2003 年、64 頁。

1 子どもの貧困の現状と課題

(1) 子どもの貧困率 16.3％という現実

　子どもの貧困率（相対的貧困率）が 2012 年には 16.3％にまで上がっている。1985 年には 10.9％であった。1.5 倍に広がり 6 人に 1 人が貧困状態となっている。その背景には非正規率が 40％にも及ぶ日本の雇用状況があることを忘れてはならない[1]。子どもの貧困という概念はなく、子どもを抱えた世帯の貧困があるのだという指摘もある。

　しかし、日本でもようやく「子どもの貧困の再発見」がされたとの視点にも十分な根拠があると考えられる。これまで続けてきた対応では不十分であることは明らかである。子どもの貧困に対して、戦後、生活保護（教育扶助）と就学援助制度という二重の施策によって厚労省と文科省との二元的な実施機関で対応してきた。現行の保護対象を絞り込んだ福祉の選別主義にあっては、子どもの福祉政策は劣等処遇の原則に基づいていて、スティグマを伴う施し的側面をもってきた。結果的には貧困状態にある子どもの教育に対して排除ないし放置に近い状態を生んでしまったのである。この施策からの転換が図られようとしている。

　子どもの貧困率の拡大という状況に対応して政府は、2013 年 6 月 26 日に子どもの貧困対策法を制定し、また、2014 年 8 月 29 日に子供の貧困対策に関する大綱を定め、これを受けて都道府県や一部の基礎自治体でも子どもの貧困対策計画を制定しつつある。それは、一方では、子どもの貧困対策が世帯を単位とする保護者への金銭的な給付を中心とする個人・家庭救済的な対応でしかな

かったいわば「点」としての対応から、地域全体の貧富の構造的な課題をも射程に入れた「面」としての対応への転換を予感させるものである。他方では、これらの始まりつつある「学歴・学力保障」[2]を重視した新選別主義は、ターゲットをさらに絞り込み、民間活力の活用と民間からの投資によって、貧困状態にある子どもの現実と未来とを、戦後教育体制の解体のなかに包摂する意図があるものとみなすことができる。それは構造的な解決ではなく、学歴・学力による個人救済型の貧困からの脱出という役割に公教育を狭めてしまう可能性をもっている。さらに基礎学力を身につけることに重点化した「学歴・学力保障」政策は、稼働年齢の時期には生活保護からの脱却ができたとしても非正規労働者としてファーストフード労働のような最底辺部を構成する将来しか用意しない可能性が高いのではないか。このような新たな動きに対して、いま、重要なことは、公教育、とくに義務教育の無償化を実現しつつ、教育内容の吟味と、子どもの権利条約の視点からいうところの現行の過度に競争主義的な学校制度を問い直していく作業であると考える。

　本章では、子どもの貧困対策の転換の意味と課題とを、義務制諸学校レベルでの分析により明らかにし、普遍主義に立つ教育福祉への展望を提案する。

(2) 現行の選別主義的施策

ア 就学援助の実態

　憲法第26条は、「すべて国民は、法律の定めるところにより、その能力に応じて、ひとしく教育を受ける権利を有する。2　すべて国民は、法律の定めるところにより、その保護する子女に普通教育を受けさせる義務を負ふ。義務教育は、これを無償とする」と記されている。

　ところが、教育基本法第5条第4項は、「国又は地方公共団体の設置する学校における義務教育については、授業料を徴収しない」と義務教育の無償を授業料のみに矮小化してしまった。これでは、戦前の1900年の第3次小学校令（授業料非徴収）と同じ水準である。

　授業料に限定したために、学校教育法第19条に、「経済的理由によつて、就

学困難と認められる学齢児童又は学齢生徒の保護者に対しては、市町村は、必要な援助を与えなければならない」という条項がわざわざ付け加えられた。義務教育費の無償、つまり税負担によって公教育を実施するという欧米ではごく普通の水準で戦後の公教育を始めていれば、学校教育法第19条の規定は必要がなかったのである。

学校教育法第19条の対象は、生活保護法第6条第2項に規定する要保護者と市町村教育委員会が生活保護法第6条第2項に規定する要保護者に準ずる程度に困窮していると認める者、とされている。前者を要保護、後者を準要保護という。

生活保護行政を管轄するのは厚労省である。自治体では法定受託事務として福祉事務所（生活保護担当）が担当し、市（区）部では市（区）が、町村部では都道府県が所管している。認定は申請に基づく申請主義であり、受給要件としては世帯全体の収入、預貯金や不動産などの資産、年金や手当など他の制度で給付を受けることができない場合、就労条件、そして親族等からの援助が受けられない場合など、厳しい条件が付けられている。とくに親族からの援助に関しては、民法の第877条に「直系血族及び兄弟姉妹は、互いに扶養する義務がある。家庭裁判所は、特別の事情があるときは、前項に規定する場合のほか、3親等内の親族間においても扶養の義務を負わせることができる」という条文をもとにして、3親等内の親族には扶養照会を行う。資産要件と親族要件とが、生活保護の捕捉割合を下げていることが考えられる[3]。さらに、1981年11月17日付「生活保護の適正化の実施の推進について」が出されて以来、とくに1990年代から生活保護経費のかさむ自治体では、「水際作戦」と称して苛酷な窓口対応を行うことも報じられている[4]。また、生活保護の受給ではなく、当時の経済成長があるなかでは就労へと促す対応もとられた。

これに対して、後者の準要保護は文科省の管轄であり、各基礎自治体の教育委員会が行う準要保護の認定には国による公式な基準がなく、地方自治体ごとの認定基準により認定されている。そのため、本来ならば要保護家庭に当たる部分に対しても、子どもへの公的扶助だけは実施される可能性をもった制度として準要保護家庭への就学援助制度が機能してきた。認定に関する問題は後に検討することとし、まず就学援助の実態について概括する。

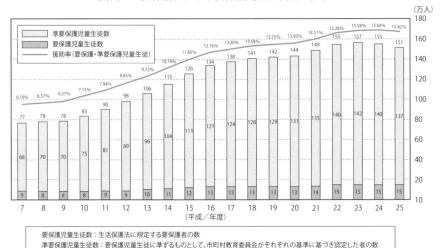

図表1　要保護および準要保護児童生徒数の推移[5]

[出典] 文科省「平成25年度就学援助実施状況等調査」

　図表1で見たようにバブル崩壊後の1995（平成7）年度には、要保護児童生徒数8万7250人（0.69％）、準要保護児童生徒数67万8923人（5.41％）、合計76万6173人（6.10％）であった。2013（平成25）年度には、要保護児童生徒数14万8497人（1.51％）、準要保護児童生徒数136万6018人（13.91％）、合計151万4515人（前年度比△3万7508人）、就学援助率15.42％（前年度比△0.22％）となっている。これに被災児童生徒就学援助事業対象児童生徒数2万5165人（0.26％）を合わせると153万9680人（15.68％）となる。少子化にもかかわらず就学援助対象者が3倍近くに拡大している。約154万人の子どもへの対策が子どもの貧困対策の中心に置かれなくてはならない。その背景として、2013年度に200万円以下の給与所得者が1119.9万人（24.1％）もいることがまず挙げられる（国税庁「平成25年分民間給与実態統計調査」）。
　それでは、地域間格差がどのように現れているのかを見てみよう。1つは都道府県レベルの比較である。2013年度における被災児童生徒就学援助事業対象児童生徒を含んだ就学援助率の高い都道府県は、高知県（25.39％）、大阪府（25.23％）、山口県（24.62％）、北海道（23.10％）、福岡県（22.63％）、東京都

1 子どもの貧困の現状と課題

図表2　2013年度山口県の都市就学援助率（学用品費等）

都市名	要保護率	準要保護率	被災事業	合計	生活保護倍率	備考
山口県	0.87	23.74	0.01	24.62		
下関市	1.30	36.06		37.36	1.30	課税所得
光市	0.56	32.39		32.95	1.30	課税所得、段階的給付
柳井市	0.41	28.17		28.58	1.30	課税所得
山陽小野田市	1.76	23.25		25.01	1.30	課税所得（前々）
周南市	0.56	23.82		24.38	1.30	課税所得
防府市	0.18	22.78		22.96	1.30	課税所得
宇部市	1.76	21.03		22.79	1.30	課税所得
山口市	0.86	21.66		22.52	1.87	収入、段階的給付
下松市	0.26	20.09		20.35	1.30	課税所得
岩国市	0.55	18.12		18.67	1.30	収入税引き前
美祢市	0.66	15.38		16.04	1.30	収入税引き前
萩市	0.42	14.06		14.48	1.30	収入税引き前
長門市	0.41	11.72		12.13	1.30	収入税引き前（前々）

［出典］文科省調査：生活保護倍率は2014年度、生活保護率は2013年度

(22.39％)、広島県(22.30％)、鹿児島県(20.71％)、京都府(20.03％)と、軒並み20％を超えている。4人に1人から5人に1人は貧困世帯の子どもである。これに続いて沖縄県(19.71％)、新潟県(19.38％)となる。逆に就学援助率が低い地域は、静岡県(6.42％)、栃木県(6.67％)、群馬県(6.70％)、茨城県(6.96％)、富山県(6.96％)と、6％台である。おおよその傾向として、大都市を抱えた都道府県で就学援助率が高いと考えられる。ただし、周知の仕方、認定方法や認定基準などがそれぞれ相違するので、必ずしも都道府県レベルでの貧困格差そのものが割合として現れているのではない。たとえば、統計調査では、まったく就学援助受給者のいない基礎自治体も存在するのであるが、貧困世帯が1軒もない超裕福な住民のみで構成されている地方自治体が日本に存在するとは想像することができない。血縁・地縁の濃い地域では申請に対する心理的ブレーキがかかりやすいといわれている。政令指定都市を含まない高知県、山口県については、市町村レベルにまで及ぶ要因の分析が必要である。

　就学援助率が第3位の山口県の就学援助実態を、主要な県内都市について図表2を作成して検討してみた。山口県は一般に地方都市と農村部の関係が近く、受給への忌避感は相対的に高くないと思われる。県内の認定基準を見ると生活保護の基準額に一定の係数を掛けて行う認定基準（生活保護倍率）は、ほぼ1.3倍となっている。山口市は収入比較で1.87倍である（ただし給付も3段階

図表3　政令指定市就学援助率比較

政令指定市	就学援助率（％）	所得比較倍率	道府県	就学援助率（％）
札幌市	22.74	1.1	北海道	23.10
仙台市	12.76	1.0	宮城県	16.51
さいたま市	10.62	1.2	埼玉県	13.19
千葉市	9.59	1.0	千葉県	8.74
横浜市	16.47	1.0	神奈川県	15.58
川崎市	8.37	1.0	神奈川県	15.58
相模原市	17.83	1.5	神奈川県	15.58
新潟市	30.25	1.3	新潟県	19.38
静岡市	8.72	1.3	静岡県	6.42
浜松市	6.95	1.3	静岡県	6.42
名古屋市	15.01	1.0	愛知県	10.35
京都市	23.17	総合判断	京都府	20.03
大阪市	30.06	1.0	大阪府	25.23
堺市	22.75	1.0	大阪府	25.23
神戸市	21.75	1.2	兵庫県	16.43
岡山市	18.65	1.3	岡山県	15.01
広島市	31.20	1.13 × 1.014	広島県	22.30
北九州市	22.29	収入（税引前）1.3	福岡県	22.63
福岡市	27.25	収入（税引前）1.3	福岡県	22.63
熊本市	16.56	1.3	熊本県	13.88

※ 要保護児童生徒率＋準要保護児童生徒率、ただし道府県には震災事業も含む
※ 就学援助率は2013年度
※ 要保護の所得認定に対する倍率は文科省調査をもとに独自調査を加えた

の区分である）。そのなかで下関市が飛び抜けて就学援助率が高い[6]。市区町村の数値には被災児童生徒就学援助事業対象は含まれていない。下関市は2005年に中核市となった。しかし、造船業や水産業の衰退に加え、合併により広い市域のなかで少子高齢化が進んでいる。拠点施設も南部に片寄り、また山陽新幹線整備と関門橋完成により通過都市化が進んでいる。このような地域的な背景も要因となり、下関市が全県を引っ張るかたちで、2013年度も山口県において4人に1人という高い就学援助率が生じていると考えられる。

次に都市部において就学援助率が高いという傾向を受けて、典型的な大都市である全国20ヵ所の政令指定都市とそれを抱える道府県での就学援助率を比較した図表3を作成した。これは文科省「平成25年度就学援助実施状況等調査」（2015年10月）に独自調査結果を加味して作成したものである[7]。ここからは、都市部での就学援助率が高い傾向と、さらに地域間の格差が読み取れる。広島市、大阪市、新潟市はいずれも30％を超えている。これが、都道府

1 子どもの貧困の現状と課題

図表4　2013年度要保護および準要保護児童生徒数について（学用品費等）

	要保護および準要保護児童生徒数		(参考) 公立小中学校児童生徒数 (C)	就学援助率		
	要保護児童生徒数 (A)	準要保護児童生徒数（要保護に準ずる程度に困窮していると市町村教育委員会が認めた者）(B)		要保護児童生徒数 (A)／(C) ％	準要保護児童生徒数 (B)／(C) ％	要保護・準要保護児童生徒合計 (A＋B)／(C) ％
千代田区	25	212	3,506	0.71	6.05	6.76
中央区	29	1,000	6,248	0.46	16.01	16.47
港　区	98	1,670	8,746	1.12	19.09	20.21
新宿区	263	2,606	10,909	2.41	23.89	26.30
文京区	53	1,304	9,183	0.58	14.20	14.78
台東区	110	2,614	8,696	1.26	30.06	31.32
墨田区	352	4,369	13,500	2.61	32.36	34.97
江東区	478	7,633	28,782	1.66	26.52	28.18
品川区	175	4,600	18,101	0.97	25.41	26.38
目黒区	90	983	11,135	0.81	8.83	9.64
大田区	735	9,684	10,419	1.87	24.70	26.57
世田谷区	382	5,330	42,506	0.90	12.54	13.44
渋谷区	62	1,726	6,977	0.89	24.74	25.63
中野区	210	2,892	11,917	1.76	24.27	26.03
杉並区	216	5,408	24,571	0.88	22.01	22.89
豊島区	107	1,936	9,897	1.08	19.56	20.64
北　区	355	4,323	16,182	2.19	26.71	28.90
荒川区	229	3,289	11,382	2.01	28.90	30.91
板橋区	1,368	9,280	31,018	4.41	29.92	34.33
練馬区	1,129	10,253	47,119	2.40	21.76	24.16
足立区	1,860	15,477	45,689	4.07	33.87	37.94
葛飾区	722	7,468	29,020	2.49	25.73	28.22
江戸川区	1,596	14,143	52,458	3.04	26.96	30.00
全都	15,764	160,914	791,687	1.99	20.33	22.32

［出典］文科省「平成25年度就学援助実施状況等調査」に独自調査を加えて作成

県レベルでの受給率を上げている原因である。たとえば、大阪市が30.06％であることが、大阪府の25.23％に率を上げている要因であることは容易に読み取れる。また、就学援助率の高い政令指定都市が認定基準を下げている傾向も読み取れる。所得比較倍率1.0が7自治体もあることは決して望ましいことではない。

　それでは、全国から人が集まる東京都ではどのような傾向が生じているのか。図表4を見ると、全都平均22.32％と、全国的な水準から見て厳しい世帯の子どもたちが多いことがわかる。そのなかでも2013年度のデータで見ると、

就学援助率の高い順に足立区（37.94％）、墨田区（34.97％）、板橋区（34.33％）、台東区（31.32％）、荒川区（30.91％）、江戸川区（30.00％）と、前年度より減少しているものの30％台が続く。足立区では約40％の子どもが就学援助の対象となっている。他方で、千代田区（6.76％）、目黒区（9.64％）、世田谷区（13.44％）、文京区（14.78％）の就学援助率は低い。貧困世帯が多いことは区民税収が少ないことであり、就学援助が多い区は、財政的な負担が大きくなる。後に、足立区を取り上げて、子どもの貧困対策を詳しく検討したい。

都市部においても、そのなかで地域間格差が存在することがわかる。このような格差に各区はどのような対応を行っているのであろうか。まず、検討することは、準要保護認定の基準格差である。先に述べたように国の認定基準がなく、地方自治体ごとの設定で実施されているからである。

イ 認定基準の考察

申請による認定基準が定まっている生活保護に対して、認定基準が地方自治体に委ねられている準要保護認定の実態と問題点をここで考察する。認定基準等の2014年の状況（複数回答）は、生活保護法に基づく保護の停止または廃止73.6％、市町村民税の非課税72.5％、児童扶養手当の支給72.3％、生活保護の基準額に一定の係数を掛けたもの64.2％である[8]。なお、児童扶養手当は、父母の離婚などにより、父または母と生計を同じくしていない児童が育成される家庭（ひとり親家庭等）に生活の安定等を目的とした手当を支給する制度であり、18歳に達する日以後の最初の3月31日までの児童について、養育者に支給するものである。2013年3月末現在の受給者数（確定値）108万人（国庫負担3分の1、国庫負担分の26年度予算案1,736億円）である。2016年度より第2子以下の給付額が改善される。

歴史的経緯を振り返ってみよう。認定について1964年に文部省初中局長・体育局長名による、文初財第21号「要保護および準要保護児童生徒に対する就学援助費に係る事務処理要領について」（通知）が出ている。その別添に準要保護児童生徒についての認定基準が示されている。基本は、「児童または生徒の保護者が、生活保護法第6条第2項に規定する要保護者に準ずる程度に

困窮していると認められる場合は、当該児童生徒を「準要保護児童生徒」とすること」である。具体的な基準は、「予算における援助率7％の算定にあたつては次に掲げる状態にある者を準要保護者として取り扱っていることに留意すること」と、予算付けにあたっての基準（当時は国庫補助があった）として、「⑴前年度または当該年度において、次のいずれかの措置を受けた者」と、「⑵ ⑴以外の者で、次のいずれかに該当する者」とが次のように例示されている。ただし、市町村は認定基準を独自に設定できるため、このすべてを適用しているわけではない。

⑴ 前年度または当該年度において、次のいずれかの措置を受けた者
　㈠ 生活保護法に基づく保護の停止または廃止
　㈡ 地方税法第295条第1項に基づく市町村民税の非課税
　㈢ 地方税法第323条に基づく市町村民税の減免
　㈣ 地方税法第72条の62に基づく個人の事業税の減免
　㈤ 地方税法第367条に基づく固定資産税の減免
　㈥ 国民年金法第89条および第90条に基づく国民年金の掛金の減免
　㈦ 国民健康保険法第77条に基づく保険料の減免または徴収の猶予
　㈧ 児童扶養手当法第4条に基づく児童扶養手当の支給
　㈨ 世帯更正貸付補助金による貸付け
⑵ ⑴以外の者で、次のいずれかに該当する者
　㈠ 保護者が失業対策事業適格者手帳を有する日雇労働者または職業安定所登録日雇労働者
　㈡ 保護者の職業が不安定で、生活状態が悪いと認められる者
　㈢ Ｐ・Ｔ・Ａ会費、学級費等の学校納付金の減免が行なわれている者
　㈣ 学校納付金の納付状態の悪い者、昼食、被服等が悪い者または学用品、通学用品等に不自由している者等で保護者の生活状態がきわめて悪いと認められる者
　㈤ 経済的な理由による欠席日数が多い者

例示⑵には、「保護者の職業が不安定で、生活状態が悪いと認められる者、

P・T・A会費、学級費等の学校納付金の減免が行なわれている者。学校納付金の納付状態の悪い者、昼食、被服等が悪い者または学用品、通学用品等に不自由している者等で保護者の生活状態がきわめて悪いと認められる者。経済的な理由による欠席日数が多い者」などがあり、例示された事項に沿って教育的に判断できる反面、認定にあたって恣意的な判断が入る余地がある。認定権限は教育委員会にあるが、その判断には福祉事務所の長および民生委員との協力を得ることも記されていた。ただし2005年に、民生委員の関与に関する件については政令から削除されている。

また、1966年8月には文部省初等中等局長回答として、「市町村は保護者の申請にかかわらず、真に就学援助を必要とする者について援助を行う必要がある。保護者の申請を適正な認定のための方法、手段とすることにさしつかえないが、申請の有無のみによって認定を行うのは就学援助法の趣旨に反する」という職権による認定をする余地があるとの見解を出している。

これに対して権利としての就学援助を主張した小川政亮（1980）は、

> 給付を受けるための手続きが明記されていなので、法運用上で申請主義をとるか職権主義をとるかは、教育補助主体たる市町村の裁量に属することになる。国は、教育の機会均等の精神をたてに申請主義に対して消極的のようである。しかし、申請主義が権利定着に対してもつ意味と教育を受ける権利の保障の観点からいって（略）申請主義の方が望ましいとすべきであろう。[9]

とした。

行政的な措置として職権による場合には、異議申し立てや救済措置が生じにくい、などの課題も生じる。他方で、申請に基づかなくても先に示した基準に照らして保護者や学校での子どもの様子から教育委員会による教育的判断で給付を行うことができる利点がある。今日、保護者の養育放棄（ネグレクト）が問題とされるなかでは、職権による認定も活用する必要がある。なお、小川は、申請窓口を学校にすることには反対の立場をとっている[10]。この考え方には一理あるが、「気兼ねなしに」申請できるという理由なら、経由事務の窓

口を担任ではなく学校事務職員とする方式もあり得る。この方法が現在では望ましいと考えている。最終的には、教育委員会による就学援助の認定を校長決裁として委譲する方向を提案したい。京都市ではこれを行っている[11]。

申請主義をとるには客観的な基準が必要である。2014年現在、先に示したように生活保護の基準額に一定の係数を掛けて行う認定割合は64.2％である。約65％が客観的な基準によって認定を行っている[12]。客観的な基準の1つが所得等による認定基準である。

かつて文部省が目安を示した所得基準が、「昭和49年度全国市町村教育委員会財務事務担当者研修会実施要項」にある。貴重な資料なので、その内容を抜粋して以下に示す[13]。

準要保護者の基準

準要保護者は、要保護者に準ずる程度に困窮している者であるから、生活保護基準との関係で準要保護者の基準を定める場合の基準額は、一般的には、生活保護基準の基準生活費の額（業種別基準控除額を含む）、教育扶助基準額（給食費及び通学費の実費を含む）及び住宅扶助基準額の合計額の1.3倍程度とするのが適当である。

そして、当該世帯に病気療養中の者がいるとか、民間の借家、借間をしているとか特別の事情がある世帯が、どうしても準要保護者として認定する必要があるものについては、最高限度として、上記1.3倍を1.5倍として基準額を定めることが適当である。

（注）1　生活保護基準額を1.3倍としたことについて

標準4人世帯の48年度の生活保護基準額（1級地の基準生活費の額、業種別基準控除額、教育扶助額、住宅扶助基準額）の1.3倍の額が、49年度の市町村民税（所得割）の課税最低限度額とおおむね一致すること。（以下略）

ここで、生活保護基準の基準生活費の額等の合計の1.3倍程度とすることが適当であり、また住宅事情などの特別の考慮をして1.5倍まで設定することも可能であると記されている。これを受けて、地方自治体ごとに所得比率を設けている場合が多い[14]。たとえば、板橋区では板橋区就学援助費支給要綱（1984

図表5　23区就学援助所得倍率等比較表

区	生活保護基準額に掛ける倍率	課税所得等の分類	基準額の時期	目安額（万円）
千代田区	1.20	課税所得	前年度	336
中央区	1.20	課税所得	前年度	456
港区	1.20	その他	前年度	435
新宿区	1.20	その他	その他	436
文京区	1.26	その他	前年度	422
台東区	1.26	その他	前年度	434
墨田区	1.20	その他	その他	417
江東区	1.18	課税所得	前年度	429
品川区	1.25	その他	前年度	435
目黒区	1.20	課税所得	前年度	
大田区	1.20	その他	その他	419
世田谷区	1.20	その他	その他	416
渋谷区	1.20	課税所得	当該年度	420
中野区	1.15	課税所得	当該年度	393
杉並区	1.20	課税所得	前年度	415
豊島区	1.20	その他	前年度	421
北区	1.20	課税所得	その他	419
荒川区	1.20	課税所得	前年度	419
板橋区	1.26	課税所得	前年度	435
練馬区	1.20	課税所得	前年度	418
足立区	1.10	課税所得	当該年度	389
葛飾区	1.20	その他	前年度	340
江戸川区	1.50	給与収入（税引き前）	その他	547

［出典］文科省「平成25年度就学園児実施状況等調査」2015年10月。目安額；生活保護の基準額に一定の係数を掛けたものを認定基準として使用している場合については、父（40歳）、母（35歳）、子（14歳）、子（9歳）の4人で構成される世帯

年4月1日教育長決定）の別表第一（第2条関係）「準要保護認定基準」において、［生活扶助（1類、2類）＋ 期末一時扶助 ＋ 教育扶助（基準額、教材費、学習支援費）］× 1.26 ＋［教育扶助（給食実費額）］＋ 住宅扶助（特別基準知事承認の6人以下世帯支給額）、という基準を明示している。図表5は、文科省「平成25年度就学援助実施状況等調査」に基づき東京都下の市区町村へのアンケート調査を行い[15]、先の板橋区の事例で示したうちの所得倍率1.26に当たる部分を簡易比較したものである。おおよそ、所得比較で1.2倍前後であるが、江戸川区は収入倍率1.5倍である。なお、足立区については、「所得基準倍率については公表しておりません」との回答であった。だが、足立区就学援助実施要綱別表1によれば所得1.1倍である。他の区に比べて低い基準であり、就学援助対象者を拡大しないように抑えていることをうかがわせる。

図表4・5を合わせて考察すると、就学援助率の高い区が、低い認定基準を示す傾向がある。支給要綱を定めて積極的に区役所HPやパンフレットを配布して周知を働きかけている自治体がある一方で、客観的な基準を示すことに消極的な自治体があることは残念なことである。それでも、政令指定都市の7市にあるような1.0に比べると緩やかな基準である。また23区ではないが青梅市では、中学校区で民生委員、主任児童委員と校長による認定会議を設置し、市教委認定の前段的なふるい分けである就学援助受給者の選考を行っている。すでに、2005年の就学援助施行令から「民生委員の助言を求めることができる」という規定が削除されている。これを受けて八千代市など民生委員に助言を求めることをやめた自治体もある。客観的な基準を優先し、就学援助制度の周知や、申請のない世帯へのアウトリーチといった援助機関へと民生委員等の関与を変更することも検討すべきだろう。さらに、全国に目を向けてみると、生活保護基準に準じて持ち家や自家用車所有の有無についての特別限度額基準を設けている札幌市（2013年度、就学援助率22.74％）の事例があり、就学援助受給率を上昇させないための「水際作戦」とみなされても仕方のないような状況を呈する地方自治体もある[16]。2013年8月の生活保護基準額の引き下げに連動して就学援助の対象を絞る動きがあるなかで、逆に太田市は2014年9月から就学援助への生活保護に対する認定基準を改善し、就学援助所得倍率を1.2倍から1.6倍に増率し、約5000万円をかけて、2013年度の就学援助の対象者が921人であったのを、1500～1600人に拡大した[17]。

　1974年の文部省見解に立ち戻り、準要保護世帯への給付に関しては、客観的な基準の設定として、認定基準の目安である要保護認定の所得割合を1.3～1.5倍にそろえることを提案したい。山口県ではほぼそのようになっている。そのうえで、申請をしない保護者をもつ児童生徒への救済措置として職権による認定を加味する制度が望ましい。ただ、要保護認定に連動した割合で準要保護認定をする場合、要保護認定基準が改悪されるとそのまま準要保護認定も改悪される。2013年度の就学援助率は、1995年度の調査以来初めて割合が減少した（対前年度比△0.22％）。文科省の分析は経済状況の改善を挙げているが、生活保護は増大していることから、この論拠は成り立たない。関連して、2014・2015年度の準要保護認定基準にかかわる生活扶助基準の見直しに伴う

影響が生じていない市町村を 96.0％と 98.5％としているが、そこには連動基準のために改悪された場合が正しく反映されていない。今回、初めて就学援助率が下がったのには、認定基準の改悪による影響も考えられる[18]。なお手続きでは、申請日ではなく横浜市のように事実発生日を基準とする改善が望まれる。

給付方法、内容に関しても実施自治体の判断による。選別主義によって所得等の確認をする現行の就学援助制度では、前年度の所得が確定した後の認定となるため7月支給が常態化し、さらに支給時期も年3回ないし2回となることが多い。生活が困窮している世帯でこのように後払いになることは、経済的な厳しさが伴う。宝塚市、池田市では初回4月支給を実施している。さらにこれを緩和するためには、毎月給付する方法、公会計化をして地方自治体による実質一時立替ができる方法などの検討が必要である。つまり、サービス（現物）給付化である。給付については収入、所得水準によって給付内容が相違している山口県下関市、山口市などがあることを指摘しておきたい[19]。また、給付項目については、クラブ活動費、生徒会費、PTA会費の給付は低率である。いずれも、2010年度より新たに加わった項目である。

さらに給付の仕方について検討を行う。生活保護制度では、教育扶助に関しても保護者への現金給付が原則である。法の趣旨として自立を促すことがあり、生活を自立させるためにはお金の管理も世帯ごとで身につける必要があるからである。しかし、生活保護法第32条（教育扶助の方法）には、「教育扶助は、金銭給付によつて行うものとする。但し、これによることができないとき、これによることが適当でないとき、その他保護の目的を達するために必要があるときは、現物給付によつて行うことができる。2 教育扶助のための保護金品は、被保護者、その親権者若しくは未成年後見人又は被保護者の通学する学校の長に対して交付するものとする」と記されている。

直接の現金支給ではなく、被保護者の通学する学校の長に対して給付することも可能である。なお、厚生省社会局保護課長小山進次郎（1951）が編纂したマニュアル本『生活保護の解釈と運用　改訂増補』[20]では、校長のこの権限は、「一種の法定代理の関係と見ることができよう」として、「善良な管理者の注意をもって処理すること」が必要とされている。さらに、「保護金品を学校長に交付する場合の市町村又は都道府県の出納処理としては学校長よりの領収

書で足り、学校長は管理者としての責任上被保護者より受領書を受取っておくことを要する」と記されている。また、2007年には厚労省から「生活保護制度における代理納付等の適切な活用について」が出され、学校給食費等について未納が会計検査院から指摘されたことを受けて学校長払い（代理納付等）の積極的な活用を求める通知が出された[21]。このように生活保護においても直接、被保護者が通う学校の長に交付することが可能であり、その場合に代理委任を書面で取る必要については言及されていない。教育扶助の校長への直接支払いについては、子供の貧困対策に関する大綱にも活用の推奨が記されている。

準要保護に関する就学援助費の支給方法であるが、口座振替による保護者への現金給付が標準的な取扱いである。就学援助制度の運用は地方自治体の判断に委ねられ、要準保護の給付を校長口座に振り込んでいる地方自治体もあることから、校長口座に振り込む方法を積極的に推奨したい。なお、この場合でも校長口座が私的口座であることを指摘しないわけにはいかない。公会計化による解決が望まれる。横浜市では2012年に給食費の徴収が公会計化された折に、それまで校長口座に市教委から振り込まれていた（年2回）ことから、全額充当するために校長口座への振り込みをしない措置に変えている。同じ自治体で現金のやり取りをするのは経費節減の視点からも解消すべきである。

ここで徴収金の公会計化について説明をしておきたい。現在、義務制小中学校では、学校徴収金は校長や学級担任などによる私費会計処理をしている地域が半数を超えている。公会計化とは、私費会計処理が地方自治法第210条（総計予算主義の原則）等への違反であることから、自治体財政に納付することにより財政民主主義を進める方法である。多くの地方自治体で実施されている校長名義による学校徴収金の取扱いは、違法性が高い方法である。それを文部省時代から長年にわたって放置してきた文科省の責任は免れないと考えている。

(3) 戦後の子どもの貧困対策と就学督励

７ 法整備の過程

学制頒布以来、子守・農事等による不就学や就学忌避の状況を打破するため

に就学を督励するさまざまな施策や強制的な方策がとられてきた。子どもを背負って学校に登校できる「子守学校」がつくられた地域もあった。就学義務は子どもの保護者に課せられた。当然、授業料を含む学費のねん出問題が生じた。学校へ行くための経費問題の画期は、1900年に義務教育では授業料の無償が実現したことである。それ以前は公教育でも授業料を徴収していたのである。さらに、1928年に訓令「学齢児童就学奨励規程」を出し、道府県に補助金を交付した。

戦後まもなくの1947年には旧救護法、軍事扶助法、母子保護法等を統合して生活保護法が成立した。学齢児童の就学奨励規程は廃止され、この生活保護法に吸収された。この理由について『生活保護の解釈と運用　改訂増補』[22]では以下の3点を挙げている。

　　（一）教育費といっても、これを一家の生計費から切り離して抽出することは困難、且つ不適当であり、他の諸生活費と綜合的に取り扱うことが適当であること。（二）憲法第26条には義務教育はこれを無償とするという規定があるが、その意は授業の無償（授業料の不徴収）の意であって、経済的理由による就学困難者の保護は、これを経済的保護制度によることが妥当であること。（三）経済的理由による就学困難者の経済的保護については、その困難の程度の認定その他の取扱を、教育関係事務に掌わっている者に行なわせるよりも社会福祉関係事務に従事している者に担当させる方が後者が専門家である関係上適当であること。

つまり、教育費も切り離して扱うことは適当ではないこと、義務教育の無償は授業料の無償であり経済的理由の就学困難者は別の財政的支援が必要なこと、取扱いは社会福祉関係の専門家に委ねることが適当であること、の3点が述べられている。確かに、教員をはじめ教育関係事務にかかわる者は、生活保護についての専門的な知識を身につけていない。しかし、事態はそれほど円滑に進んだわけではなかった。まず、生活保護費の生活扶助に含まれていた教育扶助が単給化される。当時社会問題化していた戦争未亡人と遺児への救済に教育扶助成立の要因があるとされている。1950年に生活保護法（第11次改定）に

教育扶助が設定（法第11条の7）された。内容は、「1 義務教育に伴って必要な教科書その他の学用品、2 義務教育に伴って必要な通学用品、3 学校給食その他義務教育に伴って必要なもの」である。この生活扶助と分離した状態は現在でも継続している（なお、高校生への扶助は2005年より生業扶助枠で実施されている）。

　他方で、学制以来、就学督励を実施してきた文部省は経済的な問題にどのような対応を行っていたのであろうか。1952年に出された『六・三制就学問題とその対策』[23]で見てみよう。はしがきで初等中等局長は、学校籍のない子ども、籍があっても来られない子ども、それらの家が貧しい子ども、浮浪児、人身売買にあっている子どもに対して対策を講じなければならないと述べている。当時、文部省は就学を必要とする児童生徒の調査を毎年続けていて、1948年には生活保護法の適用率は小学校で3.2％、中学校で1.3％しかなく、適用されていない者で適用を必要とする者は小学校で2.2％、中学校で2.3％とした。さらに、授業料の無償化といいつつ、PTAから集めた徴収金を学校の一般経営費に振り当てている状況から、「たとえ名目はどうであっても、すでにそれは授業料に相当するものであって、これを授業料ではないというのは、単に形式上の判断に過ぎない」とまで当時の文部省は鋭く言及している。この額は市町村の小中学校予算（六・三制学校建築費を除く）総額の70％に相当するとしている。

　そして、「「義務教育の無償」とは「就学に必要なすべての費用の無償」という意味にまでその解釈を推し進めることができるだろう。そうなれば、授業料はもとより、PTA会費の全廃とともに、就学に必要な教科用図書、学用品、通学用品、学校給食費等の無償支給ということが現実の問題となって来なければならない」。「義務教育の無償ということが、（略）あながち空念仏に近い理想論ではなく、すでに現実の問題となっている」と、普遍主義に立ち今日に通じる展望を示していた。この原則に関しては、第3章で再び取り上げたい。

　さて、文部省は、生活保護法の拡充強化とは別に「教育に対する権利を積極的に保障」する就学督励制度の創設を打ち出している。生活保護法の教育扶助は最低限度の生活を保障するものであって、教育に対する権利を積極的に保障するものではないとしている。1951年には文部省は「就学援助法」を立案し

たが、厚生省の反対にあって上程できずに終わっていたのである。その後、文部省は教科用図書の無償化の実現とともに、1961年には、「就学困難な児童及び生徒に係る就学奨励についての国の援助に関する法律」（就学奨励法）の成立により学用品費、通学費の支援を始めることとなる[24]。また、学校で就学援助をする担当要員として学校事務職員への加配措置が、第三次定数改善計画（1969～73年）で、「要保護・準要保護児童生徒数が100人以上かつ25%以上」という基準により始められている。現在、少子化による小規模学校が増えるなかで、この100人以上の規定が災いして配置が縮小する状況が生まれ、2015年度では就学援助加配数は1420人となっている。就学援助制度を拡充するためにも配置基準の改善が必要である。

イ 教育福祉の考察

　高度経済成長期になると就学援助の制度的・財政的な骨格が定まり、その論理的な位置づけについて論議が展開されるようになる。福祉政策が拡充するなかで、それをどのように把握するのかについての論議である。持田栄一、市川昭午編著『教育福祉の理論と実際』（1976）は、その代表的な論考である[25]。このなかで、市川昭午は教育福祉を3通りの意味で使われているとしている。それは、社会福祉的サービス、教育の社会福祉的な帰結、総合的福祉機能である。そしてここで、結果としての平等に言及している。嶺井正也は障害児が差別教育体系の底辺に位置づけられている状況を踏まえて、教育と福祉とに分断し二元化している状況を問題としている。また持田栄一は、

　　近代市民社会においては、教育が本来社会共同的なものであるにもかかわらず、市民個人の「私事」として位置づけられる。この点と関わって様々の矛盾がつくり出されるのであるが、このような現実を転倒した形で投影し、「自由」・「平等」・「機会均等」"Nationalitat"が理念として語られる。そして、ここに依拠して、教育に対する国家支配が全面的に展開し、市民個人の「私事」としての教育が秩序付けられ保障されている。（略）このような「近代」における教育と学校の現実を問いかえすことをしない

で「自己教育」を説き生涯にわたる教育の組織化を追求したとしても、それは所詮は幻想にすぎない。(略)いわゆる福祉機能は、さきにも言及したように、社会的に恵まれない条件にある者の利益保障を課題とするものである。しかし、弱者の利益保障は、一般者へのありかたを問いかえすことなしに真に、実を結ぶことはありえない。

として、社会共同的な在り方を問うことの重要性を指摘している。また伊藤和衞は、教育福祉は広狭二義があり、それは教育を受ける機会の経済・財政的保障と国民の能力に応じた教育を保障することであるとする。そして、当時の日本が教育福祉国家ではない理由として、教育費地域格差の拡大、膨大な教育私費の存在、教育行財政に対する国民参加の未成熟を挙げている。いずれの論考も現在に通じる基本的な姿勢がうかがえる。近代公教育への批判的考察を抜きにした教育福祉はあり得ないという立場である。近代公教育への批判的考察を伴わない子どもの貧困対策の検討は、根底からの改革に行き着かないのである。現在、地域間、そして地域内での貧困問題の噴出は、階層分化が進み地域の多層化が現れ、国内外の分裂状況が隠しようもない状況にまで至っていることを示している。公教育がその影響から無縁でいられるわけではない。

小川政亮(1980)は、「権利としての就学援助」を打ち出し、就学援助請求権という概念が構想されなくてはならない、と述べている[26]。ここには、近代公教育における私的側面の強調が行われ、社会共同的な側面をどのように拡充していくのかについての考察はなされていない。したがって、普遍主義に立つ公教育の無償化ではなく、就学援助の制度内での改善要求的な視点に終始している。また、小川利夫(1985)は、教育福祉の基本問題について論究している[27]。

1991年のバブル崩壊後は、欧米諸国で先行していた「揺りかごから墓場まで」といわれた福祉国家主義から市場万能観に立つ新自由主義への転換が日本でも進められることとなった。派遣労働の解禁をはじめ労働環境の悪化は、子どもを取り巻く生活環境を急激に劣化させた。生活保護世帯の増加、就学援助率の高まりは、地方財政をも追いつめることとなった。学校現場でも就学援助制度への周知など、子どもの貧困への具体的な対応が一方で意識的な取組とし

て進められる。他方では就学援助基準や給付内容の改悪による財政的な締め付け策も実施されてきた。このような状況を反映して、就学援助に関するさまざまな論理が展開された[28]。同時に、貧困や子どもの貧困そのものを論ずる論考も盛んになった[29]。さらに、地方分権政策の一環として進められた三位一体改革に関連して2005年3月には、就学奨励法の一部改正による準要保護世帯への国庫補助の廃止が行われ、地方交付税措置に切り替えられた。これによって、要保護者の修学旅行費などを除いて全額地方自治体の財政負担となった。この措置による影響について湯田伸一（2009）がまとめている[30]。鳫咲子（2013）は子どもの貧困の現状についての豊富なデータに基づきながら、就学援助、学校給食、母子家庭の課題について論じている[31]。

広井良典（2001）は、ゼロ成長のなかでの持続可能な福祉国家あるいは福祉社会を構想した『定常型社会』を発表している。そのなかで、子どもに対する社会福祉政策にも言及し、世帯単位の福祉制度の在り方への批判を以下のように行っている。「伝統型の「被保険者―被扶養者」という構造は、第1に高齢化、第2に子育ての社会化の必要性の増大、第3に女性の社会進出という変化の中で、変更を余儀なくされる」と時代状況の変化を述べ[32]、それぞれ独立した位置づけが必要であり、高齢者と子どもは税負担による社会保障が求められるとした。生活保護はもちろん税による社会保障であるが、その単位は世帯ごとである。広井の言説を演繹して検討すれば、子どもへの公教育を保障するという視点を重視し、世帯を単位とする生活保護制度の見直しも議論すべき課題となると考える。生活保護のうちの教育扶助の切り離しである。切り離した教育扶助を就学援助制度に一体化をすることで、2つの省庁による子どもの貧困への二重の施策と二元的な対応が解消され、より円滑に子どもの貧困対策ができる可能性が生まれる。拡大し深刻化する子どもの貧困への対応がこのままの制度では済まされない。教育福祉の拡充が目指されるときに来ている。就学援助も金銭給付からサービス給付へ、そして義務教育の無償化へと拡充することが大切である。

高校授業料無償化の実現は、普遍主義に立つ子どもの教育福祉政策として高く評価されなければならない。高校等の後期中等教育の授業料（使用料）の実質無償化は、民主党政権下の2010年4月から「公立高等学校授業料無償

1 子どもの貧困の現状と課題

図表6　児童の正答率と家庭の世帯年収

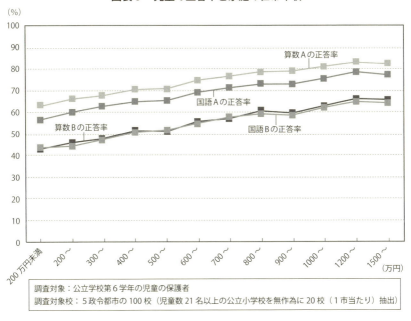

調査対象：公立学校第6学年の児童の保護者
調査対象校：5政令都市の100校（児童数21名以上の公立小学校を無作為に20校（1市当たり）抽出）

［出典］文科省：お茶の水女子大学委託研究（平成20年度）

制・高等学校等就学支援金制度」として実施された。しかし、政権交代に伴い2014年から、所得制限が導入された「高等学校等就学支援金制度」が始まった。普遍主義から選別主義へ改悪されてしまっている。所得制限を入れた高校授業料の無償化は、無償化とはいえず、授業料の免除措置である。詳しくは第4章で検討する。

「子どもの貧困の再発見」で重要なことは、新自由主義、あるいは市場化を前提とした子どもの貧困対策によって発見された事実である。そして、就学督励の視点（つまり、学校へ通わせることに注力する政策）から、貧困世帯の子どもの「学歴・学力保障」策に重点が移りつつあることである。したがって、貧困と学力との相関関係を改めて論証することなく、それを前提とする諸政策が打ち出されている点である[33]。貧困と学力との相関関係を問うのは比較的新しい問題設定である。たとえば、苅谷剛彦（2001）の家庭的環境と学力との関連

を論究した『階層化日本と教育危機』を思い浮かべることができる[34]。
　民主党政権下で作成された文科省『平成21年度　文部科学白書』では図表6のような相関図を載せている[35]。5つの政令指定都市より100校を対象に追加調査を行った結果の分析であり、「一部の年収区分を除いて、世帯年収が高いほど、正答率が高い傾向が見られます」と述べている。算数Aの比較を見てみると、年収200万円以下では正答率が60％をわずかに超えただけであるが、1200万円以上になると80％を超える。同様に算数Bの正答率でも200万円以下では40％をわずかに超えただけであるが、1200万円以上では65％程度になっている。20％以上の正答率の差が出ていることは貧困問題の重要性を示すものである。個別的な子どもの頑張りによって解決できる問題ではないのである。このように2009年頃から公然と学力学習状況調査と子どもの貧困との関連が課題として提示されるようになった。ただし、ここで注意をしなくてはならないのは、数値化され、比較可能化された学力である点である。義務教育における学校は、進学塾と相違して数値化された学力や受験対応の学力を子どもたちに身につけさせることが主要な役割であるわけではない。この点に関しては第4章で扱うことにする。
　数値化された学力の向上を子どもの貧困対策と連動させた政策が時代のトレンドとなった。「学歴・学力保障」のための市場化を含めた新選別主義的対策が浮上してきた。その展開の軸は貧困の世代間連鎖という視点である。社会構造的な解決ではなく、自己解決、自己責任の論調である。第3章で新たな選別主義的対策について検討を行う。

（1）厚労省「平成26年就労形態の多様化に関する総合実態調査」2015年11月4日。
（2）「学歴・学力保障」は現状への分析概念として使用する。現在、貧困者の自己責任による学力向上への支援を重点化する施策が進められている。自立の強要の現状分析の概念として「学歴・学力保障」を使用する。
（3）日本弁護士連合会は、「日本では人口の1.6％しか生活保護を利用しておらず、先進諸外国よりもかなり低い利用率です。しかも、生活保護を利用する資格のある人のうち現に利用している人の割合（捕捉率）は2割程度にすぎません。残りの8割、数百万人もの人が生活保護から漏れているのです。仮に日本の捕捉率をドイツ並みに引き上げると、利用者は717万人になります」と述べている。http://www.nichibenren.or.jp/library/

ja/publication/booklet/data/seikatuhogo_qa.pdf（2015年6月26日閲覧）。
（４）本田良一『ルポ　生活保護』中央公論新社、2010年。稲葉剛『生活保護から考える』岩波書店、2013年。
（５）文科省「「平成25年度就学援助実施状況等調査」等の結果について」2015年10月6日。
（６）山口県の各市の就学援助実態については、武波謙三、山城直美からの情報提供による。
（７）資料の収集、分析にあたっては武波謙三に多大の協力を得ている。図表３の資料の出典は、就学援助率は文科省の「平成25年度要保護および準要保護児童生徒数について（学用品等）」に基づく自治労学校事務協議会政策部武波謙三の分析、そして所得倍率比較は文科省「平成25年度就学援助実施状況等調査」2015年10月および「27.8.17 政令市事務研定例会資料」の礒田勝の基調報告に独自調査を加味して作成した。
（８）文科省「平成25年度就学援助実施状況等調査」2015年10月。
（９）小川政亮「社会保障法と教育権」『教育法学の課題』総合労働研究所、1974年所収、『小川政亮著作集４』大月書店、248頁に再録。
（10）同上271頁。「手続きの簡易・迅速と心理的負担なしに、ということからすれば、申請行動にマイナス的影響を与えるような経由機関をなくすることが望ましい。この点では、申請にあたって学校を必要経由機関として要求するところが現在のところでは、きわめて多く、教育を行う側として児童・生徒の家庭事情を知っている方が教育的にもよいはずだという言い分があるのであろうし、（略）全体として、人民の側からするなら、全生連運動に見られるように教育委員会への直接申請方式の方が気兼ねなしに就学援助を申請できるとして要求されており、都道府県教育委員会の中にも直接申請方式が望ましいとするところも見られる」。
（11）「京都市就学援助支給要綱」第６条「校長は、第５条の申込書の提出を受けた場合は、第３条第１項に規定する受給資格の有無について審査し、その結果を保護者に通知するものとする」。
（12）文科省「平成25年度就学援助実施状況等調査」2015年10月、参考４－１。生活保護の基準額が変わると自動的に要件が変わるもの49.1％、参照して額を定めているもの15.1％。
（13）岐阜県歴史資料館の行政文書目録にあるのを戸倉信昭、中山博雄の協力を得て入手した。
（14）星野菜穂子『地方交付税の財源保障』ミネルヴァ書房、2013年、120頁およびその注28。121頁の表４－４によれば、2009年において準要保護認定に「生活保護の基準額に一定の係数をかけたもの」を利用した市町村数は1050自治体（全体1820）となり、該当準要保護者数では70万1668人（全体130万5099人）。大多数の自治体が1.2～1.3倍に集中し、１倍以下が100自治体、2.5倍以上３倍以下が３自治体ある。
（15）公益社団法人東京自治研究センター「就学援助制度等の実態調査」による2015年５月

1日現在の実態調査。
(16) 札幌市就学援助審議会「就学援助認定基準額等について（答申）」2014年10月9日。答申では、自家用車所有世帯基準は廃止するが、持ち家世帯に対しては特別限度額の基準は存続させるとしている。
(17) 産経新聞「太田市、就学援助を拡大　低所得世帯の負担軽減　9月から　群馬」2014年6月11日。
(18) 文科省「平成25年度就学援助実施状況等調査」等の結果について、2015年10月6日。
(19) 給付の課題については他に2点を指摘する。1つは修学旅行経費である。これは、「修学旅行及び映画観覧料（学習のためのものを除く。）如きは、現在の社会通念では学習に直接必要なものと見なすことは不可能である」（小山進次郎『生活保護法の解釈と運用　改訂増補』247頁）として教育扶助から除外され、生活保護対象であっても、就学援助費から支給されている。もう1つは2010年に「要保護児童生徒援助費補助金」に基づく補助単価に、クラブ活動費、生徒会費、PTA会費が新設されたが、必ずしも自治体の給付内容には反映されていない。
(20) 小山進次郎『生活保護の解釈と運用　改訂増補』中央社会福祉協議会、1951年、447～449頁。
(21) 厚生労働省社会・援護局保護課長他　援保発第1002002号「生活保護制度における代理納付等の適切な活用等について」2007年10月5日。
(22) 小山進次郎、前掲書、249頁。
(23) 文部省初等中等教育局、総理府中央青少年問題協議会『六・三制就学問題とその対策——特に未就学、不就学および長期欠席児童生徒について』1952年、38・74～81頁。
(24) 中村文夫「就学援助——公的負担の二重性」『学校財政』学事出版、2013年、67～80頁。
(25) 持田栄一・市川昭午編著『教育福祉の理論と実際』教育開発研究所、1976年。
(26) 小川政亮「就学保障のための条件整備の一断面——権利としての就学援助の観点から」『教育条件の整備と教育法』（講座教育法第4巻）、総合労働研究所、1980年6月所収、『小川政亮著作集4』大月書店、258～276頁に再録。
(27) 小川利夫『教育福祉の基本問題』勁草書房、1985年。
(28) 小西佑馬「就学援助制度の現状と課題」『北海道大学院教育学研究科紀要』第95号、2004年。藤本典裕「教育費の保護者負担と就学援助制度についての一考察」『東洋大学文学部紀要』第31号、2004年。藤沢宏樹「就学援助制度の再検討(1)・(2)」『大阪経大論集』第58・59号、2007・2008年。
(29) 岩田正美『現代の貧困』筑摩書房、2007年。湯浅誠『反貧困』岩波書店、2008年。阿部彩『子どもの貧困』岩波書店、2008年。同『子どもの貧困Ⅱ』岩波書店、2014年。宮寺光夫他『再検討　教育機会の平等』岩波書店、2011年。
(30) 湯田伸一『知られざる就学援助』学事出版、2009年。他には、小林洋平「就学援助制

度の一般財源化」『経済のプリズム』No.78、2010 年、31 〜 51 頁。
(31) 鳶咲子『子どもの貧困と教育機会の不平等』明石書店、2013 年。
(32) 広井良典『定常型社会』岩波書店、2001 年、57 頁。なお、広井は 52 〜 54 頁にかけて「カイシャの流動化と学校の流動化」において、学校以外の教育のかたちへの肯定的な視点を出している。そのような多様な教育機会の保障政策が教育体系の複線化をもたらし、教育格差を呼び込むことになる危険性があることを指摘しておきたい。
(33) 国立教育政策研究所『全国学力・学習状況調査 報告書 クロス集計』2013 年 12 月、http://www.nier.go.jp/13chousakekkahoukoku/data/research-report/crosstab_report.pdf（2015 年 9 月 26 日閲覧）。
(34) 苅谷剛彦『階層化日本と教育危機』有信堂、2001 年。
(35) 文科省『平成 21 年度　文部科学白書——わが国の教育水準と教育費』佐伯印刷、2010 年、12 頁「図表 1 - 1 - 10　児童の正答率と家庭の世帯年収」。

2　戦後公教育体制の解体と3つの課題

(1) 安倍政権による戦後公教育の解体

ア 教育再生実行会議の施策と実体化

　本書の主な分析の対象は、経済成長戦略を基本とする安倍晋三を首班とする第2次（2012年12月26日〜2014年12月24日）、第3次（2014年12月24日〜現在）安倍政権の時代である。この自由民主党（以下、自民党と略す）と公明党との連立政権は、2006年6月9日から2009年9月26日までの第1次安倍政権で実現した教育基本法改悪に始まった戦後教育体制の解体の具体的作業を進めてきた。それは自民党マニュフェスト「J－ファイル2013　成長戦略に資するグローバル人材の育成」の実体化でもある。「教育再生」つまり現在の教育はあってはならないものであり、再生しなくてはならないということである。では、どのような内容が「再生」されなければならないのか。「再生」とある以上、前にあった正しい教育が想定されているはずである。教育再生の仕掛けは、自民党内に総裁直属の教育再生実行本部をつくり、その提言を、政府内につくる教育再生実行会議（2013年1月15日閣議決定）が政府案として形を整え、これを中教審が制度的なかたちとして検討・答申し、文科相が中教審答申を受けて政策・概算予算案を作成するという一連の政策形成過程を経て実現していく。再生されるべき正しい教育はそのなかから見えてくる。戦後、教育政策を立案してきた中教審は、教育再生に関する教育再生実行会議案のうち教育委員会制度の廃止には抵抗してその存続を形ばかりは残したが、他は教育再生実行会議の8次にわたる提言をなぞるだけの機関となってしまった。

そこで、教育再生実行会議の提言を簡単に振り返ってみよう[(1)]。いかに短時間に政策を打ち上げ、瞬く間に戦後公教育体制の解体を行ってきたかがわかる。グローバル人材育成体制の推進とそれによって疎外された貧困世帯や過疎地の子どもたちへの再包摂の施策が計画実行されている。子どもの貧困対策、学校統廃合や学校職員の非正規化も安倍第2・3次政権の成長戦略に応じた教育政策の一側面である。以下、第1次教育再生実行会議の提言と、それが実体化に向けて進んできたことを2013年から時間を追って把握する。なお、第2次教育再生実行会議は2015年10月から始められた。検討課題は「情報化時代に求められる『多様な個性が長所として肯定され活かされる教育』への転換」である。2016年春に第9次提言が予定されている。さらに「分ける」政策が進行するであろう。以下、第1次から第8次までの提言とその実体化を簡単にスケッチする。

○第1次提言「いじめ問題等への対応について」（2013年2月28日）。この提言は道徳教育の教科化と「いじめ防止対策法」（2013年9月28日施行）として実現した。いじめ問題を契機として、公教育への新保守主義的な愛国心の涵養を実現する道が開けた。
○第2次提言「教育委員会制度等の在り方について」（2013年4月15日）。いじめ問題への対応を批判するかたちで戦後体制の象徴の1つである、アメリカ合衆国型の教育委員会制度という教育行政制度を完全に解体することを狙いとした。しかし、文科省をはじめとする反発が強く、結論的には教育委員会制度はかたちとして残しつつ、地方自治体の首長の権限を強化し総合教育会議を設置するなかで、教育内容等についての「教育の中立」を「民意」によって変えることを制度化した。教育委員の自主性は狭められた。この体制は、学校統廃合の推進に有効性が高いと考えられる。
○第3次提言「これからの大学教育等の在り方について」（2013年5月28日）。グローバル人材の育成のための大学の再編成が求められ、それは「スーパーグローバル大学創成支援」としてトップ型を東京大学等13校、グローバル化牽引型を千葉大学等24校に定め、2015年度予算で77億円を投入している。すでに、義務教育段階での戦後体制の解体作業は山を越えているとの判

断があると思われる。重点は後期中等教育から高等教育段階での新自由主義的な成長経済に合わせた人材育成を目指すことにある。

○第4次提言「高等学校教育と大学教育との接続・大学入学者選抜の在り方について」（2013年10月31日）。大学入試制度の大胆な改革を通して現行の教育制度を根本から変えることが意図されている。これを受けて中教審は2014年10月に「新しい時代にふさわしい高大接続の実現に向けた高等教育、大学教育、大学入学選抜の一体的な改革について」を答申した。これは第3次提言とともに現在進行中の課題である。

○第5次提言「今後の学制等の在り方について」（2014年7月3日）。教育行政制度で残された課題として6・3・3・4年制の単線型学校制度の解体である。さらに学校職員の校内体制の変更と学習指導要領の改編を進めるための提言である。中教審はこれを受けて2014年12月23日「子供の発達や学習者の意欲・能力等に応じた柔軟かつ効果的な教育システムの構築について」を答申した。小中学校の一貫教育の制度化として提言された義務教育学校は、2015年7月13日に学校教育法の改正により成立、2016年度から実施が可能となっている。教職員指導体制の充実として「チーム学校」と授業革新が謳われた。これは第6章で詳しく論じたい。単線型の教育体制の解体の一環として、12万人に及ぶ義務制段階の不登校児童生徒の存在からフリースクール等による教育機会の多様化も打ち出されている。つまり、就学義務の枠組みは解除して学校に行かないことも含めて複線型教育体制に組み込むことである。また、幼児教育の段階的無償化も答申されている。これらとともに実践的な職業教育を行う高等機関の制度化が打ち出され、これの詳細を詰めるために文科省「実践的な職業教育を行う新たな高等教育機関の制度化に関する有識者会議」がつくられ2015年3月27日にまとめを発表し、中教審に諮問されている（2015年4月14日）。大学のグローバル人材育成型とそれ以外の職業機関への分離が検討されている。どこに財源を重点投資するのかについて新自由主義的な効率主義に立った「選択と集中」とが検討されている。

○第6次提言「「学び続ける」社会、全員参加型社会、地方創生を実現する教育の在り方について」（2015年3月4日）。2014年11月28日に「まち、ひと、

しごと創生法」が成立した。「地方創生」による地方切り捨てを教育制度上にどう具体化するのかが問われている。地方大学の役割、コミュニティスクール、貧困家庭への支援などが論じられた。これに先立ち2014年9月19日「第1回まち、ひと、しごと創成会議」が開かれ、冨山和彦がL大、G大論を打ち上げている。

○第7次提言「これからの時代に求められる資質・能力とそれを培う教育、教師の在り方について」(2015年5月14日)。グローバル人材としての異能・異才の人材発掘、教育内容・方法の革新、そしてそれを行う教員の育成（採用にあたっての共同試験の導入）が提言されている。

○第8次提言「教育立国実現のための教育投資・教育財源の在り方について」(2015年7月8日)。消費税10％導入時には増収分の一部を教育財源にまわせという提言である。幼児教育の段階的無償化には膨大な予算が必要である。検討当初には教育目的に特化した教育税構想などもあったのであるが、結局は消費増税に乗る提言となった。消費税は逆進性の高い付加価値税である。これを拡大すれば、さらに貧富の格差も拡大する。子どもの貧困も深まる。教育機会の平等に反することになる税制によって教育財源を調達することは問題があるといえる。他方では、「子どもの未来応援国民運動」をつくり、民間からの寄付によって子どもの貧困対策の原資にする構想も進んでいる。子どもの貧困対策は税金で行うものである。十分な予算措置もしないで寄付を募るのは論外の行為である。基礎基本は税金で行うものであり、寄付によって行うことは、補助的・偶発的な場合に限るべきである。なぜなら、寄付文化のあるアメリカ合衆国では、政府等が政策を飲むことを条件として大規模財団が巨額の寄付をすることが問題となっているからである。政府も地域も学校も、議会を介さない寄付につられて非民主主義的な政策立案過程を取る傾向が出てくる。恣意的な教育政策が構造的に起こり得る制度を日本に持ち込んではならない。大企業、富裕層に対しては寄付を求めるのではなく、税制を変えて税金として社会的な責任を負わせることが必要であろう。

第8次提言までを見てきた。グローバル人材の育成を重点化した教育観を業績主義と喝破して、「業績承認から存在承認へ」と提言しているのは、国民教

育文化総合研究所都市政策研究会の『ポスト成長社会と教育のありよう』である[(2)]。そのなかで沢井勝は、第１章において人口減少の影響を緩和しながら定常状態を模索し、過剰な競争意識の強制や受験に向けた学力中心の「業績評価」の強制をやめるべきと主張している。第３章では嶺井正也が新しい共生社会に向けて「コンヴィヴィアリテ（convivialite）」の考え方を提唱している。ともに飲み食いする楽しみを語源とするこの言葉を「共愉」と解釈し、学校を地域の複合施設に再構築し、子どもも大人も集まり活動する姿を望んでいる。そこでは、「食す」ことが「おしえる」ことにつながることを取り上げている。この食べることと教えることの一体化は重要であり、第４章の学校給食に関する箇所で改めて言及したい。このように、そこにある存在そのものを大切にすることによって、定常状態を模索することを通じて、地域とともにある学校の役割が見えてくるのだと考える。多様な資質や能力によって分けるのではなく多様なままに混じり合っている状態を尊重することが、人権を大切にする学校の在り方なのである。

☑ グローバル人材の育成と地方創生

「地方創生」政策のなかでの教育の位置がわかるのが、増田寛也・冨山和彦（2015）著『地方消滅　創生戦略篇』である[(3)]。増田は元岩手県知事、元総務相で地方創生の仕掛け人。冨山はＧ大・Ｌ大の提唱者かつ福島交通グループ、茨城交通グループなど「道のりホールディングス」へ100％出資する経営共創基盤の代表取締役ＣＥＯである。この著作は題名の通り「地方消滅」を創生する戦略が書かれているように思える。地方には仕事があり人手不足である。合理化を進めても人手不足では賃金低下にはならない。倉吉市の年収500万円は東京の1100万円に相当する。経済成長の要因は人口の増減ではなく、生産性の向上いかんにかかわる。つまり規制緩和をして、生産性を高める仕組みを地方につくることが大切である、など２人の対談は盛り上がる。「地方創生は、経済社会的に言えば、Ｌ（ローカル）経済圏の生産性（特に労働生産性）を上げ、雇用の安定性と賃金上昇を実現し、よって子育て世代の地域定着と出生率を回復することにある」[(4)]と冨山は端的に述べている。さらに、そこで地方は

東京と競争する発想をやめ、地方独自の在り方を模索すべきだというのであるが、そこに組み込むのがL大である。東京大学の産学連携ベンチャーの育成は1998年頃から始まっていて、2015年には東大関連ベンチャー企業が224社、企業価値は約1兆3000億円の規模である。L大はG大とは競えない。そこでL経済圏に合わせた人材育成のためのL大を提唱したというのである。地方での経済活性化には日本以外からの観光客の誘致が必要である。そのための人材育成が必要であり、「TOEICスコアアップ、観光業で必要となるレベルの英語、地元の歴史・文化の名所説明力」がL大の文学・英文学部で学ぶべき内容であり、ローカル人材にはシェイクスピア、文学概論などは必要ないのだとしている。それは、グローバル企業が日本に進出する場合に共通語となる英語での指示・命令が理解できる程度のコミュニケーション能力ということでもある。そして、職業教育を行う新たな学校制度を論議していると述べている。確かに、冨山は文科省「実践的な職業教育を行う新たな高等教育機関の制度化に関する有識者会議」の委員である。

　東京大学をはじめG大の実績が集積される東京はますますグローバル都市として成長する。東京を「Gの世界で活躍する人にとって、より活躍しやすい場所にしていく」ために、外国の高度な人材を呼ぶにあたって、「学校の問題は深刻です。余り話題になりませんが、彼らのような人たちにとっても深刻なのは小学校、中学校のレベルが低いこと。欧米の価値観でその年ごろの子どもを抱える家庭において単身赴任はありえません。トップレベルの国際バカロレア資格の小中学校を首都圏にもっと増やすことは急務です」[5]とさえ冨山は主張している。いまや、地方対東京ではなく、地方対グローバル世界の様相を呈している。このことは、グローバル企業にとってグローバル人材の調達は一国内に限定するものではないことを意味する。付け加えていえば、グローバル人材の養成は、人材の調達という側面をもつとともに、より直接的にはグローバル人材の養成を名目とする新たな市場の開拓という側面ももつということである。

　L大は地方の観光や高齢者介護などに必要な人材を「創生」することに特化すべきだと冨山は主張しているように読める。大方の大学を職業学校にするという割り切り方は、人を職業的な効用によって判断するものである。ここには仕事や職業に引き付けた人間像はあるが、その人間の中身は空洞である。グ

ローバル時代に特化した「能力」への優位性への信仰がうかがえる。その発想は教育再生実行会議が第7次提言で求めた「これからの時代に求められる資質・能力」に通じるものである。「グローバル人材としての異能・異才の人材発掘」を求める第7次提言はむき出しの能力差別である。この発想の延長上では、同じ社会に住みながらグローバル人材とローカル人材とでは、やがて言葉の意味さえわかり合えない関係となるのではないだろうか。

雨宮処凛（2015）は、「同じ日本に住んでいて言葉が通じないくらい格差が広がっていて、生活意識も何もかも全部違って、格差の上位の人と下の人たちで、一つも共感できるところがないふうになっている。そういう社会ってちょっと怖い」と述べている[6]。

グローバルな関係をもって社会の上澄みで浮遊する人々と、在地にあって細切れの知識を身につけて先行きもか細い人生に押し込められた人々とに社会が分裂固定化される。「分ける」ことに教育が介在する。忘れてはならないことは、子どもの貧困はGの世界といわれた東京でもまたLそのものの地方でも起きていることである。GとかLとかに2区分するとわかりやすい。しかし、Lは排除され、再びGに従属するかたちで包摂される。その構造が幾重にも重なる。その構造から抜け出し、公教育の再生を図るためには、別の発想を検討しなくてはならない。

(2) 子ども、地域、学校

香山壽夫（2003）は『ルイス・カーンとはだれか』において次のように語っている[7]。

> カーンは、貧しい、しかし誇り高いユダヤ人移民の子として、フィラデルフィアの下町で育った。両親からカーンは、音楽、美術の才能と教育を与えられた。又深い宗教的な考え方と生活の仕方も、幼い時から教えられ身につけて育った。しかしそれに加えて、カーンを育て、その才能に光をあてたのは、その町に住む様々な人々だった。学校の先生は勿論、彼に絵

や音楽を発表する様々な機会を与えた商店や映画館といった町の人々、そして共に学んだ数多くの友人達だった。カーンにとって、町は、そして街路は、共同の場所であり、学校であり、すなわちルームであったのである。
　「都市とは、その通りを歩いているひとりの少年が、彼がいつの日かなりたいと思うものを感じとれる場所でなくてはならない。」(1973年)
A city should be a place where a little boy walking through its streets can sense what he some day would like to be.
　この短い文章は、私の知る限り、都市空間について語られた、最も美しく気高い言葉だと思う。都市とは、このようなものでありたいと、昔も、今も、そしていつまでも欲している存在だと私は信じたい。

　建築家として20世紀最後の巨匠ともいわれるルイス・カーンの言葉のように、まちは、子どもたちにとってなりたい自分を感じ取れる場所である。また、そうでなければ廃れてしまう。通りには子どもに声かけ、時には少しばかりの手助けもしてくれるまちの人々がいる。密接な関係ではないけれども親しいかかわりのなかで、見て感じてゆっくりと自分をつくっていくのである。じかに触れられる小さな地域のなかで育つ子どもが、なりたい自分をまとめていく場所が学校である。そのためには、地域のなかに学校が埋め込まれていなければならない。カーンは共同の場所としてのまちを歩きながら、現代風にいうところのグローバル人材を夢見ていたとは思えない。LとかGとか区分して事足れりとする発想では、なりたい自分を見失うことになる[8]。
　地域、子ども、学校とのかかわりの基本的構造は時を遡っても変わらない。ジョン・デューイ（1899）によって書かれた古典的名著『学校と社会』によれば、19世紀末のシカゴの労働者の子どもたちにとって公立学校の役割は次のようなものであった。それは少しでも長くすり潰されないようにするために、あわよくば生き残れるためのすべを手に入れる手段であった。
　「圧倒的に多数の生徒は、学問の初歩を習得するとすぐに、すなわち、生計を立てる上で、どうにか実際に役立つに足るだけの読み・書き・算の記号を獲得するやいなや、学校を去っていくのである」[9]と描かれている。
　デューイに批判された当時のありさまと、第3章で詳しく述べる21世紀初

頭に始まった日本の「学歴・学力保障」の視点とはどの程度の差があるというのだろうか。このような状況に対して、ではどんな学校教育をデューイは主張し実践したのか。子どもは、自分の作業の社会的・科学的価値について把握し、自らの想像力と洞察力を発達させる機会を得ていかねばならないとしている。そのためには、児童期・青年期から構成的な本能や生産的な本能が社会的方向で訓練される必要があり、そのことによって「現代の経済的害悪の根源を突き止め」「害悪を効果的に処理」することができるようになる、としている。つまり、そうした訓練によって、自分、そして自分たちの考えを表現する人間となり、工場労働による疎外感を克服し、またそのことを通じて社会的な分裂を改善する方策を生み出すこととなるというのである[10]。学習への興味をもたせるには、家族を含めた独立自営農民の自給自足の生活共同体で行われていたと考えられる協働作業——それは科学が発達した社会によって駆逐されたものであったが——を、学校という特別に純化したところで「仕事（occupation）」として再現し、そこで全体を把握する能力を会得することが必要である。そしてそれが、教育の目的となる。学校を社会への経過装置とするのではなく、学習過程を協働関係の純粋な典型的諸要素に還元して再構成する、社会から自立した濃厚な空間として学校を設定することをデューイは構想した。身近な社会を学校という濃厚な空間で再構成することによって教育が成り立つというのである[11]。

ルイス・カーンは貧しいなかでも自分を育んでくれたフィラデルフィアを美しく描き、デューイは近代資本主義の勃興期のシカゴでの苛烈な労働環境に向かって学ぶ子どもたちに対する新たな教育運動を提唱した。その相違はあっても子どもと地域と学校とのかかわりは連続したものとして考えられている。グローバル人材育成と「学歴・学力保障」とに区分した効果的かつ業績主義的な発想とは違った近代公教育の原点がここにはある。

日本では戦後まもない頃、柳田國男（1948）が戦前教育の反省の上に立って公教育の在り方を述べている。「ずぬけた偉い者とか、村から他へ出てゆく者のみに力を入れて、村に住む人を忘れているような教育をやめて、村が真に一個の有機体、生活体になることを目標に、「あたりまえの村人」を育てる教育になつて欲しい」[12]。普通教育（common education）を、地域が主になって人・

モノ・金を投じて行う目的は「あたりまえの村人」を育てることにある。村を捨てて自己の立身出世や家族の繁栄を求めることに手を貸すことではない。現在のグローバル人材の育成を声高に叫ぶ人たちにはこの言葉を聞いてほしい。また、東井義雄（1975）は、教員としての実践を通して、「村を捨てる学力」を批判し、「村を育てる学力」を提唱した[13]。このような視点のなかで、戦後教育のもっともよい部分が出発したのである。戦後教育をそのまま維持すればよいということではない。なにを変え、なにを維持するのか。戦後教育体制の解体が急ピッチで進むなかでこそ、公教育の再生のために子ども、地域、学校のかかわりをもう一度見つめ直すことが必要である。

（1）文科省による教育再生実行会議第31回での配布資料3「教育再生実行会議第1次～第6次提言の進捗状況」2015年6月9日を参照。
（2）国民教育文化総合研究所都市政策研究会『ポスト成長社会と教育のありよう』2013年12月。
（3）増田寛也・冨山和彦『地方消滅　創生戦略篇』中央公論新社、2015年。
（4）同上177頁。
（5）同上169頁。
（6）雨宮処凛「格差が、同じ日本で言葉が通じないくらい広がった」毎日新聞、2015年8月4日。
（7）香山壽夫『ルイス・カーンとはだれか』王国社、2003年、142頁。
（8）グローバル人材に投資しろと語る人たちからすれば、ノーベル賞受賞者は1つの目指すものといえる。だが、山中伸也は神戸大学、中村修二は徳島大学、大村智は山梨大学、梶田隆章は埼玉大学という地方大学出身である。G大、L大と区分けしてどんな将来があるのか。
（9）ジョン・デューイ著、市村尚久訳『学校と社会　子どもとカリキュラム』講談社、1998年、88～89頁。1990年のシカゴ大学出版部設立百周年記念出版を底本としている。
（10）田浦武雄『デューイとその時代』玉川大学出版部、1984年、78頁。田浦は、「人間と人間とのコミュニケーションへの楽天的信仰という点において、人間観の把握に問題がある。労働者階級と資本家階級との間のディズ・コミュニケーションの存在が、不可避的であることが軽視されている点によく示されている」と批判している。
（11）中村文夫「『学校と社会』における学習環境設定の理想と現実」『パブリック・エジュケーション・スタディ』第4号、2013年、4～15頁。
（12）柳田國男「郷土生活の中にある学校」『明日の学校』1948年6月号。
（13）東井義雄『村を育てる学力』明治図書出版、1975年。

3　新たな選別主義的施策

(1) 「学歴・学力保障」に向かう選別主義施策

ア　子どもの貧困対策法の施策

　第2・3次安倍政権は、憲法を変えることを含めてあらゆる方面で戦後体制の解体作業を進めている。公教育においても、さまざまな方面で民間活力の活用を計画している。教育の私事化を進めるには、憲法・教育基本法をベースとして組み立てられてきた制度を根幹から組み直すことが必要である。そこで、悉皆の全国学力学習状況調査を強行し数値化した学力による競争を激化させ、他方で道徳教育の教科化などに見られる学習指導要領の根本的な改訂を含む戦後教育体制の解体が進められている。教育行財政においても、そのことは端的に現れている。数値化された学力の向上策としては、従来の公設公営学校による公教育に対しての機関補助型の公的財源の投入ではなく、公設民営への機関補助（チャータースクールなど）、あるいは公設公営学校と民設民営学校との競争状態を前提とした個人補助型の公的財源の投入（教育バウチャー）へと舵が切られつつある[1]。その内容は第6章で改めて検討する。このような普遍的な公的サービスの全般的な私事化・市場化にあって、子どもの貧困対策はどのように変質しつつあるのか。

　子どもの貧困対策法が2013年に成立した。この法律は16条からなり、貧困の状態にある子どもが健やかに育成される環境を整備し、教育機会の平等を図るために、教育の支援、生活の支援、就労の支援、経済的支援の4つの施策を、国と地方自治体がそれぞれの役割を担うことによって総合的に推進するこ

とを目的としている。

　それを受けて子供の貧困対策に関する大綱が2014年に閣議決定された。国が自ら子供の貧困対策に関する大綱を定めるだけではなく、都道府県も子供の貧困対策に関する大綱を勘案して子どもの貧困対策の計画を定めるように努めることを求めている（第9条、努力義務）。子供の貧困対策に関する大綱の策定にあたっては、文科相・厚労相がそれぞれの管轄について原案の作成を義務付けられ、5年ごとに検討と必要な措置を講ずることが記されている。その中味を見ると、現在の生活保護行政が、生活自立に向けての就労支援に重点を置くことに転じたように、子どもの貧困対策においても「学歴・学力保障」に政策を転じている。

　子供の貧困対策に関する大綱では、教育の支援に関して、「「学校」を子供の貧困対策のプラットフォームと位置付けて総合的に対策を推進するとともに、教育費負担の軽減を図る」としている。これまでの子どもの貧困対策であった対象を子どもやその保護者への給付という「点」としての取組から、地域全体の課題として「面」としての取組へと質的な転換が図られることを予感させる総合的な施策を初めて提示した画期的なものであることはすでに述べた。

　具体的には、①学校教育による「学歴・学力保障」、②学校を窓口とした福祉関連機関との連携、③経済的支援を通じて、学校から子どもを福祉的支援につなげ、総合的に対策を推進するとともに、教育機会の平等を保障するため、教育費負担の軽減を図ること、とまとめることができる。そのなかでこれまで中心的な施策であった教育費負担の軽減について、義務教育段階においての新規施策は示されていない。大綱において教育費負担の軽減が主に意味するのは、幼児教育への公的経費投入である。そして重点施策としての学校教育による「学歴・学力保障」としては、少人数習熟度別指導や放課後補習の取組と、それを行う教員の貧困問題の理解の深化を図るとしている。学校外の福祉関連機関との連携を実施するために、スクールソーシャルワーカー（SSW）やスクールカウンセラー（SC）などの配置を進め、連携対象としてはケースワーカー、医療機関、児童相談所、要保護児童対策地域協議会等を挙げている。家庭教育支援は伴走型支援体制を充実させるとされている。地域による学習支援としては、放課後子供教室、学校支援地域本部等の取組、放課後等の学習支援

の充実が求められ、NPO、フリースクールとの連携促進が事例として挙げられている。これらの基本は「学歴・学力保障」策であり、無料公営塾など多様な教育機会への公的な経済支援の側面もある。

　高校等における就学継続のための支援については、高校中途退学防止と中退者への就労支援や復学・就学の情報提供などが書かれている。また、教育の支援として、幼児教育の無償化によって幼児期の質の高い教育を保障することで将来の進学率の上昇や所得の増大に結びつくと描かれている。就学支援では、義務教育段階と高校段階とを分けて論じ、義務教育段階においては、就学援助の活用・充実を図るという現状維持的な記載となっている。高校段階では、「高校生等奨学給付金」の定着と私立学校等の授業料減免等への補助が示されている。大学等進学に対する教育機会の提供に関しては、貸与型奨学金制度の活用、大学等授業料減免措置への支援が柱となっている。

　主に厚労省が所管して進めてきた生活困窮世帯等への学習支援としては、生活困窮者自立支援法を参考にした地域での学習支援事業、児童養護施設等に暮らす子どもに対する児童訪問援助員（ホームフレンド）や学習支援ボランティア事業を提示している。その他の教育支援としては、学生のネットワークの構築、夜間中学校の設置促進、子どもの食事・栄養状態の確保、多様な体験活動の機会の提供が項目として挙げられている。子供の貧困対策に関する大綱の概要を以下に示す。

子供の貧困対策に関する大綱概要

　子供の貧困対策大綱で示された5年間の重点施策は5項目に分かれている。

　1　教育の支援として、(1)「学校」をプラットフォームとした総合的な子供の貧困対策の展開　(2) 貧困の連鎖を防ぐための幼児教育の無償化の推進及び幼児教育の質の向上　(3) 就学支援の充実　(4) 大学等進学に対する教育機会の提供　(5) 生活困窮世帯等への学習支援　(6) その他の教育支援

　2　生活の支援として、(1) 保護者の生活支援　(2) 子供の生活支援　(3) 関係機関が連携した包括的な支援体制の整備　(4) 子供の就労支援　(5) 支

援する人員の確保等　(6) その他の生活支援
　3　保護者に対する就労の支援（親の就労支援）
　4　経済的支援
　5　その他（国際化社会への対応）

　このような法律、大綱の実現に向けた国の予算付けはどのようになされているのだろうか。「子どもの貧困への総合的な対応」が2014年4月17日の第1回子どもの貧困対策に関する検討会に資料6として配布された。そこには内閣府、文科省、厚労省が関与する教育支援、生活支援、保護者に対する就労支援、経済的支援が横軸に、生活保護世帯、生活困窮世帯、ひとり親世帯が縦軸に区分されている。このような図解のなかに対応の枠組みがあるということである。

　子供の貧困対策に関する大綱をつくった後の文科省の関連予算を見てみよう。2015年度予算はオリンピックと地方創生（少子化による学校統廃合）が特徴的である。子どもの貧困対策関係はさまざまな施策に入れ込まれ、従来の施策の延長上にほとんどの経費が計上されている。たとえば、「学びのセーフティネットの構築」項目では、幼児教育の段階的無償化と無利子奨学金事業の拡充とともに、学校施設等の耐震化などもあり、子どもの貧困対策に限定されていない。この項目では、幼児教育の段階的無償化に向けた取組の推進（402億円）の占める割合が大きい。「学校をプラットフォームとした総合的な子供の貧困対策」はわずか22億円しか措置されていない。項目中で最大の支出は高等学校等への就学支援金などであり、これは民主党政権下での全生徒の無償化という普遍主義の実現が、安倍政権によって選別主義に切り替えられたいわくつきの項目であり、政策的には根本的な改善を要する施策である。これに3830億円が計上されている。このように見ると正味の新規予算措置は微小であることがわかる。文科省は、微小な予算でも可能な子どもの貧困の解決策をどこに見出しているのであろうか。それは、市場化による競争原理に基づく子どもの貧困対策であり、その指標は「学歴・学力保障」である。これまでの子どもの貧困対策は就学督励策であり、学校に来させること自体に目的があったといえる。新たな方策は、学校に来させることが目的ではなく、来ても来なくても求

められる「学歴・学力保障」とその結果としての進学、就労支援の連続性に重点が移ったのである。来ても来なくてもとは、学校外の公費進学塾・居場所等の多様な教育機会の設定が含まれるということである。それでは学校をプラットフォームにしたことにはならない。「就学義務」という戦後公教育の1つの理念が検証されることもなく放棄されようとしている。

「学校をプラットフォームとした総合的な子供の貧困対策」の展開など重点施策の2015年度の予算がどのように実施に移されたのか、さらに詳しく見てみよう。「子どもの貧困対策会議（第3回）」（2015年8月28日）「参考資料2」には以下の実施状況が報告されている。

子供の貧困対策に関する大綱（平成26年8月29日閣議決定）の策定から、現在までの主な子供の貧困対策の実施状況は以下のとおり。

1．教育の支援

○スクールソーシャルワーカーの配置を拡充し、児童生徒の家庭環境等を踏まえた教育相談体制を整備
・H26年度1,466人 → H27年度2,247人（予算上）

○家庭での学習が困難な中学生等を対象とした地域住民の協力による原則無料の学習支援（地域未来塾）の実施
・H26年度700中学校区 → H27年度2,000中学校区（予算上）

○生活困窮世帯の子供を対象とした、居場所づくりを含む学習支援事業を実施
・H26年度 約200自治体 → H27年度 約300自治体

○幼稚園等の保育料について、低所得世帯の保護者負担を軽減
・市町村民税非課税世帯（年収270万円まで）の負担額
　H26年度9,100円 → H27年度3,000円（月額）

○高校生等奨学給付金（奨学のための給付金）制度について、学年進行による対象者数の増員及び生活保護受給世帯・非課税世帯における支援内容の充実
・対象者 H26年度15万7千人 → H27年度34万人（見込）

○大学等奨学金事業における無利子奨学金貸与人員の増員

・H26年度44万1千人 → H27年度46万人（予算上）
２．生活の支援
○生活困窮世帯の子供を対象とした、居場所づくりを含む学習支援事業を実施（再掲）
・H26年度 約200自治体 → H27年度 約300自治体
３．保護者に対する就労支援
○生活困窮者自立支援法施行に伴う就労準備支援事業の実施
・H26年度 約100自治体 → H27年度 約250自治体
４．経済的支援
○児童扶養手当の公的年金との併給調整に関する見直し
・H26.12.1児童扶養手当法が一部改正され、年金額が児童扶養手当額より低い場合、その差額分の児童扶養手当を受給
○養育費相談支援センターにおける相談支援の実施及び自治体職員に対する研修等の実施
・H26年度相談件数：7,363件、全国研修会：2回、地方研修会：9回
５．国民運動の展開
○「子供の未来応援国民運動」趣意書に基づき、基金による支援の内容等を検討
・ホームページのオープン、マッチングサイトへの登録受付、募金の受け入れスタートに向けて準備中

　以上が文科省と厚労省との事業を合わせた取組の2015年の進捗状況である。このうち文科省による予算措置としては、「学校をプラットフォームとした総合的な子供の貧困対策の推進」として教育相談の充実（スクールソーシャルワーカー増員、学校地域支援本部を活用した「地域未来塾」による学習支援）、高校生等の就職・就学支援等が挙げられている。
　「子どもの貧困対策会議（第3回）」によれば、2016年度予算に向けて、「ひとり親家庭・多子世帯等の自立支援及び児童虐待防止対策の充実策」「子供の未来応援国民運動の今後の展開」「子供の貧困対策に関する有識者会議の開催」について論議され、年末をめどとした実効的な政策のパッケージをまとめる

とした。その主な内容は、学習支援や食事の提供など地域の居場所を2019年までに年間延べ50万人分整備する、幼児教育の段階的な無償化、そしてSSWを同じく2019年までに全中学校区に1人ずつ配置するなどである。さらに、民間からの寄付を募る「子供の未来応援基金」を2015年10月から始めた。しかし、この寄付は数千万円規模を見込んだが、12月20日時点で650万円にとどまっている。

　このような方向性のなかで、文科省は実施2年目に向けての2016年度概算要求（2015年8月28日）ではどのように要求を出したのか、それを検討したい。「学校をプラットフォームとした総合的な子供の貧困対策の推進」の項目を見てみる。

イ 文教概算予算に見る子どもの貧困対策のねらいと問題点

　文科省が次年度にどのような教育行政をしようとしているのかがわかるのが概算要求である。2016年度の概算要求は2015年8月28日に示されたが、総額102兆円のうち文科省の要求は前年度9.8％増の5兆8552億円で、厚労省の要求規模は30兆6675億円である。ちなみに、防衛省の概算要求は5兆911億円で、文科省の概算要求とほぼ同じ規模までいつのまにか急拡大している。

　文科省概算要求で目立ったところは、国立大学の再編を意図した重点枠として404億円、オリンピックに向けたスポーツ関連予算367億円（26.6％増）、そして理化学研究所への政府支出金が72億円増の600億円となった点である。いずれも気前のよい話となっている。

　分析の中心となる文科省概算要求のうち文教関係予算は前年度より3103億円増の4兆3704億円（7.6％増）である。文教関連予算は3つの柱からなり、それは「社会を生き抜く力の養成」「未来への飛躍を実現する人材の養成」「学びのセーフティネットの構築」である。1つ目の柱である「社会を生き抜く力の養成」には義務教育費国庫負担制度（特定三職種給与費の3分の1国庫負担）が主である。その「社会や子供の変化に対応する新たな学校教育の実現」の項目は△110億円の1兆5163億円となっている。教職員定数改善3040人（99億円増）に対して自然減3100人（△67億円）と若返りによる給与減△119億円であ

る。少子化に伴う自然減とともに、年齢層の高い層から若年層へ教職員が入れ替わることによる給与減が規定要因である。文科省はアクティブ・ラーニングなどの授業の革新、チーム学校の推進による政策的な経費を上積みする要求を行った。

　2つ目の柱である「未来への飛躍を実現する人材の養成」は、国立大学改革の推進1兆1366億円（420億円増）、私学助成関係4899億円（588億円増）などのほかグローバル人材への投資が目立つ。たとえば、初等中等教育段階におけるグローバルな視点に立って活躍する人材の育成222億円（19億円増）や大学等の留学生交流の充実377億円（24億円増）である。

　3つ目の柱である「学びのセーフティネットの構築」では、下村前文科大臣がもっとも重点化しようとしていた幼児教育無償化に向けた段階的取組は、数値を入れない「事項要求」となっている。また高校生等への修学支援3909億円（前年度同）、大学等奨学金事業の充実（無利子奨学金事業）1006億円（258億円増）、国立大学・私立大学等の授業料減免等の充実412億円（17億円増）に比べ、前年同様に「学校をプラットフォームとする総合的な子供の貧困対策の推進」の少なさが際立つ。この点をさらに検討しよう。

　義務教育を進めるための「社会を生き抜く力の養成」は、少子化による影響で縮小傾向にある。特定三職種の給与費についての国庫負担が2分の1から3分の1になって以来、文科省関係概算要求に占める割合は突出したものではなくなっている。これに代わるようにして、大学等への交付金、補助金をメインとする「未来への飛躍を実現する人材の養成」が軒並み増額要求となっている。とくに大学の再編を目指しているなかにあって、グローバル人材の育成の強化や、大学の職業訓練校化への誘導的な資金の投入が目立っている。子どもの貧困対策法に関連した「学びのセーフティネットの構築」に関しては、特徴的な傾向がある。つまり、義務教育段階での子どもの貧困対策である「学校をプラットフォームとする総合的な子供の貧困対策の推進」にわずか37億円しか概算要求していない点である。その中味について注目すべき点の1つ目がSSWの配置充実（補助率3分の1）10億円（4億円増）で、このうち貧困対策のための重点加配600人増。2つ目が地域未来塾による学習支援の充実（補助率3分の1）6億円（4億円増）である。学校を子どもの貧困対策のプラット

フォームにすると子どもの貧困対策大綱には書かれているが、それは十分に反映されたものにはなっていない。高校生等への就学支援金は相変わらず所得制限を入れたままである。また、大学等奨学金事業は有利子から無利子への転換だけであり、給付型奨学金への切り替えは 2016 年度概算で要求されていない。

「総合的な子供の貧困対策の推進」で挙げられている主な項目を以下に示す（初等中等局概算要求説明資料事項別表、カッコ内は前年度予算）。

総合的な子供の貧困対策の推進

(1) 学校をプラットフォームとした総合的な子供の貧困対策の推進

◆教育相談の充実 1,009 百万円（647 百万円）

　〔補助率 1 ／ 3 〕〔補助事業者：都道府県・政令指定都市・中核市〕

・スクールソーシャルワーカー配置の増（2,247 人 → 3,047 人）

　福祉の専門家であるスクールソーシャルワーカーを必要な全ての学校で活用できるよう今後段階的に配置を拡充

　小中学校のための配置（2,200 人 → 3,000 人）、高等学校のための配置（47 人）

・貧困対策のための重点加配（600 人 → 1,200 人）

・スーパーバイザー（47 人）の配置、連絡協議会の開催・研修を通じた質向上の取組の支援【新規】

◆学習支援の充実

○地域未来塾による学習支援の充実 628 百万円（207 百万円）

　※「学校・家庭・地域の連携協力推進事業」の一部〔生涯学習政策局計上〕

　〔補助率 1 ／ 3 〕〔補助事業者：都道府県・政令指定都市・中核市〕

　経済的な理由や家庭の状況により、家庭での学習が困難であったり、学習習慣が十分に身についていない中学生等への学習支援を実施するとともに、新たに ICT の活用等による高校生への支援を行う。

◆高校生等の就職・就学支援等 595 百万円（491 百万円）

○多様な学習を支援する高等学校の推進事業経費 101 百万円（79 百万円）

　〔委託費〕〔委託事業者：都道府県、学校法人等〕

生徒の多様な学習ニーズに応じた教育活動を展開する定時制・通信制課程の高等学校や総合学科の高等学校、ICTを活用した遠隔教育を実施する高等学校における生徒への支援体制の充実を図り、生徒の学習意欲を向上させ、確かな学力を身につけさせるなど、高等学校教育の質の確保・向上に向けた一層の取組を推進する。

○補習等のための指導員等派遣事業（高等学校分）【再掲】494百万円（412百万円）

〔補助率1／3〕〔補助事業者：都道府県・政令指定都市〕

学習や学校生活に課題を抱える生徒の学力向上、進路支援、就職支援等を目的とし、学校教育活動の一環として、補習・補充学習、進路選択への支援等を行うために、退職教員や学校と地域を結ぶコーディネーター、就職支援員など、多様な人材を高等学校等に配置する取組を推進する。

◆要保護児童生徒援助費補助 837百万円（837百万円）〔補助率1／2〕〔補助事業者：都道府県・市町村〕

要保護児童生徒の保護者に対して学用品費、修学旅行費、学校給食費等の就学援助を行う。

《関連施策》

・教職員定数の改善（家庭環境などによる教育格差の解消150人）
・高校生等への修学支援
・幼児教育の段階的無償化に向けた取組の推進
・特別支援教育就学奨励費負担等

(2) フリースクール等で学ぶ子供への支援

◆フリースクール等で学ぶ子供への支援の在り方等に関する実証研究事業【再掲】492百万円【新規】

〔委託費〕〔委託事業者：都道府県〕

フリースクール等で学ぶ義務教育段階の子供への支援策について、総合的な検討を進めるため、学習機会を確保するための新たな仕組みの試行及び検証、経済的支援に係る実証的な研究を実施、等

※ICT（Information and Communication Technology）は「情報通信技術」の略語。

3 新たな選別主義的施策

　2016年度概算要求を見てみると、SSWの配置と未来塾とが基本となり、高校生に対しても同様の学習支援が掲げられていることに加えて、注目されるのはフリースクール等で学ぶ子どもへの支援の実証的な研究について予算がついていることである。このように公立学校での正規の授業の充実ではなく、学校外での多様な学習機会と「居場所」の提供が全体的な傾向として目立つ。多様な学習機会とは、多様な社会的背景をもつ子どもたちをそれぞれ分離して、居場所・学習機会を効率的に設定する手法につながる危険性をもつものである。多様な社会的背景、心身の状態にある子どもたちを地域の学校に「混ぜ」て学ばせる制度ではなく、多様な保護者の要求によって「分ける」教育制度が志向されている。そのなかで結果重視の業績主義が蔓延することには反対である。このうち未来塾は補助率が3分の1であり、同種の先行する厚労省の学習支援事業の補助率2分の1と競合している。

　現在、働く者の非正規率は40％である。子どもの貧困は保護者の貧困であり、そこへの給付がもっとも重要な施策である。つまり教育に限っていえば、保護者が公教育にお金をかける必要がない制度設計こそが検討すべきことである。段階的な対応として、選別主義ではあるが就学援助制度を拡充すべきことである。これがベースとなることを無視して、子どもの貧困対策を子どもの「学歴・学力保障」に特化し、高校受験や大学受験に向けた取組を中心とすることは、卒業した後のよりましな労働条件の職場を奪い合う図式のなかに子どもたちを投入することでしかない。労働環境の改善と社会保障制度の拡充という仕組みをつくり直し、その一環としての公教育の無償化を実現することを基本政策にすべきであると考えている。この点についての根本的な対応策を行わず、子どもの貧困対策を打ち出すのは安直である。

　グローバル人材の育成に関する項目に対しては大盤振る舞いを行い、人件費等の経常経費に関する項目に対しては現状維持か削減の限度が攻防の焦点となっている。そして、グローバル人材の育成が新自由主義の光であるとするならば、子どもの貧困は影の部分に当たる。そこへの概算要求は最小限の名目的なものとなっていることがわかる。義務教育段階での子どもの貧困対策費の概算要求は「学校をプラットフォームとした総合的な子供の貧困対策の推進」でわずか37億円（15億円増）であり、文科省全体の概算要求のところで述べた

理化学研究所1ヵ所への増額（政府支出金が72億円増の600億円）の半分の概算要求額であることを記憶しておきたい。なお、2015年12月24日に決定した2016年度政府予算案では、「学校をプラットフォームとした総合的な子供の貧困対策の推進」は、前年度比4億円増の26億円にとどまっている。

ウ 就学援助制度の位置づけ

　これまで就学援助制度は、教育保障の観点から就学督励策を講ずる文科省と、最低限度の生活を保障する視点から教育扶助を講ずる厚労省との二重の制度設計のなかで、選別主義に立つ給付を実施してきた。

　要保護児童生徒に対する援助実施額への支出は2012年度で該当約15万人、自治体支出約13億円、準要保護者は2012年で約140万人、自治体支出約485億円である。教育は地方自治体の自治事務であり、子どもの貧困対策費用は合計して500億円弱となる。国家レベルでの一律的な給付である生活保護の補完的な位置にあり、自治体にとって負担の重い支出となっている。

　現在、生活保護は、自助努力を強調する新自由主義政策のもとに福祉水準を切り下げるとともに、自立に向けた施策を重点化してきた。現状の特色を見ると、1つは生活保護に至る前の段階での支援を目的とする生活困窮者自立支援法に現れている。2つは国による特定負担金が支出されている要保護の認定が厳しい分、就学援助に限定した給付である準要保護が拡大してきたことである。これが地方財政によって給付されるために地方財政の圧迫の要因となり、就学援助に対する認定基準の改悪、給付項目の見直しが進められてきた。見直しを進める理由として、効果への疑問が語られる。

　たとえば中室牧子（2014）が、「わが国における就学援助が子どもの教育成果にどんな影響を与えたかということを明らかにする実証的な研究は、筆者の知る限りほとんどみあたらない」「就学を支援する目的の補助金は、出席率に影響を与えても、学力には影響しない」と述べている。このように、就学援助について世代間の貧困連鎖の解消に効果をもつことには懐疑的という立場も現れている[2]。

　この立場は、学校の役割を、個別的な児童生徒の学力を数値化したデータで

しか判断しない傾向をもつ。そこには、市民としての社会生活を育むための共同的な学習の場、つまりともに学ぶことの社会的な学校の役割が考慮されていない。就学督励の意義を、単に学校に呼び寄せ椅子に座っている子どもの数を増やすこととしてしか認識していないのである。

就学援助制度は、公教育、とくに義務教育が憲法の規定にかかわらず、まったくの無償ではないことから派生した公的扶助制度であり、ために選別主義に伴うマイナスの要素もたくさんある。したがって、公教育の無償化に向けた積極的な普遍主義に立つ政策を実施するとともに、当面は就学援助制度の拡大による教育機会の平等を最低限の制度として改善することが望まれるのである。ところが、これまで見てきたように金食い虫とも見られかねない就学援助制度の充実ではなく、子どもの自立的な貧困からの脱出策としての「学歴・学力保障」施策へと舵が切られているのである。それにしても、子どもの貧困対策のプラットフォームとされた学校が新たに求められる子どもの貧困対策を進めるには人的措置が必須であろう。その措置はどのようになっているのだろうか。

これまで学校に児童生徒を来させることに役立つ制度として　就学督励策の1つである就学援助制度が存在してきた。ところが、前述のように椅子に座らせるだけでは子どもの貧困対策とはいえないとの考えが生まれている。他方で、文科省から日本の教員は多忙であるとの調査結果が毎年のように意図的に出され、個別的な「学歴・学力保障」を教員に要請できる状況ではない、との認識も広がっている。すでに、文科省は2名の教員で授業をするチームティーチングなどの教員加配措置を実施してきた。加配は単年度措置のために要員は非正規採用になりがちであった。義務制小中学校の教員の17.22%（約12万人）は非正規教員であり、その半分は時給待遇の非常勤講師である[3]。また、非正規職員としての配置が一般的であるSCに引き続いて、同じように非正規職員での配置が一般的であるSSWが拡充配置されようとしている。保護者との対応だけではなく、学校と地域の福祉諸機関との連携を求めての配置である。しかし、SCの配置が進んだ現在においても非正規職員であり、ほとんどのケースで週1回しか勤務しない職員の活動は制限され、担任教員、養護教諭等との関連性が今日でも大きな課題とされている。すなわち、非正規SSWを配置すれば事態が改善するというような単純なものではない。それぞれの資格をも

ち、正規採用されることでキャリアを重ねることが重要なのである。それができない非正規化・外部化がいまや公然と施策のなかに居座るようになっている[4]。また、ソーシャルワークの役割は万能ではない。支援方法がパターン化し硬直化している事例もある[5]。SSW の配置も、雇用条件、校内での連携システムの構想をもつことなしに、措置するだけでは実効性が担保されない。

　新たな選別主義政策で、子どもの貧困対策として学校に求められている施策は、学力が身についていない児童生徒へ的を絞った教授活動である。それは、学校内での外部人材の活用や、学校外での公設民営塾の設置などに見られる新たな動きである。このような民間活力の活用の動きは、従来の学級担任が家庭環境や生活を含めて総合的に子どもにかかわる教育体制ではなく、課題ごとに担当者を配置し、外部人材や教育産業を活用し、その連携によって公教育を成り立たせる「チーム」による手法である。そこでは本採用公務員である教員の役割は教科や学級の児童生徒の数値化された学力の向上と道徳教育の徹底に徐々に限定されていくことになる。教員の労働スタイルは、「ファーストフード」型のマニュアル労働になりつつある。さらにその先の学校職員の再編成もありそうである。詳しくは第 6 章で検討したい。

(2) 「学歴・学力保障」政策の具体的な展開

㋐ 先行してきた社会福祉の取組

　子どもの貧困率が 16.3％であり、図表 1 に見られるように、2013 年の就学援助児童生徒数が 15.68％という数値は厳しいものである。子どもの貧困と一概にいっても、その内部にはさまざまな要素が含まれ、対処も一様ではない。義務制でのいくつかの数字を見てみたい。戸籍がない子どもは 142 人、児童養護施設にいる子どもは約 3 万人、生活保護（教育扶助）対象は 15 万人、就学援助受給者は 154 万人、また、長期欠席者（不登校を含む）は 12 万人、ひとり親家庭 146 万世帯である。2016 年度に向けた政府の子どもの貧困対策会議（第 3 回）では、ひとり親家庭、多子世帯への支援として 50 万人分の居場所整備や中学校区への SSW の配置などが打ち出されている[6]。

3 新たな選別主義的施策

子どもの貧困の階層性とでもいうべき実態があるなかで、課題解決のセオリーはもっとも脆弱な人々を支援することである。したがって、児童への福祉政策としては児童養護施設にいる子ども、生活保護世帯の子どもへの支援を重点化すべきとの主張もある。児童福祉の現場から見ると、学校では「お客様」扱いされ、「学歴・学力保障」について個別的に熱心な教員がかかわる以外は放置され、見捨てられていると感じられてきたことであろう。

生活保護世帯の生徒を対象に絞り込み、高校入学を目的にした取組がケースワーカーなどにより実施されてきた。江戸川区のケースワーカーが中心となって生活保護世帯の子どもたちの高校進学のための取組の一環として1987年から区役所で中学校勉強会、通称オール1勉強会を実施し、成果をあげるとともに暴走族、非行問題の減少に寄与した事例がある[7]。今回の主要な課題として設定はしていないが、福祉政策は治安政策でもあるという側面を有していることもこの事例でわかる。新自由主義的な政策にあっては、福祉政策は自立という自己責任への誘導政策であり、治安政策はジル・ドゥルーズ（1990）のいうところの個人を分割した「管理」による排除と包摂の政策である[8]。

リーマンショック後の2010年頃から各地で自生的な学習支援の取組が始まっている[9]。2010年から埼玉県の事業「アスポート」が始まる。これが社会福祉における代表的な事例である埼玉県生活保護受給チャレンジ支援事業である。一般社団法人に委託して学習支援等を実施し、2012年には中学3年生の対象者782人のうち331人が参加した。このうち321人（97％）が高校へ進学するという実績をあげている[10]。釧路市や横浜市で試行されていた子どもの支援事業は、2008年に厚労省が子どもの健全育成支援事業として予算化することで全国的な広がりがもたらされた。2012年に全国94自治体へ厚労省による全額国庫補助金が交付されていた。「生活困窮者自立促進支援モデル事業」の補助金を使って前橋市は生活保護受給世帯や経済的に困窮している世帯の中学生を対象とした学習教室を、2014年10月から本格的に実施している。前橋市は約590万円の費用でNPO法人にその教室での学習指導を委託している。また、失業対策から始まったあるNPO法人は、2013年には北海道14ブロックのうち6ヵ所の学習指導を受託し、困窮世帯の子どもへの家庭訪問と学習教室の運営を行っている。その形態は、広大な北海道の特殊性を踏まえて、1ヵ

所に集まって学習するかたちのほか、自宅訪問による個別学習支援、郵送やメールによる通信手段を使った学習支援を実施している[11]。

　釧路市の生活保護行政では自立支援プログラムを 2006 年より本格実施し全体概況図（三角形図）の「釧路モデル」によって全国的な影響を与えた。保護か就労かという二者択一ではなく、保護を受けながら自立を目指す中間的就労が始められた。そのうち、子どもの貧困とのかかわりでは、自立支援プログラムの 1 つとして NPO 法人と一緒に保護世帯の中学校 3 年生対象の勉強会を実施している。また、高校生が自動車の普通免許を取得する際の経費を生活保護費のなかの生業扶助費から支出している[12]。同じ釧路市では議員提案により「釧路市の子どもたちに基礎学力の習得を保障するための教育の推進に関する条例」が 2012 年 12 月に成立している。条例の目的は「基礎学力の習得を保障するための教育の推進」であり、第 2 条には基礎学力の用語を次のように規定している。「子どもたちが、その心身の発達の段階に比して学習により身に付けるべき基礎的な能力のうち、義務教育の課程を通じて読む能力、書く能力及び計算する能力に係る知識及び技能であって、その向上又は低下の傾向を客観的な数値指標によって把握できるものをいう」。全国学力学習状況調査の結果が全国平均に至らないことを危惧したことから、条例では数値化された学力の向上に焦点を絞った取組を求めたのである。市立学校に対しては基礎学力の習得度の計測結果を公開するなどを要請している。釧路市における生活保護行政と市議会からの 2 つの動きは「学歴・学力保障」に向かう現在の子どもを取り巻く状況を映し出している。炭鉱、漁業、紙パルプという三大基幹産業の衰退のなかで、その結果として生活困難者の増大が起こり、次の展望をどのように打ち出すのかという深刻な地域的状況が「学歴・学力保障」に向かわせていると考えられないか。釧路市、越前市などの実践的な取組報告と課題の整理については、自治研セミナーの記録『自立と依存』に詳しい[13]。

　業績主義、成果主義の観点からすれば、要保護世帯の子どもたちへ特化した重点的な施策は確かに効果をあげてきた。これは、教育行政ができなかった部分を補完し、学校制度に戻す役割を担ったからといえる。

　しかし、このように一定の広がりをもった厚労省関連事業は、さらに拡大するとともに転換を余儀なくされようとしている。2013 年には生活困窮者自立

支援法が成立し、2015年4月から施行された。この法律により、任意事業である学習支援事業その他生活困窮者の自立の促進に必要な事業の対象を生活貧困層全体に広げるとともに、国庫補助が2分の1支給となった（2015年度総予算38億円のうち国庫補助19億円）。それは学習支援への公的保障の拡大でもある。同時に、それにより公募をかけて公正な競争をもって民間活力の活用が行われる事態となり、利益追求目的の教育産業の参入の道を開いたのである。2015年4月現在の東京23区への調査によると、子どもの学習支援事業は72％の自治体で実施されている[14]。先進県である埼玉県では、町村を担当する県が任意事業を含む7事業すべてを実施し、40市のうち熊谷市、羽生市が教育委員会事業、入間市、蓮田市が市の単独事業とする以外は自立支援の任意事業である学習支援を実施・実施予定である（埼玉県作成「H27生活困難者自立支援法各市事業実施状況」調査による）。2015年度内に、栃木県では生活困窮世帯の子どもを対象とする学習支援を全25自治体で実施している[15]。しかし全国的に見ると、任意事業のために2015年度当初では33％にとどまっている[16]。

また、厚労省のひとり親家庭環境生活支援事業のうち2012年には新規に学習支援ボランティア事業（大学生等による学習支援・進学相談）が立ち上げられて、延べ638件の実績をあげている（補助率：国2分の1、指定都市・中核市2分の1。ただし、市町村は国2分の1、都道府県4分の1、市町村4分の1）。

このような状況について、埼玉県においての先進的な取組を進めてきた大山典宏（2013）は次のように指摘している。

> 高校進学率の向上といった数値は、確かに人に訴えかけるものがあります。「ほう、すごい」と感心してもらうこともできるでしょう。しかし、実務上でいえば、「強い進学希望をもつ子」だけを支援の対象とし、不登校で自宅にひきこもり、他人との接触を拒否する子は見ないふりをすることで、見かけ上の進学率をあげることはできるのです。
>
> いいとこ取りだけを続けていけば、結局はじり貧になり、貧困は解消されません。就職率のようなわかりやすい数値目標を追い求めるだけでは、問題を解決することはできないのです。（略）子どもの貧困を防ぐためには、たんに高校に進学できればいいわけではありません。中退せずに卒業

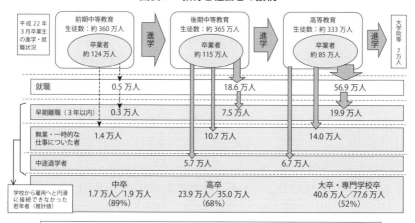

図表7　教育と社会との接続

［出典］内閣府「雇用戦略対話（第7回）」資料1　2012年3月19日

し、安定した仕事に就き、社会を支える側になってもらうことで、初めて「事業の効果があった」ということができるのです。

　こうした長期的なスパンで成果を検証するためには、年齢ごとに輪切りにされている学校教育の体制に合わせるのではなく、中学から高校、そして大学進学や就職まで、継続的にデータをとっていかなければなりません。[17]

　これまで見てきたように、生活保護世帯の子どもたちに限定し、かつ高校入学に的を絞った「学歴・学力保障」のためのマンツーマンに近い対応は効果が実証されている。それだけでよいのかという指摘は重要である。子どもたちの置かれた将来を少し考えてみたい。そこには若者にとって生きにくい労働環境が待ち構えているのである。業績主義に立った「学歴・学力保障」のその先に考え及ぼさなくてはならない。

　図表7は教育と社会の接続についての図解である。これを見ると中学卒業の場合、3年以内で離職するなど雇用との円滑な接続ができない者が89％にも及ぶ。したがって、高校進学は重要な戦略となる。ところが高校の中途退学者

図表8　新時代の「日本的経営」グループ別処遇表

グループ別	雇用形態	対象	賃金	賞与	退職金・年金	昇進・昇格	福祉施策
長期蓄積能力活用型	期間の定めのない雇用契約	管理職・総合職・技術部門の基幹職	月給制か年俸制、職務給、昇給制度	定率＋業績スライド制	ポイント制	役職昇進、職務資格、昇格	生涯総合
高度専門能力活用型	有期雇用契約	専門部門（企画・営業・研究開発等）	年俸制、業績給、昇給なし	業績・成果配分	なし	業績評価	生活援助
雇用柔軟型	有期雇用契約	一般職、技術部門、販売部門	時間給制、職務給、昇給なし	定率	なし	上位職務への転換	生活援助

［出典］新時代の「日本的経営」　日本経営者団体連盟　1995年5月より作成

が5万7000人、高校の不登校（30日以上）が同じく5万5000人もいる。そのうえ、高校卒業で68％が、そして大学卒業でも52％が円滑な接続ができないでいる。これは低学歴ほど困難な職場、低待遇の労働環境になることを意味している。同時に大学卒業でも半数が早期離職等をするのは全体的に労働環境が悪いことを示している。

　これはどのような理由によるのか。1995年、日本経営者団体連盟は「新時代の「日本的経営」」という現在の雇用状況を決定づけた重要なレポートを出した。それによると、当時いったん就職すると終身雇用制・年功序列型賃金が基本であったのを、図表8にあるように労働者の活用型を3区分してそれぞれの働き方を求めた。つまり、生涯雇用するのは「長期蓄積能力活用型グループ」のみで、「高度専門能力型グループ」と「雇用柔軟型グループ」は年俸制や非正規労働を原則とするものであり、2002年に日本経営者団体連盟労政部によるフォローアップ調査報告では第2・3グループを合わせて27.3％まで拡大させることを想定していたが、それがいまや非正規労働者は40％になっている。これは政府が財界から上記の要請を受けて、非正規労働者を拡大する労働者派遣法等を導入して改悪を続け、予定を上回る成果をあげたためである。その結果、稼働年齢層においても生活保護が増大した。先進諸国のなかでも日本は労働分配率が異様に低いことは知られている通りである。雇用対策を改善することなしに中学卒業で終わらない「学歴・学力保障」政策をしても、卒業とともに生活保護にはならないかもしれないが、平均168万円[18]しか得られ

ない雇用柔軟型グループ、つまりファーストフード労働と呼ばれる職域で暮らすことを余儀なくされる。

　それでは最初に述べた公教育の役割を果たしていないと考えることができる。さらに、貧困状況で無理して高校・大学に進学する場合には、生活費を稼ぐアルバイトも現在はブラックバイト（その典型の１つが塾講師である）と呼ばれるような苛酷な状況に加え、有利子返済型奨学金を得て学校に通うことになる[19]。しかも、生活保護世帯の子どもが大学や専門学校へ進学するためには「世帯分離」をしなくてはならないなど厳しい条件がある。このことは、卒業しても奨学金は正規労働者にならなければ返済できない可能性が高く、ローン地獄に陥る可能性が高いことを意味する。それに対して、返済できない者は自衛隊に入ったらどうかと経済的徴兵制を唱える者も出てきている。経済同友会・前副代表幹事、そして日本学生支援機構の運営評議会委員でもある前原金一による2014年５月においての文科省「学生への経済的支援の在り方に関する検討会」での発言である。それはまるでアメリカ合衆国のような将来像である[20]。2015年の安保法制の改悪によって経済的徴兵制の現実味は高まっている。

　このように「学歴・学力保障」の成果にもかかわらず、「安定した仕事に就き、社会を支える側に」なることは困難な未来が構造的につくられているのである。政府の子どもの貧困対策を深読みすれば、子どもの貧困に対しては「学歴・学力保障」による自立によって生活保護に至らない程度の最底辺労働者の育成にあるのではないか。卒業資格を目的とする取組は、根本的な改善策とはなり得ないのである。

　渋谷望（2003）は、このような苛酷な労働条件であっても勤勉を求めるネオリベラリズムのワークフェア言説を、怠惰への道徳的攻撃であり、本気で勤労意欲を喚起するつもりなどないと見ている。怠け者を見せしめにする行為である、としている[21]。この説を援用すると、「学歴・学力保障」政策は本気で学習意欲を喚起するつもりはないのかもしれない。

　次に、教育行政からのアプローチの現状と課題について述べる。戦後教育はその理念として教育機会の平等を語り、その柱の１つとして学校制度の単線化を実現した。貴族、士族、平民と身分社会であった戦前体制を反映した早期選

別による多様な学校体系が否定されたのである。ところが、戦後の改悪の流れは早期選別と多様な学校体系を持ち込むことであった。地域にある学校で、さまざまな階層や心身の状況にある子どもたちが一緒になって学び、混じり合って生活することで曲がりなりにも民主主義が実現されてきた。社会生活をするにあたって、自分と違う環境や自分と違う心身の状況にいる友だちを得ることがもっとも大切な学びである。それが学校に求められる、なりたい自分に向けてまとめ上げる機能ということである。ところが、養護学校義務化以来、今日の特別支援学校による振るい分けに象徴されるように、教育効果という「科学的」基準で分けることによって、子どもたちを分離する別学体系がつくられている。他方では、東京を極端な事例として、富裕家庭の子どもたちは小学校から地域の公立学校ではなく私立学校を選び、地元での交流はなくなる状況が生まれている。ちなみに東京都教育委員会の進路調査によると、2012年度の公立小学校卒業生の進学状況は、都内の公立が81.5％（含む公立中高一貫校1.1％）、私立が16.3％、国立が0.4％である。さらに、現在、全国的に高校ではスーパーサイエンススクール、国際バカロレア認定校や進学目的の公立中高一貫校（中等学校）がつくられている。また、大学もL大とG大とに区分して、グローバル人材をごく一部の大学でつくるのに対して多くの大学では職業訓練学校化する構想が着々と進行している。文科省の有識者会議で、経営共創基盤CEOの冨山和彦が行った提案を再度示したい[22]。たとえばL大学の経営・経済学部では、経済理論抜きの簿記・会計、具体的には弥生会計ソフトの使い方を学べばよいとしている。つまり、日本経営者団体連盟が1995年に提言し実現した職業社会へ、常に補充するための高等職業学校がつくられ、大量の第2・3グループを養成する仕組みが出来上がりつつある。

　以上のことから、「学歴・学力保障」に特化した政策によって貧困の連鎖を断つ目論見は、その効果を得ることが少ない仕組みになっていくと考えられる。効果があったとしても、貧困層全体としての改善ではなく個人的な救済に終わる可能性が高い。このことは、これから述べる教育行政で始まりつつある子どもの貧困対策法、およびその大綱に基づく「学歴・学力保障」を重点化した施策についても当てはまると考えられる。

イ 「学歴・学力保障」の新展開

　子どもの貧困対策法等の実施に見られる新たな選別主義施策を概括してきた。子どもの貧困対策法と大綱という国の枠組みのなかで、都道府県では貧困対策の計画の策定の努力義務があるために検討が始まっている。2015年度内に単独の計画を6割の道府県で策定するとされる[23]。たとえば、就学援助率が24.62％（2013年）やひとり親が2万564世帯（10年間の伸び率が15.4％）と全国的に見ても子どもの貧困率が高い山口県は、高校への進学率や同中退率など16の数値目標を定めた[24]。

　法第9条においては市区町村レベルでは対策の計画策定を求められていないが、いくつかの自治体で取組が行われている。2004年当時、幼児が虐待を受けた末に川に投げ込まれて殺害された事件があったことを反省し、小山市は2015年に「子どもの貧困撲滅5ヵ年計画」を作成している。SSWの他に公民館単位にコミュニティソーシャルワーカーを配置し、公民館に学びの教室を開設するなどの内容である。公民館に「子供貧困撲滅支援センター」を設置するなど、公民館が重要な役割を占めている。「広報小山」2015年6月号によれば、子どもの貧困対策について3つの事業が紹介されている。「1　子ども貧困撲滅支援事業」では5つの項目が立てられ、そのうち(2)学習支援「学びの教室」は生涯学習課が担当し、「基本的に第2、4土曜日に学習が遅れがちな中学生を対象に、学習習慣の確立と基礎学力を定着させるため、公民館の図書室等を利用して実施します。学習指導は、社会教育指導員、教員OB、ボランティアの方々が行います」と周知している。そして、(3)生活応援事業を子育て・家庭支援課が担当し、「「学びの教室」の実施日に併せて簡単な調理活動等を行い、望ましい食習慣、生活習慣を身につけることにより、生きる力の形成を促す生活応援事業を実施します。第1回メニュー：おにぎり、みそ汁、デザート」としている。「学歴・学習保障」がここにも見られる。その他の活動としては、「2　スクールソーシャルワーカーによる相談支援等」と、「3　ひとり親家庭の方々のファミリー・サポート・センター利用料助成事業」である。財政的措置としては、2015年度予算において、「歳出は、子育て事業などで社会保障関連の扶助費が2年連続で100億円超となった。同計画は早期発見や教育

支援など5本柱を掲げ、15年度は子ども貧困撲滅支援センターの設置や学校と福祉関係機関の連絡調整役となるスクールソーシャルワーカー2人の配置などに600万円を計上。一人親家庭のファミリーサポートセンター利用料助成も行う」と報じている[25]。一般会計の総額も前年度比で0.4％増となった。子どもの貧困対策に関しては、学校外の取組として社会教育が重要な役割を求められているのが小山市の特徴である。

東京都では、世田谷区と足立区とが子どもの貧困対策計画等の策定あるいは検討を行っている。2015年を子どもの貧困対策元年と位置づけている足立区について次に検討する。

(3) 足立区「2015年子どもの貧困対策元年」

ア 23区の格差のなかで

東京23区（2013年）で見ると、千代田区では公立学校に通う児童生徒数は3533人である。そのうち要保護児童生徒数は25人。準要保護として学用品費等を支給した人数は212人。千代田区の就学援助率は6.76％となる。足立区では児童生徒数4万5689人である。そのうち要保護児童生徒数は1860人、準要保護児童生徒数1万5477人。足立区の就学援助率は37.94％である。この格差は無視できる範囲を超えている。

別の指標を設定してみる。東京都教育委員会の2013年4月の中学校での進路状況調査を見ると、公立小学校から私立中学校に進学した生徒割合は全都平均16.29％、千代田区が38.96％に対して足立区は10.12％である。このように千代田区と足立区を事例として取り上げてみても、地域間の貧富の格差を推定することができる。公立小学校比較なので私立小学校等に入学した児童などは除外した数値である。これを加味すればさらに指標で見る格差は拡大する。足立区全体を網羅する子どもの貧困対策を特段に講じる必要がある。

2014年、子供の貧困対策に関する大綱において、学校は子どもの貧困対策のプラットフォームとされている。学校を基盤とする子どもの貧困対策は、基礎自治体でどのように実施されているのだろうか。近藤やよい区長のリーダー

シップによって「子どもの貧困対策元年」を掲げ5ヵ年計画の策定を掲げる足立区を事例として検討していきたい。「治安・学力・健康・貧困の連鎖」をボトルネックとする足立区は、2015年1月30日「平成27年度当初予算案発表」では副題として、「子どもの未来のために、今。新たなステージへ」を掲げ、貧困の連鎖の解消に向けて意欲的な姿勢を示している。区という基礎自治体の総合的な課題のなかに子どもの貧困対策を位置づけた画期的な一歩が踏み出されたのである。コミュニティ再生を願う面としての政策がここにはある。

橋本健二(2011)は、都心部、山の手、下町に区分し、分極化の分析は、東京全体の格差の変化、各地域の間の格差の変化、さらに各地域内の格差の変化を総合的に見ることが必要であるとして、「下町でジェントリフィケーションが進み、新中間階級が増加することによって、階級構成の上では23区の均質化が進んでいる。とはいってもそれは、あくまでも区を単位に見た場合であり、実際には高層マンションや団地など、一部の地域だけで新中間階級が増加していることが多い。もともと下町に住んでいる人々の間では貧困層が増加している。その結果、下町内部の経済格差は拡大しているのである」と構図を描いた[26]。足立区は以下の基本構想等によってもわかるようにインナーシティ問題を抱える下町を擁する代表的な自治体である。

イ 構造的な課題と基本構想

足立区が区の基本構想を定めたのは2004年10月である。そのなかでは「今日の足立区は教育や治安上の問題、また防災上でも不安を抱え、財政的にも苦しい状況にあるなど、厳しい現実にも直面しています」と分析し、「区内の都営住宅は戸数・構成比において23区で最大です。また、区内の生活保護世帯、身体障害者手帳所持者、「愛の手帳」の所持者のいずれも、その数・構成比において23区で最大です。さらに、区内の各種社会福祉施設も施設数・構成比において23区で最大です。このように、足立区は、都の社会福祉行政の実現に欠かせない極めて重要な役割を担っているといえます。反面、構造的に低所得者層が多く、福祉ニーズも大きいため、区の財政的な問題の要因となっています」と区民構成が財政的に不利な状況の要素となっているとしている。その

結果、「区内の犯罪発生件数、交通事故発生件数、火災発生件数は、絶対数ではいずれも23区中ワースト3に入っています」。このまちの様子では、「いつの日かなりたいと思うものを感じとれる場所」とはいえない。さらには、

> 足立区では、小学校・中学校・高等学校を問わず地元の学校に進学する児童・生徒は多いのですが、高校・大学への進学率は23区内で最も低い水準にあります。また、長期欠席者の出現率（長期欠席者が児童・生徒総数の中で占める割合）も他区に比べて比較的高い状況にあります。これらの点は、家庭の教育力の低下や経済的な要因等の様々な課題を反映したものと考えられますが、学校が区民・保護者の要求に十分応えていないという側面があることも否定できません。教育の中身が区民に見えにくいという不満や、教師の指導力や熱意に対する不信の念も根強いものがあります。また、全国的に基礎学力の低下が指摘されていますが、足立区の学校は他の自治体に比べ教科の学力定着度が低いという大きな課題があります。

と、教育課題が足立区全体の課題となっていることを描いている。具体的な数値が示されているが、それによると高校進学率94.9％（23区中第23位）、大学進学率32.0％（23区中第22位）。小学校における長期欠席者出現率0.99％（23区中第5位）、中学校における長期欠席者出現率3.96％（23区中第8位）である。なお、2014年度の就学援助関係の割合を見ると、学用品等では要保護児童援助率2.9％、要保護生徒援助率4.3％である。また、準要保護児童援助率は29.8％、準要保護生徒援助率は38.4％である[27]。この数年減少傾向にある。

基本構想で目指すのは、「めざすべき足立区の将来像　1　魅力と個性のある美しい生活都市　2　自立し支えあい安心して暮らせる安全都市　3　人間力と文化力を育み活力あふれる文化都市」としていた。「自立チャレンジ支援施策」の推進の項目には次のように書かれていた。「足立区の生活保護率は全国平均の2.6倍に達しており、今もなお被保護者が増え続けています。そのために生活保護関連経費は平成16年度歳出予算の15.5％を占め、区財政を圧迫しています。さらに、適正な制度運用がなされない場合は、社会全体のモラルの低下につながりかねず、財政問題とともに、足立区にとって大きな課題となってい

ます。低所得者向けの支援については、「セーフティネット」としての生活保護だけでなく、併せて、そうした人々が再び自立しようという挑戦意欲を引き出し、高めるための支援、すなわち「自立チャレンジ支援施策」を進めていきます。同時に、区民の共通理解と信頼が得られるように、生活保護の制度運用の一層の適正化を図ります」。また、学校教育関連では、「学力向上を中心課題として、改革の流れを一層加速・定着させるべく、学校・学級の規模の適正化を図るほか、教員の資質の向上を図るための第三者評価システムの導入、管理職を含む教員人事決定の区の優位性確保、学校教育現場への人事・予算権限の委譲、6・3・3制の弾力的な運用など、学校教育改革を強力に推進していきます」と記されている。

　これを受けた「足立区基本計画（2009年改定）」のうち教育関連を見ると、「確かな学力の定着と向上を図る教育環境を整える」でも数値目標として、「学力調査の各学年・各教科の平均正答率70％以上の児童の割合（小学生）」は2016年度目標80％、「学力調査の各学年・各教科の平均正答率60％以上の生徒の割合（中学生）」は2016年度目標70％と、学力数値目標を定めている。しかし、要保護・準要保護への就学援助制度の拡充については言及されていない。就学援助率が低くなることが子どもの貧困の改善であると考えているようである。その場合に考慮しなくてはならないことは就学援助の認定基準等の内容である。

ウ　教育環境とこれまでの施策

　足立区で思い出されるのは、1977年に故金井康治さんが養護学校への就学を適当とした足立区教育委員会の判断を拒み、地元の学校へ就学するために始めた自主登校の取組である。6年後に地元中学校への入学が決定した。それまでの教育委員会と学校側のかたくなな姿が思い返される。2006年から2007年にかけて足立区が実施した独自テストにおいて、障害のある子どもを除外したり、誤答の児童に合図して直させたり、「過去問」による練習をしたり、そして学校ごとの成績によるランク分け予算を目論んだりと不適切な対応が教育行政で行われてきた。

3 新たな選別主義的施策

これに先立つ2002年には完全自由選択型の学校選択制が実施され、学校間の競争と保護者の自由選択による「学歴・学力保障」が基本政策として鮮明に出されてきた[28]。この新自由主義的教育政策に保護者の支持があり、2008年度では小学校で約20％、中学校では約40％前後と高い選択を行っている[29]。これは、公私立学校が並存する東京の特殊性を考慮して考えると、私立中学校（国立含む）への入学実績が他の区より少ない足立区において私立志向に代替する機能を公立学校の選択制に求めていると推測することができる。

2012年度における区民税と就学援助率、そして国立私立中学校への進学者率を一覧比較にしたのが図表9である。さらに、国立私立中学校等への入学割合と就学援助率の関係について図表10に示す。就学援助率がもっとも高く、国立私立中学等への入学率の低いのが図表10の左上にある足立区である。逆の関係にあるのが右下にある千代田区である。全国平均が8％程度であるのに対して、低いといわれる足立区でも約10％の国立・私立学校への進学者が存在しているのは東京という地域の特殊事情であろうか。足立区において、公立中学校の学区変更が約40％前後という高い割合を示していることから、私立学校進学への代替選択機能を求め、さらにそれが学校側に区独自テスト成績への不都合な固執に向かわせたこととの関連性がうかがえる。品川区に始まる学区の自由化は、東京都における私立志向への公立学校の対抗策としての意味合いもある。結果的にその効果には疑問が残る。学区の自由化を行っ

図表9　23区の区民税と就学援助率

区部	特別区民税／人口（千円）	国・私立進学者率（%）	就学援助率（%）
千代田区	231	39.96	6.76
中央区	153	37.30	16.47
港　区	278	35.51	20.21
新宿区	112	29.17	26.30
文京区	138	39.68	14.78
台東区	84	27.10	31.32
墨田区	75	14.72	34.97
江東区	85	20.63	28.18
品川区	106	22.33	26.38
目黒区	147	30.35	9.64
大田区	90	20.79	26.57
世田谷区	122	32.91	13.44
渋谷区	189	36.94	25.63
中野区	93	22.13	26.03
杉並区	104	27.41	22.89
豊島区	94	27.63	20.64
北　区	71	18.47	28.90
荒川区	67	16.26	30.91
板橋区	71	15.64	34.33
練馬区	81	16.33	24.16
足立区	58	10.24	37.94
葛飾区	62	11.95	28.22
江戸川区	65	10.81	30.00

［出典］2014年度市町村税課税状況等の調（特別区）図4より　東京都　2013年度区立小学校進路　2013年度就学援助率

図表10　国・私立進学率と就学援助率の相関

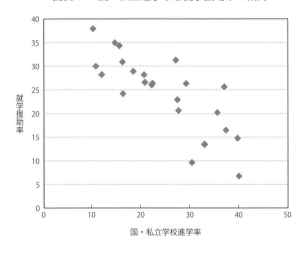

た地域でも、地域と学校との関係性重視を掲げて、高崎市など少なくない数の地方自治体が政策転換を始めている。

2006年に発行された『文藝春秋』4月号に佐野眞一の「ルポ下層社会」が掲載された[30]。佐野眞一は、足立区が下層社会であり就学援助率が1993年には15.8％であったのが2004年には42.5％に達している状況を入れたルポルタージュを書いた。貧困世帯における主婦売春など赤裸々な、そしてセンセーショナルな表現は反響を呼んだ。足立区は発行元の文藝春秋に対して見解を送付している。取材に協力したにもかかわらず足立区の暗い面ばかり強調された、と反発したのである。確かに、暗い面ばかり強調しているルポである。残念ながら佐野のルポは、足立区の教育の特色にまでは迫れていない。それでも関係者に相当なショックを与えたと考えられる。

2007年、都議会議員であった近藤やよいが区長に選ばれた。翌2008年早々に行ったのが教育委員会事務局内に「おいしい給食委員会」を設置したことである。環境問題から産業廃棄物に占めている生ごみに注目していた区長が、学校給食での残菜率を下げることに着目し、その指示で始めたのである。スローガンは「おいしい給食日本一」であり、2008年に年間平均11.0％であった残菜率を2012年には5％に減らしている。この給食メニューを家庭用にアレンジした『東京・足立区の給食室』は2013年現在で7万7000部発行されたという。小学生の97％、中学生の82％が「毎日の給食を楽しみにしている」との回答が寄せられている。肥満率も下がっているという[31]。食事は、貧困対策の重要な分野である健康問題の解決にとっても必要不可欠な要素である。

3 新たな選別主義的施策

　2015年から始まった「子どもの貧困対策元年」の事業も、個別的にはすでに2015年以前から実施されていた。「はばたけ！あだちの子どもたち　子ども施策3ヵ年重点プロジェクト（平成23～25年度）」では基本理念「たくましく生き抜く力を　育む」のもとに3つの重点目標を定めている。「1　就学前からの教育の充実を図り、学力の向上を目指す、2　多様な体験の場と機会を提供し、学ぶ意欲を育てる、3　心とからだのすこやかな成長を支援する」である。とくに重点目標の1「就学前からの教育の充実を図り、学力の向上を目指す」は、⑴就学前教育を充実します、⑵確かな学力の定着を目指します、⑶家庭教育を推進します、に分かれていて、⑵には4項目が柱建てされている。すなわち、「〇あだち小学校基礎学習教室（「四則計算の基礎」や漢字の書き取りを身につけることをねらいに、民間教育事業者を活用して、補習教室を実施する）、〇中学生補習講座（3年間の学習のまとめの時間に、基礎学力の定着・学習意欲の向上を目的として、民間教育事業者を活用し補習講座を実施する）、〇学力向上のための講師配置事業（少人数指導やチームティーチングなどの学習指導を行うとともに、学校生活全般において、きめ細かな指導を行い、児童・生徒の確かな学力の定着と学校生活の適応等を目指す。各学校に講師を派遣する）、〇子ども読書活動推進事業」である。このプロジェクトを見ると、特徴として、1つは民間活力の活用が挙げられる。この間の全国的な特徴でもあるが、学校の従来の教職員を活用するのではなく、別途に推進の仕組みをつくっていることである。教職員からは業務拡大や多忙化にならないために歓迎されるが、他方では対面的な人的サービスが対象を総合的に把握できないまま、断片的・即時的な効果を優先する危険性も高い。もう1つの特徴は、基礎的な生活習慣や基礎学力に限定した「学歴・学力保障」への焦点化である。

　取組についての背景を含めて教育次長の発言がある。足立区は2006年からコミュニティスクールを始めている。2014年10月発行の「開かれた学校づくり協議会インフォメーション」No.63には、「なぜ、基礎学力定着に取り組むのか」という教育次長講演を載せている。それによれば、2008年頃に中学3年生が「9－3」という引き算さえできないとの話が民間事業者のパンフレットに載ったことを契機として、四則演算ができるようにすること、配当漢字が読めるようにすることを、学校のなかで子どもに理解させることの重要性に気

づいたとしている。具体的な施策としては、英数国に対する外部指導員を配置、板書の仕方を足立スタンダードとして統一し、さらに早稲田アカデミー制作のe（教師養成）講座によって、3年目までの教員に発問の仕方から、教室には右足から入るように等のファーストフード風のマニュアルを身につけさせるなどの工夫を行ってきた。さらに小学校に「そだち指導員」を配置して課題がある児童を別室に取り出し、マンツーマンの個別指導を行っている。中学校では標準時程を導入して、毎日30分の補習時間を確保したと報告している。

そのまとめとして、「経済的格差が子ども達の学力の格差に影響するということはだいぶ前からいわれています。足立区でもそうです。8月の段階で、中学校の要保護・準要保護認定率は4割を超えています。そして、要保護・準要保護の認定率と区の学力調査の相関図をつくると見事に右肩下がりになります。つまり認定率が高い学校ほど学力が低い。いまでも中学校は右肩下がりですが、小学校は昨年から変わってきました。（略）区の北東の厳しい小学校ですが、当時、要保護・準要保護率が区の小学校で一番高かった。53％です。通塾率が14％。そんな中で、地域の皆さんのバックアップと校長の熱意により、学力の二極化が3年で解消されました。本当に見事です。足立区の基礎学力の底上げには、総力戦で対応するしかないと思っています」と成果を誇っている。

子どもの貧困対策を学力の底上げに集中して、組織だった取組が積み重ねられてきた様子が的確に表現されている。これまで学校教育のなかで放置され、見捨てられてきた子どもたち（そしてその多くが貧困世帯の子どもたちである）に対して、基礎学力を身につけさせることに注力することは重要である。それを学校教育の枠内で解決しようとする姿勢は、公教育に携わる者の矜持を感じる。しかし、業績主義に立った施策だけで貧困の世代間連鎖を断ち切れるわけではない。

エ 2015年子どもの貧困対策元年

2015年度から始まった足立区の子どもの貧困対策元年の事業計画を見てみよう。2015年1月に当初予算案発表として示された「子どもの未来のために、今。新たなステージへ」と題された事業案を検討したい。予算案の内容は、

3 新たな選別主義的施策

「貧困の連鎖を断つために　切れ目のない支援で子どもの貧困対策を強化します」「～エコで連携　まちとまち～環境でつながる自治体連携プロジェクト」「下り急行線高架橋完成　竹ノ塚駅付近鉄道高架化」「平成五色桜オーナー募集　最終年度」である。

　子どもの貧困対策に特化した区教育、治安や環境の改善を目指すまちづくり、そして道路網の整備など足立区の課題への総合的な構想がうかがえる。子どもの貧困対策は、生まれる前から高校生への大学進学支援や就労訓練・準備までライフステージごとの早期できめ細かな対策が謳われている。現状分析として、18歳未満の生活保護受給者率は13年間で約1.5倍に増えたこと、就学援助認定率と学力調査結果の相関関係があること、また、23区で3歳児の虫歯のある子の割合がもっとも多いこと、2013年度の都立高校の中途退学者が314名と23区で最悪となっていることなどが挙げられている。対応部課として政策経営部に子どもの貧困対策担当部、子どもの貧困対策担当課を新設する。つまり子どもの貧困対策として教育委員会ではなく全庁的な体制を構築したということである。対策関連事業として、いくつかピックアップしてみる。より科学的な根拠を求め、また組織だった対応策が示されていて、これからの基礎自治体の新自由主義的な対応策のモデルケースとなる要素をもった計画である。

　まず、貧困の実態把握のための区内すべての小学校1年生への健康・生活実態調査を実施する。その規模は5300名に及ぶとされている。貧困指標項目（所得、食費、就学前養育費など）、生活実態・健康の項目（むし歯の有無、朝食摂取習慣など）、地域力など環境の項目（近所との交流方法など）を調査し、国立成育医療研究センターに分析を依頼するという、全国初となる科学的なアプローチを目指す試みが予算計上された[32]。就学準備に関して区立保育園に2名の臨床心理士を「そだちチューター」として新たに配置する。発達段階それぞれでの早期発見と支援計画などの対応が求められている。学びの支援としては、学力向上講師制度の再構築として4億9000万円強。これまで進めてきた副担任講師制度を廃止し、そだち指導員を小学校7名から69名に拡充する。教科指導専門委員を中学校15名から小学校20名、中学校30名に充実する。生活指導員を中学校に新たに37名配置する。学ぶ意欲・生活を支援する放課後の居場

所を支援するとして新規に1800万円。内容的には中学生に家庭に代わって学習する場所を提供して、高校進学につなげる。これは厚労省の補助事業である生活困窮者支援事業である。困難なケースに専門家のサポートを確保する事業としてSSW3名を配置する新規事業に1400万円。

　このうちもっとも予算規模の大きい学びの支援を詳しく見てみよう。なぜ副担任講師制度を廃止したかについて書かれていなのであるが、担任教員にとって負担軽減になる一方で副担任については学級王国を目指す教員にとっては必ずしも歓迎された事態ではなかった可能性もあり、また学力向上につながる客観的な数値での論証も困難な面があったのではないか、と推測される。全小学校に配置するそだち指導員は、募集要項を見ると、日給1万2000円で教員OBを募集し、週1回3ヵ月間の取り出し個別授業を小学校3、4年生の学習の遅れがちの児童に対して行う内容である。取り出し授業とは、授業中に別室指導を行うことである。スティグマを与えるものではないかと危惧される。これが続けられているのは前年の実績で効果があったと判断された結果であると思われる。どのような児童を選ぶのかは担任教員に任せられており、週1回程度の取り出し授業で効果が見られる可能性のある児童が選択されている恐れがある。教員免許をもっていても教員採用ではない「そだち支援員」が個別教授活動を行うことは、法令上で問題はないのであろうか。取り出し授業という形態の是非、最終的にはアメリカ合衆国やイギリスで実施された補償教育の是非そのものの検討が必要である。

　次に教科指導専門委員であるが、これは教員への指導体制への強化である。中学校の国数英に関する教員の授業指導である。校長等の管理職OBが予定されている。月給23万円から日額1万5000円まで3段階に分かれて任用されている。

　生活指導員は全中学校に配置し、生活指導に関する補助業務、校内巡回業務を行う。任用資格はとくに問われていない。年間165日で日額8200円である。近藤区長が進める足立区の治安強化策は、ニューヨーク市長であったルドルフ・ジュリアーニが実施した軽犯罪も徹底して取り締まる割れ窓理論に基づく不寛容（ゼロ・トレランス）の手法にヒントを得た「ビューティフル・ウィンドウズ」運動として進められている。全中学校に配置し校内を巡回し生徒指導の

補助業務を担う生活指導員の置かれた根拠も、生徒指導におけるゼロ・トレランス政策との関連性が問われるところである。なお、他ではアメリカ合衆国で見られる「スクールポリス」を配置している名古屋市などの自治体も存在している。

2015年度予算：学びの支援

■そだち指導員【拡充】247,950千円
対　象：全小学校69校
内　容：そだち指導員（非常勤職員）の配置
拡充内容：モデル校（7校）への配置から全小学校69校を対象に配置
事業概要：国語・算数の授業において、つまずきや定着度に不十分さが見られる児童に対し、別教室等において、個別学習指導を行い、つまずきの早期解消を図ります。

■教科指導専門員【拡充】193,748千円
対　象：小学校（全科）・中学校（国語・数学・英語）
内　容：教科指導専門員（非常勤職員）による教員への指導・助言
拡充内容：中学校の専門員を15名から30名に拡充。新たに小学校にも巡回（20名）
事業概要：教科指導に優れた専門員が各学校を巡回し、教員の授業内容の改善・充実への指導・助言を行います。

■生活指導員【新規】50,061千円
対　象：全中学校37校
内　容：生活指導員（非常勤職員）の配置
事業概要：学校生活の中で、生活面から生徒を支援し、学校での適切な学習環境の維持と向上を図ります。

このように自治体の課題を教育分野に重ねて体系的な施策として展開しようとしている代表例として足立区を見てよい。これまで「治安・学力・健康・貧困の連鎖」を足立区のボトルネック的課題と位置づけた予算関連で把握してきたが、それを具体化するには推進母体の政策経営部子どもの貧困対策担当部子

どもの貧困対策担当課だけでは無理である。首長部局と教育委員会との連携は、2015年度からは首長主宰の総合教育会議で行うことになった。2015年4月23日、足立区で総合教育会議が初めて開かれた。会議では近藤区長が「子どもが夢や希望を持てるようにすることが、区の安定的な成長につながる」と強調し、教育長が高校1年生の中退対策を視野に入れた「あだちU16教育プログラム」を教育大綱の柱にしたいとの考えを示し、小川正人教育委員が新教育委員会制度改正の趣旨について説明をしている。課題として、教育大綱の基本構想や基本計画、教育振興ビジョンとの整合性・親和性が挙げられている[33]。また、4月30日には子ども貧困対策会議（部長級9人、学識経験者6人）が開催され、「健康・生活」と「教育・学び」の2部会が設置された。

2015年10月5日、足立区は2015年から2019年までの「子どもの貧困対策実施計画」を策定、「教育・学び」「健康・生活」「推進体制の構築」の3つにまとめた。子どもの貧困に関する24の指標を定め、数値変化による検証を行う。それは、就学援助率、小中学校の不登校者数、全国学力・学習状況調査の就学援助受給世帯の児童生徒の平均正答率、生活保護世帯の子どもの高校進学率、同中退率などである。5年間で約418億円をかけて、ひとり親の家庭への支援など81事業を展開する。精緻化された「学歴・学力保障」計画である。

以上のように足立区の子どもの貧困対策は、区の厳しい現実に対する新自由主義的な政策の一環として総合的に検討・実施されているものである。旧来の生活保護、準要保護世帯への就学援助による就学督励策ではなく、具体的に学力を数値的に上げることが貧困の連鎖を断ち切ることであるとして重点化していることが判明した。これを実施するにあたって期待されているのは、どちらの足から教室に入るかまで指導されるようなマニュアル化された授業労働をしっかりとこなす教員であり、それを補完するように非正規教職員や外部人材、教育産業などの積極的な民間活力の活用の組み合わせである。

他方で、貧困世帯への中心的な教育支援として役割を果たしてきた要保護、準要保護への就学援助制度の充実に関しては、率の低減化が目的とされ、その内容については言及されないのが足立区の特徴である。認定基準や方法についても所得基準倍率の改善や学校納付金の納付状態の悪い者などへの就学援助の適用など改善する点は多々ある。足立区では2012年において、義務制の

子どもたち 5 万 3243 人のうち要保護援助（学用品等）児童生徒数 239 人、年間 1250 万 9830 円、また準要保護児童生徒数 1 万 6179 人に年間 6 億 5330 万 5857 円が区財政から支出されている。数値化された学力向上競争のなかに基礎学力を重点化した貧困世帯の子どもたちを包摂する政策が、そのまま貧困の連鎖を断ち切る有効な政策であるとの論証もないままに進められている。2015 年度の学びの支援には約 4 億 9000 万円が支出されるのである。

　足立区の子どもの貧困対策に関してまとめてみる。まず、就学援助制度の充実により、給食費の支払いや文房具代、修学旅行費について、子ども自身が気にせずに学校に通える状況をつくることが、教育機会の平等の精神に合致した取組であると考えられる。また、たとえば所得基準で 1.1 倍と認定基準が他の区に比べて厳しい状況にあるにもかかわらず、就学援助率が児童生徒数の 35.8％（2014 年）と高い足立区では、普遍主義に立った教育福祉の観点から義務教育の無償化に向けた取組の検討も待たれるところである。無償化政策に転じても、すでに就学援助によって多額の支出をしていることから、新たな財政的な負担が少なくて済む。就学援助の認定事務には、他の区が 1、2 名の担当者配置で済んでいるところ足立区は 6 名（2011 年度）も配置している[34]。無償化にすれば就学援助事務はなくなり、したがって 6 名分の人件費も必要がなくなるのである。

　面としての政策を掲げている足立区の政策は画期性がある。その中心に「学歴・学力保障」を掲げている。その学力が数値化された学力という一面性に依拠しているため、その「学歴・学力保障」に対する仕掛けが民間活力の活用と結びついてしまっている。数値に換算された公的事業は、部分的な要素に解体され民間委託化しやすくなるのである。公教育の無償化を自治体からつくり出し、これをベースにした地域でともに生きるための総合的な学力をどのようにつくり出すかが、地域に生きる子どもたちの将来を拓くものではないのか。足立区の失業率は 23 区で中野区に次いで悪い 7.12％である[35]。失業率が高い、あるいは非正規雇用が多いなどの地域において、子どもたちの学びをどのようにつくり出すのかという根本的な課題に、実態をもっともよく知っている学校の教職員が向き合う必要がある。足立区の課題は全都的に受け止めるべき課題であり、東京都としての財政的・政策的な支援が必要である。また、文科省

は、教育困難地域への教職員の加配を制度化することが急務である。2016年の定数改善において、文科省は初めて「貧困による教育格差の解消」のために50人を加配する予算措置を行った。画期的なことである。

(4) イギリスの拡張学校の事例

　サッチャー保守党政権の新自由主義政策の克服を掲げて成立したトニー・ブレア労働党は、第3の道を掲げて保守党政権のもとで拡大した貧富の差を是正する政策を実施した。公的部門の市場化を進めながらこの課題を解決するという政策は、子どもの貧困対策にも現れている。労働党は子どもの貧困対策によって、1997年の340万人から2007年には290万人に貧困状態の子どもの人数を削減したとされる。

　その政策の1つに、教育と福祉の結合を、学校をプラットフォームにして実現する、2005年に制度化された拡張学校（Extended School）がある。地域内の学校、企業、ボランティア組織をネットワークで結びつけ教育と福祉の共同的な活動を、学校を舞台に実現する試みは、「「地域の教育力」を活用した学校改革に関する日英比較研究―資料集―」として、国立教育政策研究所によってまとめられている[36]。それによると、具体的な取組としてはクラブ活動、補習、朝食サービス、保護者を含む成人に対する語学教室、読み書き計算などの識字教育、などの総合的な教育福祉であり、イギリス政府は2006〜08年度に6億8000万ポンドを立ち上げ予算として組んだ。「資料集」に紹介されている全国教育研究所の調査によると、児童生徒にとっての利益は第1に幅広い教科外の活動の享受、第2に初等学校でのケアと居場所の提供、第3に中等学校での幅広いサービスと豊かな活動である。不利益は学校での滞在時間が増え、家族と過ごす時間が減少することである。教職員にとっては勤務負担の増加や勤務時間の延長を不利益として挙げている。取りまとめた植田みどり（2008）は、拡張学校を通して明らかになった効果的な学校改革の進め方として、学校を核とした地域活性化策と学校改善策とを両輪で進めること、縦割り行政を廃止して総合行政の視点から行財政改革を進めること、地域内のネットワークを活用し

3 新たな選別主義的施策

た支援活動を実施することを挙げている。山口伸枝（2011）は、拡張学校の成果について、「子供の学習支援だけではなく、家庭、そして地域支援といった総合的支援が効果的なことを実証している」と述べている[37]。イギリスにおける学力は全国統一テストの結果による教育水準の学校間の競争を前提としており、数値化された学力を競うものでしかない。そしてまた、地域に着目した総合的な施策を地域の核としての学校において実施したのであるが、それは民間活力の活用による政策でもあった。労働党政権は次いで 2010 年 3 月に「子ども貧困法」を成立させた。2008 年のリーマンショックによる財政赤字を労働党は解決できずに、子ども貧困法が成立した直後の 2010 年 5 月にはキャメロン保守党・自由党政権に交代をした。この政権は、「大きな社会」をスローガンにして政府の規制緩和と財政支出の縮小を目指し、公設民営学校の拡大を推し進めている。また、貧困対策では就労による自立を促す自己責任論を基調としている[38]。財政を立て直すため児童手当の凍結、教育手当などの廃止を行った。キャメロン政権は子ども貧困法を引き継ぎ、公約としては、2020 年度までの子どもの貧困の「撲滅」を謳い、数値的には、相対的貧困率を 10％、絶対的貧困を 5 ％[39]に改善するなどを掲げている。だが、福祉政策費の切り下げによって、数値目標は実現が難しい。子どもの貧困は現在増加している。「IFS 研究所の推計によれば、相対的な子どもの貧困は 2009/10 and 2012/13 に約 19％の水準で推移し、その後、2020 年までに、24.4％に上昇する」としている[40]。いま、日本で構想されている子どもの貧困対策は、イギリスで実践された拡張学校の取組に比べて政策的にも財政的にも及ばない。しかし、学校を子どもの貧困対策のプラットフォームにする提案など類似した発想があると考えられる。

（1）中村文夫「公設公営学校への機関補助」『学校財政』学事出版、2013 年、235〜257 頁。
中村文夫「第 6 章　教育財政の原理と仕組み」『公平な社会を築く公教育論』八千代出版、2015 年、83〜98 頁。
（2）中室牧子「就学援助だけでは、負の世代間連鎖は断ち切れない」http://synodos.jp/education/8931（2015 年 6 月 29 日閲覧）。
（3）武波謙三「非正規教職員の実態とその考察」『公教育計画研究』第 6 号、2015 年、182

～192頁。
（4）中村文夫「まち、子ども、学校、そして、そこに働く人々」『現代思想』2015年4月号、184～201頁。
（5）藤田孝典「ソーシャルワークの現場から見る生活困窮者自立支援制度」『SOCAL ACTION』第3号、2015年、53～55頁。
（6）内閣府「子どもの貧困対策会議（第3回）」http://www8.cao.go.jp/kodomonohinkon/kaigi/（2015年8月29日閲覧）。
（7）宮武正明「生活困難な家庭の児童の学習支援はなぜ大切か」『こども教育宝仙大学紀要』第1号、2010年、91～107頁。
（8）ジル・ドゥルーズ『記号と事件』河出書房新社、1992年、292～300頁。
（9）なくそう！子どもの貧困全国ネットワーク「学びサポート実態調査」2011年9月～2012年3月、http://www.umeda-nobutoshi.net/assets/files/update_2013_9_6/manabi_support.pdf（2015年10月1日閲覧）。
（10）第1回子どもの貧困対策に関する検討会（2014年4月17日）の配布資料のうち、厚生労働省提出資料、および大山典弘提出資料。
（11）大山典宏『生活保護VS子供の貧困』PHP研究所、2013年、199頁。
（12）櫛部武俊ほか『釧路市の生活保護行政と福祉職・櫛部武俊』公人社、2014年。
（13）沢井勝ほか編『自立と依存』公人社、2015年。
（14）大西連「本日より「生活困窮者自立支援制度」がスタート」http://bylines.news.yahoo.co.jp/ohnishiren/20150401-00044443/（2015年6月30日閲覧）。
（15）下野新聞「困窮世帯の子どもの学習支援」2015年2月17日。
（16）毎日新聞「生活困窮者：自立支援　任意事業の自治体実施率は2～3割」2015年6月30日。
（17）大山典宏『生活保護VS子供の貧困』PHP研究所、2013年、225～226頁。
（18）国税庁「平成25年度　民間給与実態調査」。
（19）高校生が奨学金をもらう場合、運用ルールで収入とみなされ、生活保護費から減額されてきた。そのうち現在、修学旅行、クラブ活動、私立高校授業料不足分に関しては高校生活に必要な費用として収入とみなさない。2015年10月からは厚労省通知により塾の入会金、授業、教材、模擬試験、通塾費用に使用する場合には収入とみなさない措置がとられている。東京新聞「生活保護世帯の奨学金　塾代も減額対象にせず」2015年8月21日。なお、子どもがアルバイトをして得た収入の支出先のうち、生活保護費から減額されないものは、大学への入学資金、自動車免許の取得費、進学時の転居費用、および塾代である。
（20）堤未果『ルポ　貧困大国アメリカ』岩波書店、2008年、第4章。
（21）渋谷望『魂の労働』青土社、2003年、232～235頁。
（22）冨山和彦「わが国の産業構造と労働市場でのパラダイムシフトから見る高等教育機関

の今後の方向性」『実践的な職業教育を行う新たな高等教育機関の制度化に関する有識者会議（第1回）』2014年10月7日。
(23) NHK「子どもの貧困対策　単独の計画は6割の道府県」2015年12月25日。
(24) 「「山口県子どもの貧困対策推進計画」（素案）について」http://www.pref.yamaguchi.lg.jp/press/201503/030613_f1.pdf（2015年10月13日閲覧）。読売新聞「子供の貧困対策16項目　県が最終案」2015年6月29日。
(25) 下野新聞「小山市15年度当初予算案　子どもの貧困対策に重点　総額で過去最大を更新」2015年2月11日。
(26) 橋本健二『階級都市』筑摩書房、2011年、257頁。
(27) 東京自治研センター「就学援助制度等の実態調査」（2015年5月1日基準）への足立区の回答。
(28) 嶺井正也・中川登志男編著『選ばれる学校・選ばれない学校』八月書館、2005年。
(29) 安井智恵「東京足立区における学校選択制の事例研究」『岐阜女子大紀要』第41号、2013年、83～94頁。
(30) 佐野眞一「ルポ　下層社会」『文藝春秋』2006年4月号初出。『昭和の終わりと黄昏ニッポン』文藝春秋、2011年、204～241頁所収。
(31) 「足立区を根こそぎ変える「給食革命」」『東洋経済』2014年4月3日、http://toyokeizai.net/articles/-134171（2015年12月1日閲覧）。「残菜が半減した「日本一おいしい」足立区の給食作り」『日経デュアル』2014年5月1日、http://dual.nikkei.co.jp/articlc.aspx?id-2199（2015年12月1日閲覧）。
(32) 毎日新聞「子どもの食と貧困調査」2015年4月5日によれば、厚労省は2015年秋に食事、栄養状態と貧困の全国調査を10年ぶりに実施する。対象は3000世帯。
(33) 日本教育新聞「連携深め貧困対策充実へ　東京・足立区が総合教育会議」2015年5月18日。
(34) 特別区教育委員会学務課長会「平成23年度教育に関する調べ」。
(35) 東京自治研究センター他『都内基礎自治体データブック（2013年度版）』81頁。
(36) 植田みどり「「地域の教育力」を活用した学校改革に関する日英比較研究―資料集―」国立教育政策研究所、2008年、http://www.nier.go.jp/04_kenkyu_annai/pdf/seisaku_01.pdf（2015年7月5日閲覧）。
(37) 山口伸枝「公教育に期待する福祉的役割」『公教育改革への提言』八月書館、2011年、103頁。
(38) 岩重佳治ほか『イギリスに学ぶ子どもの貧困解決』かもがわ出版、2011年。
(39) 相対的貧困とは、ある特定の国や地域で等価可処分所得（世帯の可処分所得を世帯人数の平方根で割った値）が中央値の60あるいは50％以下を相対的貧困と考える。子どもの貧困率とはこのことから導かれている。絶対的貧困とは、生命を維持できないほどの貧困状態を指している。1日1.25ドル未満で生活する絶対的貧困状態にある者は、世

界の人口の4人に1人といわれている。
(40) ジョナサン・ブラッドショー、所道彦共著「子どもの貧困対策と現金給付——イギリスと日本」『季刊・社会保障研究』Vol.48 No.1、2012年、62〜73頁。

4 普遍主義の進展・義務教育の無償化

(1) 学校財政の脆弱性

　これまで、子どもの貧困が深刻化する状況への対応を財政面の課題から整理してきた。しかし、まだその背景となる公教育を実施する主体とその財源保障とを、戦後法制はどのように想定し、また実施してきたのかについての検討はしてこなかった。ここで全体的な構図を把握してみたい。

　義務教育の設置主体は市町村という基礎自治体であると学校教育法第38・49条、そして5条に記されている。設置者である以上、学校の建設・維持から教員をはじめ学校職員の給与費まで保障する義務がある。財政は収入と支出に分かれる。教育財政を収入から見ると3つの財源から成り立っている。1つ

図表11　教育財源の3区分

地方自主財源	・公租（市民税、県民税） ・公課（授業料）
国補助金	・特定補助金（義務教育費国庫補助金等） ・一般補助金（地方交付税）
保護者直接負担	・学校徴収金 ・寄付金

には、地方の自主財源である。教育財政を賄う義務を負うのは、基本として設置者である地方自治体である。地方自治体は自主財源をもって予算をつくる。2つには、国からの補助金である。自主財源が不足する場合には、日本においては国から地方交付税交付金という一般補助金によって補てんされる。また、学校教育法第5条の例外規定により、たとえば特定三職種（教員、事務職員、学校栄養職員）への義務教育費国庫負担金が国から地方自治体へ交付される。市町村立学校職員給与負担法によって都道府県が給与支払者となり、そのうちの3分の1を義務教育費国庫負担法によって国が支払うという二層の制度となっている。このことは、もっとも財政的な負担の大きな教職員給与費等の責任について所在をあいまいにしている。義務教育費国庫負担制度は、戦後の一時期を除いて1940年から続いてきた。しかし、人口・財政規模の大きな政令指定都市（20自治体）の長年の要望が実り、2017年度から政令指定都市費教職員制度が始まる。また、校舎建築や大規模改修などにも国庫補助金が交付されている。学校施設関係と学校統廃合との関連は第5章で論究する。これらは使途が限定されているので特定補助金である。以上が公的な資金である。

　それ以外に保護者直接負担がある。法令に記されていないにもかかわらず保護者から学校徴収金等の徴収がある。ただし、給食費（食材費）は学校給食法によって徴収が認められている。このような保護者が直接負担する財源項目は、税による支出が少ないために起こる現象である。地方財政法第4条の3に「地方公共団体は、寄付金を住民に割当てて強制的に徴収するようなことをしてはならない」と記されているが、強制的な寄付は、高度経済成長期になって地方財政に余裕が生まれるまで学校財政を支えてきたのである。PTAや住民からの反発の声を受けて1960年に地方財政法が改正され、公私負担の境界が設定された。法改正を受けて出された文部省通達「教育費に対する住民の税外負担の解消について」では、校舎の新築・増改築や職員への給料等への支出が禁じられた。この1960年の法整備が1つのきっかけとなって、一定の歯止めがかかったことは事実である。しかし、経済が傾いて税収入が落ち込み、学校予算配当が減額されてくると、再び税外負担に頼る傾向が生まれてきた。寄付金や学校徴収金の増大である。

　文科省「平成26年度地方教育費調査（平成25会計年度)」までの地方教育費

4 普遍主義の進展・義務教育の無償化

調査によれば、1996年度をピーク（約19兆996億円）として地方教育費総額は減少傾向になり、2013年度（約15兆6732億円）ではピーク時の82.06％となっている。このような教育財政の減少に対して、児童生徒の減少にかかわらず教育情報機器など値の張る物品もあり教育需要は決して少なくなっているわけではない。その代替となる財源はどこにあるのだろうか。残念ながら、地方教育費調査の寄付金調査は、2008年度分から調査項目を変更したためにその正確な額が明らかにされることはなくなった。学校教育費を見ても、2007年度の寄付金が375億円であるのが、2008年には12億円と激減している。調査内容として公費組入れ寄付金しか計上しないなどの変更によるものである。「私費隠し」の調査となったとも見ることができる。それでも、2010年度寄付金17億円が前年度比31％増であることから、公費に繰り入れない寄付金も増大していることが間接的に推測できる。

このように保護者からの直接的な負担は増え続けている。ちなみに、OECDによる加盟国の教育状況の調査結果「図表でみる教育2014年版」によれば、2011年の日本のGDP（国内総生産）に占める初等中等教育に対する公私支出に充てられる割合は2.9％で、加盟国平均3.9％に比べて著しく低いと指摘されている。また、同段階の教育に対する公財政支出のGDP比も2.7％であり、OECD平均3.6％に比して低い[1]。

保護者による税外の直接負担があるために貧困状態にある子どもに多大な影響を与えることになっている。生活保護の教育扶助や準要保護世帯への就学援助制度があるのは、公教育が無償化されていないために起こる特別な事象であることを、本質的な問題として認識する必要がある。以下、学校徴収金の取扱いについて検討する。それは、北本市に見られた、保護者が未納のために給食を止めると脅された悲劇的な事態に象徴される子どもの貧困について、理解の前提を共有するためである。

学校給食法には経費の負担について以下のような規定がある。

第11条　学校給食の実施に必要な施設及び設備に要する経費並びに学校給食の運営に要する経費のうち政令で定めるものは、義務教育諸学校の設置者の負担とする。

2 　前項に規定する経費以外の学校給食に要する経費（以下「学校給食費」という。）は、学校給食を受ける児童又は生徒の学校教育法第16条に規定する保護者の負担とする。

　この規定から、学校給食法が普及奨励法であり、地方自治体は学校給食事業を実施してもしなくてもよいことが要因となって給食費の保護者負担が許容されていると考えることができる。必ず行わなければならない公的事業であれば税金で賄うのが通常の考え方であろう。事実、中学校の給食実施率は自治体によってかなりの開きがあり、とくに神奈川県や関西地域でこの傾向が強かった。現在、中学校の給食実施率は保護者からの要望によって高まっている。2013年の完全給食の割合は、小学校98.4％（前年98.2％）、中学校80.1％（前年78.1％）と中学校でも80％を超えるようになっている[2]。実施が任意であれば費用の在り方も任意となる。しかも、学校給食費を保護者から集める方法や、集めた給食費の使い方については規定されていない。それが今日まで大きな禍根を残すことになっているのである。文科省が文部省であった当時の徴収金の取扱いについて、校長の一存による会計処理を許すように読める行政実例があり、これが今日まで尾を引いているのである。

　それは、給食費等の未納者の扱いに直接響いてくる。子どもの貧困問題への対処にかかわる課題なのである。

　文部省の行政実例による解釈を検討する。地方分権一括法施行後の現在でも、過去の亡霊のように行政実例が地方自治体の判断の根拠にされている。その1つが次に示す事例である。

　文部省は1957年から4つの回答を地方自治体からの照会に対して行っている。たとえば、文部省管理局長回答「学校給食費の徴収、管理上の疑義について」（1957年12月18日、委管長77、福岡県教育委員会教育長あて）である。福岡県教育委員会は、監査委員からの学校給食法が普及奨励法であっても全校で実施しているのであるから、地方自治法第210条の総計予算主義に沿って歳入・歳出予算に計上すべきとの勧告を受けた。これを受けて、文部省に下記のような疑義を提示し見解を求めたのである。

4 普遍主義の進展・義務教育の無償化

1　学校給食の最終的な実施主体は設置者と解するべきか。
2　実施主体が設置者とするならば、保護者負担とするのは義務教育の無償の原則に反するのではないか。貧困家庭への教科書代と同様の援助措置を行っていることから、教科書代と同様に解してよいのか。学校給食費は公金と解すべきか。
3　設置者は市財政が許せば学校給食費を計上してもよいか。
4　出納員の発令がされていない校長が給食費の徴収・管理をすることは妥当であるか。
5　学校給食の実施主体が設置者であり、学校給食費が公金であるとすれば、市の歳入歳出に計上すべきものと解するが如何。

地方自治法への正確な理解の上に成り立った疑義である。
これに対する文部省の回答は、

1　学校給食の実施者は、その学校の設置者である。
2　学校給食は、教科書代と同様の性格をもつものと解される。したがって、この経費を徴収することは、義務教育無償の原則に反しない。
3　設置者は市財政が許せば学校給食費を計上することは、貴意の通りである。なお、保護者の負担する学校給食費を歳入とする必要はないと解する。
4　校長が学校給食費を取り集め、これを管理することは、さしつかえない。
5　上記3によって了知されたい。

という内容であり、地方自治法をあまり理解しているとはいえない回答であった。当時、教科書は有償であったことにより、学校給食費も同様の措置をとることができるとした。とくに保護者の負担する給食費を歳入にする必要はないとする行政解釈は理解のできていない判断である。文部省の解釈は弁護士団体も批判している[3]。また、包括外部監査でも違法性を指摘されている。それでも文科省はこの解釈を今日まで引きずっているのである。そのため、地方

95

図表12　東京都学校運営費標準（個人負担の範囲例）

小学校	中学校
1．通常家庭にある品物、あるいは家庭になくても家庭生活上必要な品物で、学校における学習指導上必要な場合は個人の所有物として学校に持参し得るもの （1）国語：習字用具一式（硯、筆等） （2）社会：副読本 （3）算数：算数セット、そろばん （4）音楽：ハーモニカ、たて笛、カスタネット、木琴 （5）図工：水彩用具一式、クレパス、クレヨン、彫刻用具一式、図工用具一式 （6）家庭　さいほう用具一式、ししゅう用具 （7）体育　運動用被服一式、くつ、はちまき （8）各教科共通　学習ノート、鉛筆、けしゴム、三角定木、ものさし、ナイフ、分度器、はさみ、コンパス、下敷、筆入れ	1．左に同じ （1）国語：国語辞典、習字用具一式 （2）社会：歴史地図、学区地域図、歴史年表 （3）理科：解剖用具 （4）音楽：ハーモニカ、たて笛、よこ笛、カスタネット （5）美術：彫刻用具、製図用具、水彩用具 （6）英語：英和辞典、和英辞典 （7）技術家庭：被服用具、調理用具、木工用具、製図用具 （8）保健体育：体育用被服、クツ、しない （9）各教科共通：学習ノート、鉛筆、消しゴム、下敷き、物指、三角定木、分度器、コンパス、筆入れ、インク、ペン、万年筆
2．家庭にない品物等で、家庭教育上特に必要というわけではないが、そのもの、またはその利益が個人に還元されるもの （1）家庭科実技教材（料理材料、被服材料） （2）図工科実技教材（工作材料） （3）クラブ活動費のうち還元分 （4）給食費 （5）遠足、夏季施設、移動教室、音楽鑑賞教室 （6）卒業記念アルバム	2．左に同じ （1）技術・家庭科：実習教材（木工材料、被服材料、調理材料） （2）クラブ活動費のうち還元分 （3）給食費 （4）修学旅行、遠足、夏季施設、音楽鑑賞教室 （5）卒業アルバム

［出典］東京都教育委員会「義務教育学校運営費標準」

の教育委員会もこれを盾にして改善措置を取らないところが出ている。

　文科省の委託研究として実施された全国公立小中学校事務職員研究会（以下、全事研と略す）の「平成24年度　学校運営の改善の在り方に関する調査報告」によれば、教育委員会回答の34.1％が給食費の公会計化を実施し、また10.7％が検討中である。逆にいえば、現状としては65.9％が私会計で給食費会計を行っている。教材費など他の項目は給食費以上の私会計処理を行っている。たとえば、水道料金を水道所管課の課長の個人口座に家庭から振り込んでいたら、それは誰が見ても不自然であろう。学校徴収金だけが許されるはずもない。

　給食費以外には、公的な事業である学校教育にかかる経費について保護者負担を規定した法律は存在しない。存在しないにもかかわらず、保護者からの徴収が当たり前のようにまかり通っているのが日本の戦後の現実である。公教育

4 普遍主義の進展・義務教育の無償化

の実施に対して保護者負担があることの問題とともにその取扱いが法令に違反することで成り立っているのが現在の学校財政の一側面なのである。

　教材費の公費負担分の指標に都道府県教育長協議会第4部会による「学校教育にかかる公費負担の適正化について」がある。より精緻な分類が、東京都教育委員会が作成した学校運営費標準である。1967年度より実施されている義務制への学校運営費標準は東京都が区に配布する予算の根拠となるものである[4]。前頁の個人負担分をもとにして東京都の区や市町村は、設置者として基本的な公私負担の境界を設定している。中学校の事例を見てみよう。普通の家庭に理科の解剖用具、音楽のハーモニカ、たて笛、技術家庭の製図用具、そして保健体育の体育用被服があるだろうか。もっとも、家庭にあるかどうかは本質的な問題ではない。学校教育にとって必要な教材教具は、それを実施する側が用意すべきである。授業があるから必要になるものばかりである。しかも、この学校徴収金の会計処理は、公的機関が行ってはいけない私会計処理なのである。

　その実態は、全事研の「平成24年度　学校運営の改善の在り方に関する調査報告」によれば、修学旅行費では公会計化が7.8％、公会計化の検討中が5.9％。補助教材費では公会計化が10％、公会計化の検討中が6.5％、体験的活動・学校行事等の交通費・参加費では公会計化が13％、公会計化の検討中が6.8％である。約8％から13％と給食費の公会計化の現状よりさらにお寒い話である。21世紀になっても、学校ではこのようなどんぶり勘定がまかり通っているのである。そのため、学校職員、とくに担任教員は、家庭からの徴収、教材業者への支払いに多大な時間がとられているありさまである。教員の多忙化解消を唱える一方で、このような違法状態を知って知らぬふりをする文科省の態度からは、解消への本気度が疑われる。

　このようなずさんな会計処理は、一方で未納問題を起こすとともに、他方では扱っている公務員の不正経理を引き起こしやすい。不正経理で失職する教育関係公務員は後を絶たない。たとえば、西宮市では2009～13年にかけて事務職員が修学旅行費など約1700万円を着服した。現在、西宮市は給食費を公会計化するとともに、その公的な収納システムに他の徴収金も付加して徴収し、学校職員が現金を集金しない方法を実施している。同じような方法は福岡市で

も実施している。他方で、不正経理が起こってからも「準公金」取扱要綱や管理強化などの対応だけで公会計化を実施しない地方自治体も存在する。たとえば、さいたま市では2010年に学校栄養職員による給食費540万円の着服が明らかになったが、取扱要綱を定めただけで抜本的な対応をしていない。

　次に不正経理で注目されるのは修学旅行経費である。1つに、業者間の闇カルテルである。公正取引委員会によって1999年に大阪府、2009年に岡山市で摘発された。2つに、贈収賄である。2010年に泉大津市立中学校の校長が旅行業者よりハワイへの家族旅行を斡旋されている。下見や旅行中の業者接待、日を改めた格安旅行の斡旋なども散見される。3つに、修学旅行費を担当教員が使い込む事件も毎年のように発生している。

　さらには、保護者から集めた学年・学級会計を私する学校職員もいなくならない。たとえば2015年には、町田市の中学校教員が教材費約224万円を着服したとして業務上横領で逮捕されている[5]。同じく、三重県では前任の中学校で市教委の委託事業の残金から計24万円を引き出し、次の小学校でも校長室の金庫に保管した児童の教材費や給食費など約21万円を盗った校長が懲戒処分を受けている[6]。残念ながら、このようなニュースは頻繁に流れる。倫理を説くのではなく、仕組みそのものを変える必要がある。

　給食費も含めて学校徴収金を徴収する場合には、地方自治法第210条の規定にある総計予算主義に立って公会計化すべきである。そして、歳入歳出による厳密な会計処理を実施することが大切である。続いて条文の解釈に入ろう。

　地方自治法第210条の規定はシンプルである。「一会計年度における一切の収入及び支出は、すべてこれを歳入歳出予算に編入しなければならない」。この条文の解釈はいらないであろう。学校給食やその他の学校徴収金についての住民負担の是非は公会計化することで初めて地方議会の議事となり財政民主主義が成り立つのである。保護者の同意があろうとも、公の施設で行うことを現場の担当者が勝手に判断することは許されないのである。しかし、校長等の私金口座によって処理されているケースが多数に及んでいて、包括外部監査などにより、社会からコンプライアンスが問われる事態が名古屋市をはじめ頻発している。支出に関しては、この収入のありように規定される。地方自治体と国からの収入は歳入、つまり公会計として処理される。しかし、保護者からの徴

収、寄付金に関しては公会計として処理される部分と私会計で処理される部分とに分かれる。公立学校は公的な施設であり、その事業に関しては公費により維持されなくてはならない。たとえば、高校の授業料のように使用料として徴収する場合でも、それは歳入として処理されている。

　無償化に向けた経過的措置として学校徴収金を集める場合でも、地方自治法第210条（総計予算主義）、および地方自治法第235条の4（現金等の保管）に基づいて公会計化しなければならない。すなわち学校長の一存会計ではなく、地方自治体の財政に入れる措置を実施することが大切である。校長一存会計で実施することは、違法行為である。地方自治法第235条の4を見てみよう。この条文は現金や有価証券の保管について規定してある。

　　普通地方公共団体の歳入歳出に属する現金（以下「歳計現金」という。）は、政令の定めるところにより、最も確実かつ有利な方法によりこれを保管しなければならない。
　　2　債権の担保として徴するもののほか、普通地方公共団体の所有に属しない現金又は有価証券は、法律又は政令の規定によるのでなければ、これを保管することができない。
　　3　法令又は契約に特別の定めがあるものを除くほか、普通地方公共団体が保管する前項の現金（以下「歳入歳出外現金」という。）には、利子を付さない。

　つまり、歳入歳出に属する現金は政令に従って確実有利な方法で保管しなさい、それ以外の現金は法律または政令に規定されているものでなければ保管してはならない、と書かれているのである。法律は国会で国民の代表が決めるものである。政令は内閣が定めるものである。したがって、文科省が定める省令や通知その他によって学校徴収金を学校が保管してよいという判断が出せるものではない。ましてや、地方自治体、とくに教育委員会が学校徴収金を準公金と称して、取扱要綱などの内部規定で現金保管を許容することはあってはならないことである。

　以上のような学校徴収金の取扱い方は違法行為であるので、地方公務員がこ

れを行う場合は地方公務員法第 30 条に規定する服務の根本基準および第 35 条に規定する職務専念義務の違反となる。違反を許す状態はまた不正経理の温床ともなる。先の全事研の 2012 年調査にあるように、給食費を私会計処理している全国の 60％の地域では改める必要がある。

(2) 義務教育の無償化への展望

ア 明治期から学校財政はどのようになってきたか

　義務教育は無償のはずであるが、実際は教材費や修学旅行費、給食費などを毎月保護者から徴収している。PTA を介しての学校への寄付金もある。このような学校徴収金が常態化しているのが日本の公立学校の現状である。そしてその取扱い方も適法とは言い難いものである。これは、いまに始まったことではない。

　1872 年に学制が頒布され、3 年後には尋常小学校が 2 万 4000 校に広がった。それ以前には寺子屋が 1 万 5000 〜 6000 軒あったとはいえ、驚異的な広がり具合である。学制時期にもっとも費用を要したのは小学校設置のための建設費であった。地域からの強制的寄付と名望家からの大口の寄付とによって小学校は建築された。学制期の学校の維持管理は、今日の字に当たる自然村（村落共同体）ごとに集められた「民費」と授業料と国家からの府県委託する方式で支給された少額の「扶助委託金」から成り立っていた。民費が地方自治体の自主財源に当たり、授業料は保護者からの直接的な支出、そして扶助委託金が国家からの特定補助金に当たる。租税ではない民費は 1878 年に町村限りの「協議費」となり、1884 年に町村費として租税へと整備されていった。地方自治制度が整備され、村落共同体から行政村へ、学校を維持管理する主体が移り変わっても、地域が地域の宝である子どもたちのために学校を担うのは日本の在り方の特徴である。

　それは、場合によっては加重な負担ともなった。自由民権運動の影響を受けた最大規模の農民反乱であった秩父事件（1884 年）では 4 つの要求を掲げていた。1 つには高利貸しへの 10 年据え置き、40 年年賦払いの要求、2 つには村

4 普遍主義の進展・義務教育の無償化

費の削減、3つには雑収税減免、そして4つには学校経費を削減するための3年間の休校である。このように近代的学校制度の導入は、政府からのお金ではなく、ひとえに人々からの直接的な拠出（多分に強制的であった）によって始まったのである。当時も国家財政が破たん状態にあったからである。

　1900年の第3次小学校令によって授業料の無償化が実施された。そのことは、町村への過重な財政負担をさらに強いることでもあった。国の扶助委託金は年々減少し、1881年に廃止された。代わって県からの補助金が増大していく。学校を建ててしまえば、あとは教員の給与費が負担となる。戦前、小さな規模の町村財政では、教員給与の支払いにも事欠くようになっていった。そこで、教員給与については国からの援助が徐々に整えられ、1940年に至って国からの特定補助金として義務教育費国庫負担制度が確立した。それは、教員給与費の支払い者を町村から府県に移管し、その2分の1を国家が負担する制度である。この義務教育費国庫負担制度は、今日まで基本的な形態を変えていない。その背景として考察しなければならいのは、税制との関連である。戦前、所得税と法人税の所得課税を国税が独占し、軍備拡大に投入するとともに、地方税が減少して枯渇した地方には還付税（道府県対象）と配布税からなる地方分与税制度を導入した。この制度の導入により地方財政調整交付金制度が定着するとともに、義務教育費国庫負担金による教員給与の交付を通して教員への国家の支配力が強化された。地方の自主財源を国家が国税として吸い上げ、それを国家が任意に配分をすることで地方への統制を強めた。このような手法は常套手段である。あわせるようにして、治安維持法が1941年3月に成立している。

　戦後の教育改革では教育委員会制度などアメリカ合衆国型の教育制度の導入が行われ、民主化に向けての革新的な取組も行われた。それが今日、戦後教育体制として解体されようとしている。しかし、教育財政制度を見ると義務教育の無償化は授業料に限定され、また教員の給与費支払制度は義務教育費国庫負担制度としていずれも戦前から継続されていた。すなわち前者は1900年に実現したものであり、後者は1940年に完成した制度である。とくに基本的な部分での大幅な改善が、教育財政に関しては戦後改革において行われたわけではない点に注目しなくてはならない。部分的な改善は少しずつ行われた。新制中

学校の設置が義務付けられたため、中学校建設と中学校教員の不足が生じた。教員給与は中学校教員にも拡大された義務教育費国庫負担制度によって賄われていた。補助金は地方自治を損なうというアメリカ合衆国からの使節団によるシャウプ勧告により、義務教育費国庫負担制度は地方財政平衡交付金制度に吸収され、いったん廃止されたが（1950～52年）、1953年に復活した。復活したときに、学校の事務職員と教材費とが新たに加わった。こうして教職員給与費の骨格が定まった。

　1953年に公立学校施設費国庫補助金制度がつくられ、国の特定補助金制度による学校建築への補助が恒久化した。次に主たる教材である教科書の国家負担が実現した。1962年3月に「義務教育諸学校の教科用図書の無償に関する法律」が成立し、1963年12月に「義務教育諸学校の教科用図書の無償措置に関する法律」が成立し、学年進行方式をとりながら1969年に全額無償の国家補助による給付制度が完成した。また、学習指導要領の改訂に合わせた教材費の政府負担が義務教育費国庫負担制度から外れた後も地方交付税措置がなされ続けている。実態からすれば、義務教育費の無償化の直前にまで至っているのが日本の状況である。つまり、保護者負担として残っているのは給食費と修学旅行費、授業の補助教材などの一部にまでなっているのである。

☑ 公会計化による改善と就学援助事務

　すべての前提となるのは、公教育、とくに義務教育の無償化である。これが実現すれば、義務教育では就学援助制度は必要がなくなる。保護者世帯の所得によって支給の有無を判断する高校の授業料の減免措置は、普通教育化している高校の現状からして無償化に戻すことが喫緊の課題である。また、大学等の高等教育においては、給付型の奨学金制度を実施することが必要である。このような措置が貧困による教育機会の格差を解消する有効な方法である。

　繰り返し指摘する。無償化に向けた経過的措置として、学校徴収金を集める場合でも、地方自治法第210条（総計予算主義）および地方自治法第235条４（現金等の保管）に基づいて公会計化、すなわち学校長の一存会計ではなく、地方自治体の財政に入れる措置を実施することが大切である。学校給食や学校財

政についての負担の是非は公会計化することで初めて地方議会の議事となり、財政民主主義が成り立つのである。校長一存会計で実施することは、違法行為であるばかりでなく無償化を放棄する行為でもある。

　公会計にするとはどういうことかを、地方自治体での債権という別の角度から考えてみよう。地方自治体の債権は私法上の債権と公法上の債権とに分かれる。私法上の債権とは地方自治体が住民等との対等な契約関係に基づき相手の同意により発生するものである。私法上の債権は2つに分類できる。1つは私会計である。学校給食費等の学校徴収金がこれに当たる。行政実例で1957年の文部省管理局長からの福岡県教育委員会教育長への回答が根拠とされてきたものである。私法上の債権のうちでもう1つが公会計である。市町村営住宅使用料、母子寡婦福祉資金貸付金などがこれに当たる。学校給食費を公会計化するとは、この方策をとることであり、市の歳入歳出予算となる。公法上の債権は行政処分により発生するのであって相手の同意は必要としない。これには強制徴収公債権と非強制徴収公債権がある。前者は地方自治法第231条の3第3項に基づいていて、市区町村税のように滞納処分による徴収が可能である。もう1つの非強制的徴収公債権は地方自治法第231条の3第1項に基づき滞納処分はできない。たとえば生活保護費負担金、返納金などである。

　給食費を公会計化しても、私法上の債権であることから、たとえば市区町村税のように未納・滞納者に対して強制的に徴収することができず、司法の判断を要する。近年、私債権管理条例をつくり、公会計化した給食費とともに市町村営住宅費など私債権を一括処理する方法が広がっている。貧困世帯では給食費以外でも負債を負っている可能性があり、1つの債権を取り立てることで別の債権が支払い不能になる場合がある。一括処理して長期の負債計画を立てることが合理的である。また、地方自治体への負債だけでなく、各種のローンなどの負債も負っている場合がある。地方自治体として住民の生活を守る視点から積極的に返済計画への相談業務に関与することが望まれている。給食費未納はその気づきの端緒となる場合がある。

　給食費未納者への督促には法的な手続きも考えられる。1つは、民事訴訟法第383条以下に規定されている制度を利用して簡易裁判所に訴えることができる。もう1つは、60万円以下の請求に関して議会の決議を得て民事訴訟法第

図表13　学校給食費の公会計化の現状（2015年10月）

都道府県名	市区町村実施
北海道	道教委からの公会計化推進の議会答弁。北見市、滝川市、深川市、帯広市、稚内市
青森	三沢市
岩手	奥州市、滝沢市、遠野市、八幡平市など公会計化21、私会計12（2012）
福島	福島市、いわき市、南相馬市、田村市
宮城	釜石市、美里町
茨城	取手市、牛久市、美浦村、実施予定は水戸市
栃木	栃木市
群馬	県教委よりの2007年通知「学校給食費の公会計処理への移行について」
埼玉	川口市、川越市など公会計化26市、私会計方式32市町村、一部公会計6市（2013）
千葉	船橋市など26市、検討中4市、私会計・その他7市
東京	国分寺市、あきる野市、桧原村。実施予定は世田谷区
神奈川	横浜市、海老名市、厚木市、藤沢市、開成町
新潟	上越市
山梨	甲州市
静岡	焼津市、掛川市
長野	上田市、塩尻市、須坂市、千曲市、中野市など公会計、私費口座振り込み89.9%
岐阜	美濃加茂市、高山市、恵那市、本巣市、瑞穂市
愛知	春日井市、犬山市、蒲郡市など公会計処理73%
三重	志摩市、紀宝町
滋賀	大津市、米原市、高島市、東近江市、甲良町、愛荘町、竜王町　※小中学校の全県私会計率は66.7%。
京都	京丹後市、城陽市
奈良	奈良市、香芝市、五条市、葛城市、御所市、宇陀市、生駒市
和歌山	新宮市、御坊市
大阪	大阪市、豊中市、大東市、富田林市
兵庫	三田市、西宮市、三木市、芦屋市、朝来市
鳥取	倉吉市、境港市、江府町、南部町
島根	雲南市、邑南町
広島	熊野町
山口	長門市、周防大島町
徳島	北島町
香川	まんのう町
福岡	飯塚市、福岡市
大分	竹田市、豊後大野市、九重町、玖珠町
鹿児島	市町村複数回答「現金納入62.9%、保護者振込51.2%、口座引き落とし53.5%、地域が集金60.5%、保護者が給食センターへ44.2%、その他0.9%」

368条による少額訴訟制度を活用することが可能である。さらに支払いを拒まれれば裁判所に提訴することもできる。いずれにしろ裁判費用がかかることになるので、私会計処理している場合には、誰が負担するのかという問題が生じる。

　さまざまな理由から公会計化の実施を拒んでいる地方自治体、教育委員会が

4 普遍主義の進展・義務教育の無償化

ある。どのように説得し、実施に向かわせればよいのであろうか。まず、図表13の県別の実態を見てみよう。給食実施には、自校給食方式と給食センター方式とがある。そのうち給食センター方式をとっている地方自治体は、公会計化処理を実施している場合が多いことに特徴がある。自校給食方式をとる場合に校長一存会計を行っている割合が高く、ここが焦点となる。図表13は近年の動きを中心にわかる範囲で集計したものである。ここから読み取れることは、地方自治体の姿勢によって公会計化への取組が大きく変わることである。たとえば群馬県である。群馬県教育委員会は通知によって県下の教育委員会へ公会計化処置を求めた。すなわち、2007年3月30日の「学校給食費の公会計処理への移行について」（ス健第310106-7号、市第533-39号）によって、下記のような期限を切った強い指導が行われた。

　学校給食に係る事務の透明性の向上、保護者の負担の公平性の確保等、学校給食を取り巻く諸課題に迅速かつ適切に対応するため、学校給食費については、地方自治法（昭和22年法律第67号）第210条の規定にされた総計予算主義の原則に則り、公会計により適切に処理されますように願います。ついては、学校給食費を私会計で処理されている市町村におかれましては、平成20年度を目途に、公会計による処理に移りますよう重ねてお願いします。

給食費の公会計の実施率に関しては、群馬県下の市町村が群を抜いている。愛知県、千葉県なども公会計化率が高い。政策的に何を重視するかの相違が現れている。

公会計化の移行にあたっては、教育委員会事務局では徴収率が下がることに懸念をもつ。それはこれまで、担任、事務職員、管理職が勤務時間以外にも家庭訪問などの粘り強い働きかけをしてきたからである。学校職員は、学校徴収金の法的根拠も知らないままに、また法的な手続きの在り方を研修する機会がないままに、そのような徴収業務に携わっているのである。教員の多忙化を助長することで成り立っていた高収納率であることを忘れてはならない。公会計化にあたっては、私債権管理条例と一体的に考えることで徴収率低下を改善さ

せることができる。また、公会計化に伴うシステム開発費とその維持経費がかかるため、移行に難色を示す首長部局がある。とくにこれまで政令指定都市はその経費のうえからも実施が少なかったが、福岡市、大阪市、横浜市、千葉市（中学校）で実施されている。

　2012年度からの横浜市での実施が、給食費公会計化が全国的に広がる弾みをつくったのであった。まず効果として、子どもにとって給食を止められる心配がなくなることが重要である。公会計化されれば学校には人数分の予算が配当され、学校が個別的に経費の帳尻を合わせる必要がなくなる。担任教員も給食費の徴収業務からは解放される。公会計化は、処理を適法化することであり、未納者への対応も合法的な措置が可能となる。未納者への債権管理条例での対応をはじめ、督促業務の合理化、法的処置をとる場合の経費のねん出、裁判となった場合の弁護士費用を含めた財政措置が可能となる。さらに、校内の分掌により属人的に私費として集金業務を行う場合に必ず起こる過重負担と不正経理への歯止めにもなる。

　学校徴収金は給食費だけではない。学校給食法に保護者からの徴収が明記されている給食費は公会計化になじむ費目である。逆に、根拠もなく集金している教材費その他の項目を公会計するにはハードルがある。とはいえ、公会計化の処理と私会計の処理とが混在することは実務として効率性が悪い。そこで福岡市と西宮市では、給食費の公会計に、校長判断で私会計部分の上乗せを可能とするシステムにしている。また、学校には収入に対する事務を行わせないで教育委員会事務局が一括して私会計処理をしている地方自治体もある。たとえば神戸市である。これらの手法は一歩前進したシステムであるが、さらに公会計の範囲を拡大するか、税等による歳出によって学校予算を拡充する方策に転じることが根本的な解決につながる。各地の学校事務職員は、配当予算の拡大に向けた積算資料をつくるなどの地道な取組を積み上げている。

　法令の範囲内での取組として、旧子ども手当の導入時に論議となった子ども手当による給食費等の学校徴収金への充当（特別徴収）という手段もある。2009年の「平成22年度における子ども手当の支給に関する法律」では、子育ては社会的なものとの視点から子ども手当が導入された。その第25条において「受給資格者の申出による学校給食費等の徴収等」が明記された。給食費だ

けではなく学用品費もその対象にされ、具体的には市町村の判断とされた。政権が代わると2012年からは所得制限のある新児童手当となったが、申出による学校給食費等の徴収は引き継がれている。公会計化を行い、全員から申出書を提出してもらうことで児童手当からの学校給食費等の充当が可能である。実質的に無償化が実現できる。塩尻市などでこの制度の活用を行っている。また、西都市では児童手当からの差引を、「平成23年10月以後における西都市子ども手当事務処理規則」(2011年9月30日西都市規則第25号)、「西都市児童手当事務処理規則」(2012年5月2日、規則第17号) により実施している。市立山納小中学校では申出による全員の充当に取り組み、8割の実績をあげている。他の小中学校においては未納者のみへの充当を実施している。政府・自民党は2016年の通常国会で、申出がなくても未納者への強制徴収ができるように児童手当法の改正を計画している。未納者のみではなく、児童手当を増額し、すべての学校徴収金を充当できるような法改正が望まれる。このような方法でも義務教育の無償化は可能なのである。

　児童手当の旧子ども手当並みの増額と、給食費等の経費の充当の制度が実現できていない現状では、公教育、とくに義務教育の無償化は新たな段階に入ったといっても入り口の段階であり、したがって生活保護 (教育扶助) や就学援助制度の活用はまだ必要である。そのためには就学援助の認定基準の改善が必要である。要保護との所得割合による判断基準1.3〜1.5倍を基礎とし、それを明示するとともに申請に関する周知を徹底し、地域福祉と一体となったアウトリーチによる取組を重点化することが必要である。厚労省と文科省との二重の施策と二元的な対応も解消されるべきである。また給付内容、支給時期の改善については先に方向性を示した。ここではとくに入学にあたっての準備金の改善を強調したい。多大な経費が一度にかかることから3月中に支給できるような対応が望まれる。すでに白山市、小松市、福岡市、知立市、日田市で3月中に入学準備金 (新入学学用品費) の支給を小中学校とも実施している。中学校のみの実施では枚方市等の地方自治体でも行われている。この場合、初年度に限っては次年度事業を前年度に執行するという課題の解決が必要である。また、支給後3月中に転出した世帯に対する返納業務も発生する。

　大きな視点をもちつつ、できる範囲からの小さな積み重ねが大切である。そ

のなかで、設置者である地方自治体からのさまざまな取組、いわば「地方から中央を包囲する」ことが肝要になっている[7]。まず、住民自治を受け止めた団体自治を徹底する。義務教育においては、とくに地方自治体が「最初にありき」が、地方自治の本旨に沿った物事の改善の道である。改善のための実践的なパンフレットとして本書巻末に付録「増補改訂版　学校給食費の公会計化を目指す人のためのQ&A──法令遵守の徹底から無償化を展望します」を載せた。ぜひ活用してほしい。

ウ 「子どもは地域の宝」を実現する義務教育費の無償化

　現在、日本は急速に少子高齢化に向かっている。地方自治体のほとんどで人口減少に悩まされている。対応策として、中学生までの医療費の無料化を政策的に実施してきた地方自治体が多い。子育てしやすい環境の1つの目玉政策として医療制度が注目されてきたのである。この政策は、少子化対策が経済的な課題でもあることを表し、子どもの貧困対策でもあることを意味している。それは自治体間の「人口」の奪い合いでもある。教育制度への改善策として地方自治体はどのようなことが可能であろうか。地方自治に立った公教育を実施するには財政的な自主性は必須である。義務教育段階における教育費の支出も自治体にとっては大きな負担となっている。しかし、子どもがいなくなれば地域の共同性を維持することはできなくなり、地方自治体が崩壊していくのは時間の問題となる。そこで、先進的な地方自治体の政策として義務教育の無償化に向けた取組が始まっている。それは、普遍主義に立った教育福祉の取組ということである。すでに、教職員の人件費は国からの負担金もある公的負担であり、校舎等の環境を整備するのも公的負担で行われている。主たる教材である教科用図書も、また理科の実験用備品や体育の跳び箱などの備品も公的負担で保障されている。繰り返すまでもなく、私的負担として残るのは、学校徴収金として集められている給食費や授業中に使用する消耗品の一部教材費、修学旅行費等である。

　学校給食は現在、食育として位置づけられている。単に食べ方の教育、礼儀作法という意味を超えて重要な視点であると考えられる。それは、『ポスト成

4 普遍主義の進展・義務教育の無償化

長社会と教育のありよう（最終報告）』のなかで嶺井正也が言及していたように、食べることと教えることとは不可分の間柄にあるからである。嶺井正也が引用した森山茂樹・中江和恵（2002）の『日本の子ども史』には、「「食す」は古くは「ヲス」といい、「食饗」は「ヲシアへ」と読んだようだ。つまり、ヲシアへとは複数の人間がいっしょに食事をすることで、このことから「オシエル」という言葉ができたというのである。食事をともにしながら、親子で一日の出来事やその日の食材、あるいは礼儀作法などについて話したのだろう。それが「教える」ということであった。食事をともにすることによって、家族の結びつきを強めることもできた」という説を紹介している[8]。日本においては、ともに食べることがすなわち教え

図表14　公教育無償化状況（2015年10月）

学校徴収金の全廃（無償化）	教材費等の無償化	給食費の無償化
伊根町（京都府） 黒滝村（奈良県） 早川町（山梨県） 丹波山村（山梨県） 利島村（東京都） 御蔵島村（東京都） 金山町（福島県）	佐用町（佐賀県） 日田市（大分県） 杉並区（東京都） 嵐山町（埼玉県）	嘉手納町（沖縄県） 与那国町（沖縄県） 多良間村（沖縄県） 山江村（熊本県） 太良町（佐賀県） 和木町（山口県） 吉賀町（島根県） 相生市（兵庫県） 野迫川村（奈良県） 上北山村（奈良県） 北山村（和歌山県） 高野町（和歌山県） 永平寺町（福井県） 王滝村（長野県） 売木村（長野県） 岐南町（岐阜県） 奥多摩町（東京都） 小鹿野町（埼玉県） 滑川町（埼玉県） 南牧村（群馬県） 上野村（群馬県） 神流町（群馬県） 大田原市（栃木県） 八郎潟町（秋田県） 東成瀬村（秋田県） 新郷村（青森県） 七戸町（青森県） 六ヶ所村（青森県） 南部町（青森県） 三笠市（北海道） 美瑛町（北海道） 赤井川村（北海道） 足寄町（北海道） 木古内町（北海道） 小清水町（北海道） 陸別町（北海道） 浦幌町（北海道）

合うことであったという説は魅力的である。学校給食への豊かなイメージが膨らむ。楽しい食事は物事を互いに学ぶ時間であるばかりではなく、互いを結びつける場でもある。教育の原点を給食ととらえれば、なおさら無償化に向かわなくてはならない。業績主義あるいは成果主義へと公教育が矮小化させられつつあるなかで、重要な一歩になる視点である。

　学校給食は学校給食法に基づき食育として実施する教育活動である。給食費

はこの教育活動にかかる経費のうち、主に食材費に関して保護者から徴収するものであり、学校給食法第11条で保護者負担とすると記されている。この保護者負担分を個々の保護者に負わせるのではなく、地域全体で子育てをするとの視点から税金で負担する発想をもつべきである。無償化とは税金で公的事業を賄うということである。

学校徴収金のうち約半額に当たる比重を占めるのが給食費である。2012年度の「子供の学習費調査」によれば小学校の学校徴収金は1人当たり年間9万7232円である。このうち給食費は4万2035円で割合として43.2％を超える。これを無償にしたり減額したりするのは、少子化対策としては大変有効な施策である。実際、給食費の無償化を始めた相生市の取組は人口問題解消の糸口となっている。図表14「公教育無償化状況（2015年10月）」を見てほしい。把握した限りでも給食費の無償化は37自治体に及んでいる。小規模の地方自治体だけでなく、地域の中心的な都市においても少子化の歯止めとして実施が始まっている。中学校までの医療費の無償化以上に予算を組みやすく（1人当たり月5000円程度）また効果が発揮できる。

医療費の問題と同じく少子化対策は子育ての財政的な困難と連動した問題であり、子どもの貧困対策としても有効である。給食費の無償化に反対する根拠として学校給食法に給食費（食材費等）の徴収が明記されていることを挙げる論者もいる。少子化、子どもの貧困の深刻さを理解して、考えを改めてほしいと思う。たとえば、中学校3年生までの医療費2割負担分を地方自治体が助成をして無償化していたことに対しては、国からの補助金を減額するなどの措置があったが、財政制裁があっても実施してきたのである。厚労省は広がりを受けてこの措置の見直しについて2016年中に報告書にまとめる作業に入った。このように地方自治体からの積み重ねと広がりが国の考え方を改めることにつながるのである。給食費の無償化に関しては文科省から補助金等の減額措置はない。中学生までの医療費無償化に比べてハードルは低いのである[9]。代表的な事例である兵庫県相生市の事例を見てみよう。

相生市は造船業の衰退もあって人口減少に陥っていた。1974年の4万2188人をピークに減少を続け、2010年には3万1171人となった。そこで打ち出されたのが「子育て応援都市宣言」である。宣言では、子育てしやすい環境を整

4 普遍主義の進展・義務教育の無償化

え、人口減少対策や定住促進を推し進めるために「11の鍵」をつくり、その10項目に給食費無料化事業を位置づけ、2011年度から実施している。市立幼稚園、小中学校、および特別支援学校に通う、市内在住の3～15歳の児童・生徒等を対象に給食を無料で実施している。1人当たりの年間給食費は、予算額で幼稚園児が2万3000円、小学生が4万4000円、中学生が4万7000円程度である。年間の総予算額は約1億円にものぼる。「平成27年度版　教育支援リーフレット」によれば教育支援3つの扉と10の鍵が打ち出され、「学びのための負担軽減」である扉1では通学費補助事業、幼稚園保育料の無料化、就学支援事業とともに給食費無料化事業が掲げられている。実施要項は、「相生市学校給食費助成金交付要綱」（2011年4月1日　相教委訓令第2号）である。目的として「第1条　この要綱は、相生市立学校設置条例（昭和39年条例第14号）に規定する市立幼稚園、市立小学校及び市立中学校（以下「市立学校」という。）並びに学校教育法（昭和22年法律第26号。以下「法」という。）に規定する特別支援学校の小学部又は中学部に在籍する園児、児童及び生徒（以下「児童等」という。）の保護者（法第16条に規定する保護者をいう。以下同じ。）に対し、学校給食に係る経費の保護者負担分を助成することにより、保護者の経済的負担を軽減し、教育の充実に資するとともに、子育てを支援することを目的とする」と書かれている。保護者の経済的負担を軽減することが子育て支援の1つであり、それが相生市の人口減少への対策となったのである。Uターン、Iターンの契機になれば有効な政策となる。

2014年5月26日にはNHKの「おはよう日本」にも、「給食の役割　もっと広げて」として取り上げられ、「NHKが調べたところ、給食費を無料にしている自治体は、10年ほど前まではほとんどありませんでした。それがここ数年で、主なところだけで50以上にまで広がっています。ただ給食費の負担を、今後どうするのか。相生市では、幼稚園や小中学校に通う子どもおよそ2500人すべての給食費は、年間1億1000万円以上にのぼります」と放映されている。そして、その効果として、「市では去年（2013年）、8年ぶりに転入してくる人の数が、転出する人の数を上回りました。給食を無料にして、人口減少に歯止めをかけられるのか。模索が続いています」と報告されている。そして、相生市の担当者のコメントとして、「長期で見てください。すぐに効果が

表れるものではない。10年、20年先に、この世代がとどまってくれれば、人口減少を抑制することができて、人口減も止まるのではないか」としている。

人口問題のうち社会増が実現することができたことは大きな前進である。これをステップとして次の自然増への期待が膨らむのである。同様の効果は岐阜県岐南町でも現れている。岐南町は子育て支援の拡充の一環として、「保護者の経済的負担を軽減し教育の充実に資するとともに、子育て支援の拡充を図るため、平成25年4月から学校給食費の無料化（申請が必要です。）を実施します」[10]として、「岐南町学校給食費助成金交付申請書（兼委任状）」を在籍する岐南町立の小中学校に提出する手続きを定めている。中日新聞によれば、「岐南町は人口2万4千人。名古屋市や岐阜市のベッドタウンで商業施設が多く、岐阜県で財政が最も健全な自治体とされる。給食の無料化は、松原秀安町長が再選された昨年（引用者注：2012年）11月の町長選で掲げた公約だった」[11]と書かれている。町長選による政治的な公約である。1800人の学校給食をすべて無料にするため、2013年度当初予算案に経費8500万円余を計上した。このような取組の結果、中日新聞は1年後に、「2013年度から小中学生の給食費無料化を実施した岐南町で、人口増加数が以前に比べ倍増したことが分かった。松原秀安町長は「子育て支援策を充実した成果」としている」と成果を報じている[12]。

次に課題となるのは、修学旅行費用である。他には普段に使う紙やワークブックなどの教材費である。いずれも学校の授業で使うものであり、税外負担、つまり「受益者負担」とするとの法的根拠はない。税金で義務教育をすべて賄う理由は、人が一生のうちで必ず受ける公共サービスであり、優先度が高いからである。保護者の財力に左右されることなく公教育を受けることができることは、憲法第26条によって示された道理である。また、1952年当時、文部省初等中等教育局、総理府中央青少年問題協議会による『六・三制就学問題とその対策』において、すべての公教育にかかわる経費は公的に保障すべきと述べていた通りである。教材費等に関しては、各地の教育委員会が教育課程を実施するのに必要な措置として学校配当予算を令達している。財政的に豊かな地方自治体は学校配当予算も豊かであり、児童生徒1人当たりの配当額も多い。そのなかでも図表14に示した教材費等の無償化を実施する4つの地方自

4 普遍主義の進展・義務教育の無償化

治体は必ずしも富裕団体ばかりではないが、意図的に無償化を実施しているところである。また、学校の裁量権を高める視点からも教育委員会裁量の予算をなるべく学校に移譲し、裁量権も学校の長である校長に委任することが重要である。そのことによって公的なお金が「生き金」となる。横浜市では校長への裁量権を拡大し、配当項目の組み替えも行えるようにしている。学校配当の額の高低だけが問題なのではない。それを使いやすい仕組みを同時に構築する必要がある。

さらに、給食費、教材費だけではなく修学旅行など、義務教育にかかるすべての経費を地方自治体予算で賄う町村もある。図表14の「学校徴収金の全廃」の項目に載せた山梨県早川町をはじめとする7自治体である。代表的な事例である早川町では、「義務教育費の無償化について」で次のように述べている。「早川町は、日本で一番人口の少ない小さな町ですが、町づくりの根幹である子どもを大切にし、「子どもは地域の宝」を具体化するための取り組みを行っています。そのため、平成24年度から町内の小中学校に通学する児童や生徒の教材費や給食費、修学旅行費など義務教育にかかる経費を町が負担することに決定しました。また、義務教育費の無料化は、山村留学制度により受け入れた子どもたちにも適用いたします。山村留学の受け入れについては、いくつか条件がありますので、詳細については、教育委員会までお問合せください。なお、本町では義務教育費の無償化のほか、子育て支援のための施策も展開しております」[13]。このように96％が山林に覆われている日本で一番小さな町（人口1132人、世帯数642戸）としての子育て環境の充実を謳っているのである。学校給食費無料化事業は、早川町学校給食センターの設置及び管理に関する条例施行規則（平成20年教育委員会規則第5号）第3条に定める額に、当該年度の児童および生徒の数を乗じて得た額とする。また、小中学校教材費等無償化事業は、早川町小中学校教材費等無償化事業実施要綱（平成24年教育委員会告示第5号）第3条に定める経費とされている。学校施設にも見るべきものがあり、温水室内プールが早川北小学校に設置されている。幼児プールもあり、また木曜日の放課後にフィットネスクラブも開催されている。地域開放も進んでいる。

早川町教育委員会は、「小さいけれど、笑顔はでっかい！」というチラシを

つくり、小さな学校への誤解を解いている。小さな学校は先生が子どもと向き合う時間が多く学力がつくこと、上級生とも交流が盛んで社会性や協調性も培われることを述べている。また、競争心がなくなるという非難に対しては、「本当に必要な競争心とは、人に対してではなく、学びや生活などに対する向上心なのです」と本質的な指摘をしている。学校統廃合を扱った第5章でも述べるが、「小さな学校」こそ魅力がある。公教育の無償化を実現している早川町では、それだけではなく学校教育に関しても取組が進んでいる。

　義務教育は市区町村の自治事務であるから、財政も自主的な判断で実施することができる。市区町村の財源を公教育に支出するのは、その地域の世代を超えた継続性を求めるからである。そこで、少子化や子どもの貧困が広がるなかで、財源が乏しくても、子育て支援としての給食費などの無償化を試みる地方自治体が1990年以降拡大し、とくに2010年からは急速に拡大してきている。原資の確保は、「地域住民生活等緊急支援のための交付金」（小清水町など）、自衛隊への町有地賃貸料（与那国町）、小中学生の医療費を現物給付にせず窓口払いを継続することで節約した分を無料化に充当する（嵐山町）など自治体ごとの工夫が行われている。また、児童手当からの充当による実質無償化についても検討すべき方法である。

　普遍主義に立った教育福祉の浸透は目を見張るものがある。現在は、過疎化などの現象が現れている地域において施策が実行されているが、都市部においても少子化はすでに現れている現象であり、いまから公教育の無償化への対策を講ずることが大切である。東京都でも2010年から2050年までの40年間で人口は約1割減少する。沿岸地域など一部で1割の人口増加がある一方で、町村部の4割では半減する[14]。厳しい将来が予測されるなかで、いまからの地方自治体の取組が基礎となって国全体を動かす。このような展望を抱きたい。

(3) 高校授業料の無償化

　早川町が「子どもは地域の宝」の視点から、義務教育の無償化に踏み出したことを見てきた。同様に高校授業料を全員対象として無償化することと、所得

4 普遍主義の進展・義務教育の無償化

の低い保護者家庭に対してのみ相当額を給付することでは、その立つ理念がまったく相違する。

　前者は、子どもは社会や地域の宝との理念に基づいている。社会が次世代の子どもたちを育てる義務を負っているという考え方である。そこでは公教育の無償化が目指されている。国連の「国際人権A規約」第13条の2(b)にある中等教育の「無償教育への漸進的な導入」はこの精神に基づいている。日本政府はこの条項の留保解除をした。

　後者は、「子どもは家庭の所有物」とするものである。教育の私事化である。子どもの教育は、保護者がその財力をもって身につけさせるものと考えられている。実質的に高校授業料を無償化する提案をした民主党の当初の論議のなかにも教育の私事化につながる視点が存在していた。保護者に相当額を配布する教育バウチャー手法が検討されてきたのは、この視点からであった。つまり、保護者の教育費の一部を国家が補助するという発想である。それは、富裕層の家庭の子どもたちには高い教育費をかけることができることを前提として、公教育を考えていこうとするものである。当然教育バウチャー制度は富裕層に有利な教育財政制度なので、教育を通して貧富の階層格差を拡大することにつながる。

　高校授業料の無償化は多大の成果があった。たとえば、授業料免除世帯が3割を超えていた「底辺校」と呼ばれるある東京都の公立高校では、無償化実施直前には卒業生が入学時の5割強という状況に陥っていた。中途退学者数が半数にまでのぼっていたのである。ところが、制度が定着すると、2013年度には80％の卒業率を実現している。効果は実証されている[15]。2010年以来、公立学校の授業料の相当分として年間11万8800円が国から支給されていた。残念ながら、自民党政権下での「改正」では所得制限を加え、いわゆる年収910万円以上（市町村民税所得割額30万4200円以上）の世帯は対象外となった。

　所得制限によって生じた金額については2つの使い道が示された。1つは、私立学校に支出している就学支援金の上積みとしての2014年度概算要求300億円である。私立学校の授業料の概念は何か、という根本的な問題はこれまで語られてこなかった。すでに私学助成制度があり、国費が投入されている。私学だけに割増給付をしているのは二重の支出ではないだろうか。これでは、公

立学校よりも私立学校へ子どもたちを誘導するねらいも感じ取れる。そしてもう1つは、将来返済する義務のない給付型奨学金である。これには、わずか150億円しか概算要求されなかった。制度「改正」のときに主張された理由は、貧富の差を問題として、一律無償をやめて富裕者の家庭から授業料支払を求めるということであった。公私立に関係なく支出できる奨学給付金に全額を回すのがベストの選択であったのである。しかもそれさえも、財務省によって38億円まで圧縮された国庫補助制度となってしまった。内容は非課税世帯（生活補助世帯は高校生には「生業扶助」があるとして除外）への高校生への給付。そして除外した生活保護世帯の高校生へは生業扶助の対象外である修学旅行費分の補助という2本立てである。生活保護そのものも2013年途中から改悪され、最大で10％の引き下げが段階的に実施されることになった。改悪幅が大きいのは世帯人数の多い家庭である。子育て世帯に改悪が直撃している。このような状況を見るにつけ、返済無用の給付型奨学金制度の拡大に向けて検討することが望ましいことであると考える。

　授業料の徴収を担当していた高校の学校事務職員を削減した地方自治体も見受けられる。一度削減された人件費を元に戻すのは、この時代ではきわめて困難なことである。現在の制度では、該当生徒は、学校には申請書提出だけでなく、課税証明書等、必要に応じて健康保険証等の写しも添付することになる。所得確認等の認定作業を公立学校の事務職員がするとなると、年度初めの業務が集中する期間（1回目の都道府県への認定申請は5月中旬）に膨大な業務量が加わる。都道府県は、概算交付申請を国に対して4月上旬に行い、交付金交付は年4回、そして変更交付申請、実績報告を行い、翌年の5月中に国による額の確定が行われる仕組みである。通年の業務が新たに発生する。新制度設計上の課題や実務を担う学校事務職員への加重負担が起きている。

　公教育の再生の鍵となる「子どもは社会や地域の宝」という理念に基づいて、授業料の所得制限を廃止し、普遍主義に立った教育福祉を実現する必要がある。それがまた事務効率化につながる。

（1）OECD『図表でみる教育2014年版』。http://www.oecd.org/edu/Japan-EAG2014-Country-Note-japanese.pdf（2015年9月15日閲覧）。

（2）文科省「学校給食実施調査（平成25年度）」http://www.mext.go.jp/b_menu/toukei/chousa05/kyuushoku/kekka/k_detail/__icsFiles/afieldfile/2015/03/18/1354911_1.pdf（2015年9月15日閲覧）。
（3）東京弁護士会弁護士業務改善委員会自治体債権管理問題検討チーム編『自治体の再建のための債権管理マニュアル』ぎょうせい、2008年、258〜298頁。第8章は学校給食費の法律的な解釈を行っており、示唆に富んでいる。
（4）中村文夫『学校財政』学事出版、2013年、103〜107頁。
（5）日本テレビ「教材費224万着服、中学教師逮捕　町田市」2015年9月1日。
（6）時事通信「小学校長を懲戒免職　2校で計45万円着服——三重県教委」2015年5月11日。
（7）『学校事務』2016年2月号の特集「広がる給食費の公会計化」を参照。
（8）森山茂樹・中江和恵『日本子ども史』平凡社、2002年、38頁。
（9）フジテレビ「子どもの医療費無料化など、助成のあり方の見直し検討　厚労省」2015年9月2日。
（10）岐南町HPぎなんねっと、http://www.town.ginan.lg.jp/docs/2015020500414/（2015年9月14日閲覧）。
（11）中日新聞「岐南町が給食無料化、東海3県初、4月から」2013年2月26日。
（12）中日新聞「給食費無料化など奏功？　岐南町、人口増加数が倍増」2014年2月25日。
（13）早川町HP、http://www.town.hayakawa.yamanashi.jp/topic/2012-0113-0930-50.html（2015年9月14日閲覧）。
（14）東京の自治のあり方研究会『東京の自治のあり方研究会最終報告』2015年3月。
（15）戸張治「高等学校授業料無償化の変遷と所得制限導入の課題」『日本教育事務学会年報』第2号、2015年、54〜57頁。

5　学校統廃合

(1) 学校設置と統廃合の戦後史

ア　21世紀は学校統廃合の世紀

　学校をどこにつくるのかは学制頒布以来の地域共同体の大きな関心事であった。学校統廃合はそのなかでも重大な課題となってきた。とくに近年、少子化を原因とする学校の統廃合は、地域の存続そのものに密接に結びついたものとなっている。問題は、少子化を前提とした地方自治体の財政合理化の一環となっていることであり、したがってその地域が縮小することに対する歯止めを、ましてや拡大への展望をもっていないことである。

　1992年から2013年の間で公立学校の廃校数は8299校にのぼっている。図表15・16を見ると2000年代になって廃校が飛躍的に拡大する。「平成の大合併」は、1995年の合併

図表15　公立学校の年度別廃校発生数

年度	小学校	中学校	高校	合計
1992年	136	42	11	189
1993年	100	43	12	155
1994年	160	47	8	215
1995年	122	46	11	179
1996年	163	43	19	225
1997年	123	50	13	186
1998年	199	47	17	263
1999年	221	43	18	282
2000年	273	51	15	339
2001年	374	64	26	464
2002年	229	68	45	342
2003年	270	82	66	418
2004年	379	117	89	585
2005年	314	70	65	449
2006年	247	73	106	426
2007年	276	76	114	466
2008年	272	87	101	460
2009年	334	88	109	531
2010年	369	114	77	560
2011年	333	94	58	485
2012年	419	117	62	598
2013年	346	104	32	482
計	5659	1566	1074	8299

［出典］文科省「公立学校の年度別廃校数」により作成

図表16　公立学校の年度別廃校発生数

■小学校　■中学校　■高校

年度	小学校	中学校	高校
1992	136	42	11
1993	100	43	12
1994	160	47	8
1995	122	46	11
1996	163	43	19
1997	123	50	13
1998	199	47	17
1999	221	43	18
2000	273	51	15
2001	374	64	26
2002	229	68	45
2003	270	82	66
2004	379	117	89
2005	314	70	65
2006	247	73	106
2007	276	76	114
2008	272	87	101
2009	334	88	109
2010	369	114	77
2011	333	94	58
2012	419	117	62
2013	346	104	32

［出典］文科省「公立学校の年度別廃校数」により作成

特例法に始まり、2005～06年にかけてピークを迎えた市町村合併の動きである。政府は、住民発議制度の創設や合併特例債に代表される財政支援策のほか、中核市や特例市など権限を拡充した都市制度の創設、政令指定都市への昇格の際の人口要件緩和などによって、市町村の自主的合併を促してきた。2005年の合併三法によって合併特例債に期限が設けられたことで合併が加速した。学校統廃合数の増加は、明らかにこの平成の大合併と時期を同じくする。現在の課題について述べる前に、戦後の地域と学校のかかわり方を少し振り返りたい。

イ 戦後の学校の教育環境整備

　戦後は荒廃した尋常小学校の校舎の復旧と新制中学校の建築が急務であった。青空教室や二部授業で急場をしのぐありさまであった。既設校の戦災によるダメージも回復しないなかで、義務教育諸学校の設置者である市区町村は降ってわいた新制中学校の校舎建築を背負わされた。超インフレのなかで財政的な苦労を担わされたのであった。中学校の建設は、市町村の租税と強制的な

寄付および単年度措置の国庫補助金によって実施された。ところが、ドッジラインによる超緊縮財政によって1949年度当初予定されていた国からの新制中学校建設費補助金50億円が全面削除となり、往生極まった村長が3名自殺をする事態に陥った。当時、「キョーシュツ（米等の強制的な供出）とキョウシツ（教室）とは市町村長の命取り」とまで言われたのであった。このような苦労をしながら地域共同の取組として学校がつくられ、維持されてきたのである。その後、1953年に公立学校施設費国庫補助金制度がつくられ、国による特定補助金制度による学校建築への補助が恒久化した。

　次の展開は、戦後の新しい家族制度のもとで出生したベビーブーマー（団塊世代：1947～49年生まれ）による。その存在が教育行財政を規定した。都市部では校舎の不足に悩まされ、プレハブ教室で急場をしのぐありさまであった。国からの特定補助金を伴った公立文教施設整備5か年計画（1959～63年）が策定され、国庫補助金、起債、自己資金による財源措置が実施された。その後も都市部への人口集中は止まらず、1960年代、70年代にかけて大都市の周辺都市は校舎建築等による財政悪化を招いた。現在、高度経済成長期につくられたこれらの学校の校舎が老朽化の時期に来ている。耐震工事を先行させてきたために遅れていた老朽化対策が焦眉の課題となっている。地方自治体にとって、すべてのインフラが老朽化しているのであるが、そのなかでも教育関係が占める割合は高く、少子高齢化の進行を前提とした「公共施設マネジメント」というかたちでの都市インフラの縮小計画づくりが進められている。そこには民間活力の活用という視点も含まれている。

　他方では、学校統廃合も実施されてきた。まず1950年代の昭和の町村合併政策に伴うもの、そして1970年代の高度経済成長期の都市への人口流出による地方の農山漁村の過疎化に伴うものである。現在では、1990年代からの少子化に伴う統廃合が、平成の大合併により加速されて進んでいる。学校規模の標準は12学級から18学級とされ（学校教育法施行規則第41条、第79条）、通学距離の標準は小学校でおおむね4km以内、中学校でおおむね6km以内が基準とされてきた（義務教育諸学校等の施設費の国庫負担等に関する法律施行令第4条第1項第2号）。この標準の問題については後述する。減少の結果、2017年現在、小・中・中等・高校・特別支援学校総数3万7190校となった。

子どもの数の減少は、全体の人口数の減少の決定的要因である。2040年には5〜14歳人口が2010年の半数になる自治体が41％にのぼるという試算がある。この傾向は日本全国共通である。子どもがいなくなれば学校はなくなり、学校がなくなれば教職員の雇用機会が奪われる。2014年5月には財政制度等審議会（以下、財政審と略す）が学校統廃合の促進や新採用教職員の抑制を求める答申を出した。答申では標準規模以下の小学校が46.1％、中学校が51.7％であることを解消すべき課題だとしている。2014年7月の教育再生実行会議第5次提言でも、「学校規模の適正化に向けた指針を示す。統廃合で生まれた財源を教育環境の充実に充てる」としている。昭和48年通達「公立小・中学校の統合について」以来、小規模校の利点を挙げて統廃合に慎重な対応を、文部省・文科省は示してきた。文科省の今回の見直しでは通学距離に通学時間を加えた。この背景には市町村の合併による地方自治体の広域化がある。これによって学校の統廃合が加速する可能性が高い。全国津々浦々にあった学校は地域住民の生活拠点であり、心の支えでもあった。統廃合によって学校が消え失せれば、過疎地域の拡大につながり、ついには日本列島に人の住まない地域が広く生じてしまう。普通教育を行う義務教育の環境が身近な地域からなくなってしまう今回の路線転換についての徹底した検討をすべきである。高齢者施設との複合化や幼保小中高一体の教育施設など多機能化によって、地域の学校として存続する方策を真剣に考えるべきである。それだけではない。2014年、子供の貧困対策に関する大綱において、学校は子どもの貧困対策のプラットフォームとされた。だが、全国的に学校が統廃合されるとプラットフォームが消失することになる。なお、高校に関しては実業系高校の統廃合が目立つ。2011年までの8年間で全体の1割に当たる222校が減少している[1]。詳しい分析は別の機会としたい。

(2) 文科省の路線転換

ア 地方創生と廃校

　地域と子どもの育ち、学校の現在と将来について、教育行財政の視点から解

き明かすのがこの章のねらいである。地域は多層化している。地域間格差と地域内格差とによって住む人々が分裂状態に置かれている。中山間部では限界集落論議から始まり、「地方創生」という美名の裏で進む地方崩壊政策、他方では都市部での新自由主義的な都市政策。そのような格差のなかで子どもの貧困率16.3％という厳しい状況が生じている。この分裂状態は学校生活に顕著に現れ、就学援助率の増大という現象だけではなく、いじめや学力格差として現れてきている。第2・3次安倍内閣による教育政策はグローバル人材の育成を掲げ、複線的な教育体系化を進め、そして地方の切り捨てと同じ論理のなかで発想された学校統廃合の促進策に転換した。

　他方では都市教育政策によって、2017年度からの政令指定都市の教職員人件費移譲というかたちで新たな枠組みが生じようとしている。これは政令指定都市だけではなく、中核市と特例市とが一体となって始まった新中核市にも波及する課題であり、その先には道州制論議が待っている。

　また、次の第6章で詳しく述べるが、学校に働く人々には、教員をはじめとする義務教育費国庫負担制度該当三職種以外にも多種多様な学校職員が現在配置され、年収200万円以下の官製ワーキングプアの状況に置かれている職員も少なくない。これらは、それぞれ別の事象ではなく、それぞれが結びついて現在進行している戦後教育体制の解体の一局面なのである。解体の後は新自由主義的な市場化による業績主義の教育行財政制度が進行する。教育行財政の視点からその様相を、とくに義務制公立小中学校を中心に解明し、対応策の可能性について模索することにしたい。

　子どもはどのようにして大人になるのか。ルイス・カーンが、いつかなりたい自分を見つけたのはまちのなかである。家族、地域のなかで大人たちに混じり、影響を受け、そして友とともに育つ。地域の学校はその一要素にすぎない。地域から切り離された学校はその存在意義を大いに損なう。暮らしているその場所、子どもの足で通えるところに学校があることが教育機会の平等を支えている。振り返ってみれば、幕末には寺子屋が全国に1万5000〜6000は存在していた。1869年に京都市では町衆がかまど銭を集めて町々に「番組小学校」という複合的パブリックスペースをつくっていた。1872年に学制が頒布されると、3年後には2万4000校の小学校が地域の自主財源でつくられて

いった。学校は国家がつくったのではなく、子どもを宝物とする地域共同体がつくってきたのである。しかし、平成の大合併を経て、津々浦々から次々と学校が消えてしまっている。

イ 学校統廃合推進の衝撃

① 手引の内容と影響

　2015年1月27日、文科省は事務次官による「公立小学校・中学校の適正規模・適正配置等に関する手引の策定について（通知）」を都道府県教育委員会教育長等に通知した。1956年に通知が出されてから約60年ぶりに、そしてその修正が出た1973年から約40年ぶりに強力な学校統廃合政策に転換し、統廃合に向けた手引を出すに至った。それが、「公立小学校・中学校の適正規模・適正配置等に関する手引～少子化に対応した活力ある学校づくりに向けて～」（以下、手引と略す）である。

　一言で述べれば、1学年1学級未満の複式学級が存在する小規模学校は、へき地、離島などの特別な事情がない限り統合すべき、との見解が述べられ、統廃合にあたっての優遇政策が実施される。まず、どのように変わったのかを見て、次に歴史的経緯を概括し、そして現在の転換に至る背景を検討する。

　戦後、市町村の役割として、学校等の設置管理が学校教育法第5・38・49条に定められている。「第38条　市町村は、その区域内にある学齢児童を就学させるに必要な小学校を設置しなければならない」。中学校は第49条により小学校規定を準用する。この規定がある限り、義務教育の学校を必ずつくる義務を基礎自治体は負っているのであって、勝手に放棄することはできない。私立学校は経営破たんになれば放棄することができるが、市町村は設置を投げ出すことはできないという重い責務を負っている。さらに、「第5条　学校の設置者は、その設置する学校を管理し、法令に特別の定のある場合を除いては、その学校の経費を負担する」とあるように、経費を負担する義務を負っている。どのような条件で設置するのかについては、学校教育法施行規則に見ることができる。

　1956年、「学校教育法施行規則」（省令）の第41・49条において「12学級以

上18学級以下を標準とする。ただし、地域の実態その他により特別の事情のあるときは、この限りではない」とし、小学校でいえば1学年2学級から3学級、中学校では4学級から6学級規模が望ましいとした。また、1956年、「義務教育諸学校等の施設費の国庫負担等に関する法律施行令」(政令)の第4条で、適正な規模の条件として、「学級数がおおむね12学級から18学級までであること」と学校教育法施行規則をなぞったうえで、「通学距離が、小学校にあってはおおむね4キロメートル以内、中学校にあってはおおむね6キロメートル以内であること」と通学区の目安が示されている。この「義務教育諸学校の施設費の国庫負担等に関する法律施行令」は、名前の通り国庫負担による校舎等の施設費を補助する場合の内閣による命令である。政令も省令も、国民の代表である国会の議を経ていない行政的な命令である。

2013年現在、少子化によってこの基準に示された適正規模より小さな小学校が約9400校(46%)、中学校が約5000校(51%)に及ぶとして、今回、学校統廃合を強力に進めることへと政策転換が行われた。すなわち、1学年1学級未満の学校を原則として統廃合することである。さらに、1学年1学級以上の規模を現在もっていても、将来の子どもの人数予測をもとに、学校統廃合などの措置を検討することを求めるという厳しい内容となっている。ここには少子化を跳ね返す意気込みは感じられない。

そして、通学区についても弾力化を図り、小学校4km、中学校6kmという基準に、片道1時間以内という時間設定を新たに加え、スクールバス等の利用導入を求めている。

これによって、どのような衝撃的な事態が生じる恐れがあるのか。たとえば、2010年度において、へき地校が全国一多く(小学校45.0%、中学校44.1%)、また学級数に占める複式学級の割合も全国一の鹿児島県を見てみる。鹿児島県「第14回今後の市町村行政のあり方研究会」(2011年11月2日)の資料1によれば、2008年度において12学級を下回る小学校が76%、中学校が80%であり、2010年には小学校の45.0%、中学校の44.1%がへき地等にあり、したがって、「児童生徒の約5人に1人はへき地等の小規模校で学んでおり、本県教職員の3人に1人はへき地等に勤務して」いる状況である。このことから、県立高校の再編も含めて学校の適正規模、つまり統廃合について適切に対応する

必要があるとしていた。学校数だけを見れば北海道がもっとも多いが、県全体に占める複式学級の割合は鹿児島県が小中学校とも全国一となっている。南日本新聞は、文科省の手引に関連した社説（2015年1月21日）において、2014年度は分校を含めて小学校530校、中学校228校のうち、複式学級は小学校244校、中学校29校。そのうち統廃合の見通しがあるのが小学校37校、中学校19校である。へき地の学校は地域の核となっているので、そうたやすく廃校にすることはできない、と述べている。そして、次のように結んでいる。「少子化が進むからといって、画一的な統廃合に走っては地域の衰退を早めるばかりだ。関係者には地域の将来を見据えた熟慮が求められる」。その通りである。少子・高齢化から脱却する地域の将来を見据えた熟慮の内容が問われている。熟慮をするにあたって、新たな統廃合原則である1学年1学級を徹底させるならば、鹿児島県の小学校は半減となる可能性もあることを肝に銘じて行わなければならない。それはまた過疎化に拍車をかけることにもなる。

　これまで、義務教育諸学校について教職員配置等の改善計画のなかで、県によっては中学校の複式学級を廃止したところもある（山梨、静岡、兵庫等）。これらの県では、各学年の在籍があれば中学校は標準3学級である。しかし今後、文科省の態度変更によってどのように影響されるかは注目するところである。鹿児島県以外の様相については、「(5) 脱統廃合」で再び取り上げる。

　統廃合をしない場合の代替案として、文科省が現在提示しているのはICT活用の遠隔授業である。旧来の寄宿舎も活用される可能性がある。家族分離までして学校に通わなくてはならないのか、疑問の残るところである。議員立法によるフリースクールの2018年度合法化（「義務教育の段階に相当する普通教育の機会の確保に関する法律案」[(2)]）が検討されている。これは不登校等の対策として検討されているのであるが、それだけではなく、統廃合後の補完機能としても考えられないか。また、法案によれば現在は認められていないホームスクール（家庭学習。アメリカ合衆国では約150万人が、主に宗教的な理由から学校に通っていない）も解禁されていくことになる。これは保護者の選択の自由が背景となっているが、逆の見方からすれば事実上、学校教育法第38・49条の市町村の設置義務の空文化にもつながるものである。議員立法が通れば、もう無理して学校をつくる必要がないと判断する地方自治体も出てくると考えられる。公認され

たフリースクール、ホームスクールなど多様な教育機会が用意されているのだからということが判断の根拠とされる。アメリカ合衆国では、公教育のネット販売、つまりICTを利用した通信制の公設民営学校がもっとも利益をあげる教育産業といわれている[3]。大勢が決してしまえば、少しばかりの歯止め規定など実質はないに等しい。ここでもまた戦後教育体制の解体が見られる。熟慮とは、厳しい選択を伴うものであるが、第一義的な価値を何に置くかによって方向が定まる。

② **戦後の学校統廃合の変遷**

戦後の学校統廃合の変遷を、社会学者若林敬子（2012）は、「戦後日本の公立小・中学校の学区・学校統廃合の政策と動向は、以下の三つの段階に整理される」と定式化している。すなわち、

> その第1局面は戦後直後の「中学校区」「組合立学校」の踏み台を経て1953年からの町村合併政策、とりわけその後始末としての1956年の「新市町村建設促進法」を契機とした地域再編政策のもとに出発する。新市町村への編入統合を目的とした（特に中学校）文部省の「学校統合のてびき」の作成が引き金となった。
> 第2の局面は、1970年の「過疎地域対策緊急措置法」のもとで、過疎化が深刻化する農山村で後半に（小学校統合も含め）進行した。
> いずれの局面も国庫負担率が危険校舎の改築よりも高かったために、無理な統合を誘発し、明治国家以来の"むら"の学校、地域文化の拠点となってきた旧村維持を守ろうとする地域住民との間で各地に多くの反対運動を発生させた。
> 遂に文部省も1973年に「新（Uターン）通達」を出し小規模校のよさを認め、無理な統合をするなと軌道修正し、補助率の差も改められた。（略）
> さて第3の局面は、平成に入って1990年代から顕在化し始め、今後将来に向け、長期・構造的にしのびよりつつある少子高齢化段階における全国的な統合問題である。[4]

市町村の合併という国土の統治形態の合理化の一環として学校統廃合があること、そして補助金等の誘導策によって実施されてきたことを若林は明らかにしている。その都度、学校適正規模論が語られるが、教育学的にその効果は論証できていないこと、そしてまた、1973年の通達を出させたのは住民の厳しい抵抗によるものであったことも明らかである。
　今回の「公立小学校・中学校の適正規模・適正配置等に関する手引の策定について（通知）」は、若林の第3の局面の延長として、つまり国家による平成の大合併による広域化した団体自治と生活基盤に根付いた住民自治との矛盾を、捨てる地域からの住民の撤収を加速させることで解消するための重要な一手としてある、と考えることができる。

ウ　パンドラの箱

　1973年の「新（Uターン）通達」では、「学校規模を重視するあまり無理な学校統廃合を行ない、地域住民等との間に紛争を生じたり、通学上著しい困難を招いたりすることは避けなければならない。また、小規模学校としての教育上の利点も考えられるので、総合的に判断した場合、なお小規模学校として存置し充実するほうが好ましい場合もあることに留意すること」と、小規模校のよさを認め無理な統合をするなとした文部省の通達を受けて、地域実態を配慮した対応が続いてきた。それでも近年は、平成の大合併の影響を受けて、毎年小中高校合わせて400校以上が統廃合されてきている。これ以上の統廃合はより遠距離間でしか統合できない。なお、学校の消滅数は北海道がもっとも多いが、その次は東京都であり、大都市部での問題でもある。
　これまでの方針を2015年に転換した背景を検討し、その推進のための仕掛けをどのように行っているのか、以下、検討を行う。今回の転換に関連して最初に言及したのは財務相の諮問機関である財政審が2007年に出した建議である。公立小中学校の統合推進のために「学校規模の最適化」が打ち出され、「全国の公立小学校の児童数のピークの1981年度に比べ、2006年度は40％減少しているが、学校数は9％減、中学校もピークの1986年に比べ、生徒数は44％減少しているが学校数は3％減にとどまっている。一方、2005年4月に

統合した全国の公立小中学校221校（統合前は527校）について、財務省が調べたところ、統合により、教員の給与などを含む学校運営費が単年度で170億円削減された」と語る。財政審の建議の問題点は2つある。

1つに、2005年のケースで306校を削減すると170億円が減額できたことは、1校当たり5000万円以上を単年度で削減できるとする試算が成り立つという点である。このことを現場サイドから見れば、教職員数が削減されて子どもへの手厚い指導ができなくなることを意味する[5]。しかも、この財政的な効果も特定補助金による義務教育費国庫負担教職員にかかわる削減効果であるために、都道府県に向けての説得材料にはなるが、市町村には関係の薄い話であった。義務制小中学校の設置者として市町村は、基本的には総ての管理と財政負担とをする立場であるけれども、例外として教職員給与費等は負担をしていない。また、市町村は自主財源で学校運営経費等を担うが、地方自治体間の調整として一般補助金である地方交付税交付金がある。この算定基礎となる基準財政需要額では、小中学校費は児童生徒数、学級数、学校数を単位とするため、統廃合により学級数や学校数が減ると交付金が減少するので、積極的に統廃合をする意味をもたない。ただし、校舎等については老朽化対策が急務となっており、国からの公立学校施設整備費補助金などの特定補助金による学校統廃合の場合についての優遇措置がなされている。そこに、後述する2015年度地方財政計画で新たな施策が加えられた。

2つに、子どもの数の減少に比べて学校数の減少が小さいという論点である。ピーク時以前に日本全体の基礎数として学校がもともとどのくらいあったのかという発想が欠けている点である。たとえば、学制期まで遡らないにしても、戦後の昭和20〜40年代前半まで小学校は2万6000校前後、中学校は1万1000〜5000校が存在していた[6]。児童・生徒数の増減だけでなく、日本全国津々浦々に学校がどの程度あれば地域が維持できるのか、という視点での検討が必要である。この視点が財政審には欠けている。転換の背景に話を戻す。

2014年になって学校統廃合問題は集中的に表面化した。口火を切ったのは財政審である。2014年5月、「財政健全化に向けた基本的な考え方」を取りまとめ、そのなかで児童生徒数の減少に応じた教職員定数の削減がなされていない現状、とくに約6万人もいる加配教職員による教育効果について厳しく追及

し、学校規模の適正化による学校の統廃合を積極的に進めることを提言した。2014年7月、教育再生実行会議は第5次提言「今後の学制等の在り方について」において小中一貫学校（仮称）の設置と学校の統廃合の推進を打ち出した。「学校規模の適正化に向けた指針を示す。統廃合で生まれた財源を教育環境の充実に充てる」とした。その指針が今回の手引である。このような状況について京都新聞は「財政効果で同床異夢」[7]という的確な表題の記事を載せている。「統廃合で教員を減らして歳出削減をもくろむ財務省に対し、教育的配慮から学校を再配置し、浮いた予算で教員定数の上積みを目指す文科省。同床異夢の統廃合は学校に何をもたらすのか」と。2014年10月、財政審財政制度分科会に、財務省は全国小中学校3万620校のうち5462校を削減できるとの試算を提出した。試算では17.8％が消滅することになる。つまり6校に1校は廃校にできるというのだ。同月、文科省は「学校規模の適正化等調査研究会議」を立ち上げ12月の中教審に報告した。また、2014年12月に「まち・ひと・しごと創生総合戦略」を閣議決定したが、そのなかには「集団の中で切磋琢磨しつつ学習し、社会性を高めるという学校の特質に照らし、学校は一定の児童・生徒の規模を確保することが望ましい」という原則を掲げた。閣議決定された地方創生の戦略では統廃合、小規模校の存続、休校など市町村の主体的な検討や具体的な取組をきめ細やかに国が支援すると述べている。こうした積み重ねを経て中教審は2015年1月19日に先の手引案を了承し、1月29日に通知したのである。この間、国立教育政策研究所では『教育条件整備に関する総合的研究』（2011年3月）など基礎的な研究を重ねて、この事態に備えてきたといえる。

　京都新聞が同床異夢と喝破した学校統廃合は、2015年度政府予算案にどのように反映されたのか。突然の解散、総選挙によって越年した政府案の教職員定数を見てみよう。前年度より児童生徒の自然減で3000人が減る。これに学校統廃合による1000人削減が加わり、合計4000人の減少である。文科省は政策目的の加配定数900名を措置し、実質3100人の減となった。900人の加配定数の内訳は、授業革新による教育の質の向上200人、教員や事務職員らが連携した学校運営の推進230人、個別の教育課題への対応250人、学校規模の適正化への支援220人である。学校規模を適正化と称して統廃合を行った結果の1000人に対し、その支援として220人が措置される。その細かな内訳を見

ると、統廃合する学校への支援200人、統合が困難な小規模校への支援20人である。2014年度は初めて教職員定数が自然減分を超えて削減される「純減」10人であったが、2015年度はそれが100人となった。

　財務省は目的を達成した。他方では文科省も成果を次のように語る。「自然減と統廃合による減員をベースにすると、課題解決型授業の推進やいじめ対応などで900人の増員が認められたため、初等中等局の幹部は「前年度に比べ、実質的に900人の増員となった」と胸を張る」と報じられている[8]。自然減をベースにせず、統廃合推進策に転じることで政策的加配配置ができたことが、新たな文科省の自己評価のスタンスとなった。この流れは継続し、2016年度においても、4000人の減少に対して政策的加配配置525人を確保し、教職員3475人削減となっている。だが、本当にそれでよかったのか。このような記事もある。「1970年代初頭に学校統廃合をめぐる自治体と保護者・地域住民の対立が各地で起きた経緯もあり、文科省として方向性を示すことは、「パンドラの箱を開けるようなものだった」（官房幹部）と明かす」[9]。

　この文科省官房幹部の危惧の通り、60年ぶりの学校統廃合促進策へ転じたことは、パンドラの箱を開けたことであると考えられる。パンドラの箱を開けるにあたって、さまざまな仕掛けが講じられている。それは5つに分けられる。

　1つには、足回りの確保である。スクールバスの運行に対する経費である。「へき地児童生徒援助費等補助金交付要綱」により、過疎現象に起因する学校統合でスクールバスを購入する費用の2分の1国庫補助がある。しかし、一定期間後は地方自治体（地方交付税の算定では500万円／年）で保障するか、地元住民あるいは保護者の負担による対応となる。片道1時間も小学生を毎日バス通学させることは子どもへの精神的な負担が多過ぎる。

　2つには、学校統廃合時の校舎建築に対する国庫補助率の上乗せである。もっとも古典的でもっとも効果的な手法である。平成の合併時には耐震工事が、そして今日では今後30年間で38兆円がかかるとされる老朽化対策工事が地方自治体の財政負担となっている[10]。より補助率の高い施策に乗るところに追い込まれる。政府によって極めつけの施策が2015年度地方財政計画によって示された。2015年1月12日、総務大臣と財務大臣の合意によって地方財政計画が定まった。当然、地方創生が中心となるが、地方財政対策の焦点に

公共施設の老朽化対策の推進も挙げられている。これが学校の統廃合の促進につながる。地方の公共施設の約37％は学校関係の施設である。文科省が真っ先に手引をつくって推進に手を挙げたのである。菅原敏夫（2015）による公共施設の老朽化対策の分析では、地方財政措置で注目する2点を挙げている。1点目として集約化・複合化事業にかかる地方債措置である。この地方債は充当率90％である。つまり90％も借りることができる。そのうえ、交付税算入率50％、つまり地方債で借りた半分は交付税で措置してくれる、という超優遇策が出されている。しかし条件がある。地方自治体は公共施設等総合管理計画を策定しなければならない。その計画は集約化・複合化事業であり、全体として延床面積が減少することが必須である。そのうえ、どこの学校を統廃合するというような個別的な内容も盛り込む必要がある。これは2017年までの措置であり、猶予のない話である。2点目に注目する措置は2014年から始まっている特例措置である。公共施設等の除去についての地方債の特例である。除去、つまり学校を消滅させれば、そのための資金手当の充当率を75％とすることである[11]。これらの優遇策によって市町村は学校統廃合の具体案を総務省に出さざるを得なくなる。学校統廃合に向けた強力な財政措置が打ち出されたのである。なお、学校統合には小学校同士の統合のパターンだけではなく、小中学校の統合型一貫学校（義務教育学校）のパターンもある。さらに、学校間だけではなく高齢者施設や子ども関連施設との地域統合施設のパターンも存在する。

　3つには、今回措置した教員の加配措置である。これについてはすでに述べた通りである。

　4つに、現在は広がりを見せていない学校運営協議会（通称、学校理事会）についても、各学校単位ではなく中学校単位として、地域支援本部から転換させるなどの方法で広がりをつくることも検討材料となっている。すなわち、学校単位の保護者の集まりは、その学校の統廃合には真剣な利害関係者になるが、広い地域の保護者の組織になれば、個別学校の利害は反映しにくくなる効果がある。

　5つに、2015年度から始まった教育委員会制度の変更により首長の意見反映が強まり、具体的には事務局を首長部局に置く総合教育会議の役割が強化さ

れたことである。総合教育会議を首長の教育内容の介入による教育の中立性を奪うものとの視点が注目されるが、学校統廃合の判断に向けての役割は決定的となる。総合教育会議で作成される教育大綱等に学校統廃合が記載されると考えられる。2015年4月28日、大阪市第1回総合教育会議では、市長の要請に応えて、大森不二雄教育委員長は、「統合に積極的に取り組む区や学校に、優先的に予算配分するルールを定めてはどうか」と露骨な提案を行い、教育次長を兼ねる区長に学校統廃合を加速させようとする方針が早速検討された[12]。海老名市など各地の総合教育会議では当然のように学校統廃合が取り上げられている。学校の統廃合が教育マターではなくなっている。

(3) 地方創生と学校の統廃合

　地方創生の論議と学校の統廃合の論議とは重なることころが多い。当然であろう。若林が分析をしたように、市町村合併と重なりながら学校は統廃合されてきたのであるから。
　増田寛也（2014）の編著『地方消滅』[13]では、「896市町村が消える」というフレーズが強い印象を与えた。増田は、東京一極集中が招く人口急減を防ぐためには地方中核都市へ資源を集中投入し、そこをダムとして人口流出を止める構図を示している。この構想は、増田も述べているように政府の「地方中枢拠点都市」と重なるところが多いが、これは地方の自治体をダムの底に沈めることになる。もうだめだという意識が広がるからである。2014年11月21日、「まち・ひと・しごと創生法案」および「地域再生法の一部を改正する法律案」の地方創生関連二法案が可決・成立した。そして、「まち・ひと・しごと創生総合戦略」（2014年12月27日閣議決定）では学校の適正規模化を基本として小規模校の活性化、休校した学校の再開支援に言及していることはすでに述べた。増田はこのまち・ひと・しごと創生政策に関与している。
　創生という言葉で進められている地方消滅論に対して、疑問や反対の声が上がっている。たとえば、フィールドを東北地方に置いてきた山下祐介（2014）は『地方消滅の罠』のなかで、地域消滅の不安を与える要因として学校統廃合

による影響を挙げている。「行き過ぎた学校の統廃合の経験から私たちが読み取らねばならない教訓は、どうも棄民と逃散、そして諦めと依存は一体なのではないかということだ」[14]。そして、こう語っている。「学校の閉校は、社会の撤退を事実上決定する。そして社会の撤退の大きな一歩は、崩壊や消滅への不安を周りに誘発し、撤退が撤退を呼んで、総崩れにつながる危険がある」。地域の学校を失うことは社会から見捨てられることであり、もうだめだと思わせる心理的な効果が大きいのだと言っている。また、中国地方をフィールドとする小田切徳美（2014）は、『農山村は消滅しない』において、山口市仁保地区の学校の維持を中心とする自主的な活動を紹介している。そして、今回の財務省と文科省とが一体となった学校統廃合促進策に関して、「農山村の小規模校の「割高」な財政支出を削減する意図があると推測できる」[15]とし、学校が地域の拠点でありシンボルでもあるために懸命に存続に向けて努力をしている住民の意欲を無にするものとして批判している。

　寺子屋をベースにして学制が頒布されたわずか3年後には2万4000校（192万8000人の児童）が津々浦々につくられたことはすでに紹介した。繰り返し強調したい。つくったのは村落共同体であり、財源も運営も自主的なものであった。地域共同の営みという視点を重視することが、将来への展望を築く基礎となる。2015年現在、全国に公立小学校は2万302校（654万3000人の児童）でしかない。60年ぶりに学校統廃合策に転じた第2・3次安倍政権の教育政策をつくってきた人たちの心根を明治の人たちはどのように思うだろうか。

（4）都市部における学校統廃合

　過疎地での大きな課題の1つは学校統廃合である。その背景には政策的に残される地域と捨てられる地域とがあった。それでは大都市部での課題はどのように現れているのだろうか。長い歳月をかけて地方から人々を集めてきた都市において、際立つ特色は貧富の格差の拡大であり、貧困層の増大である。背景には政府が財界の意向を汲んでつくってきた雇用政策がある。現在40％になる非正規労働者の存在は、そのまま貧困家庭の増加につながってきた。それで

は、学校統廃合は都市部では課題とならないのだろうか。学校の統廃合数が多いのは、2002〜13年までの累積データを見ると北海道597校に次いで東京都245校である[16]。この事実からも、都市部でも学校統廃合問題は生じている。学校の主役である子どもたちの意向を聞かずに、効率性から学校統廃合を推し進めた結果として悲劇も引き起こされている。

　「どうか一つのちいさな命とひきかえに」小学校の廃校を中止して、というメモを書き残して、大阪府大東市の小学校5年生の児童が自殺した。2013年2月のことである。児童の通っていた235名の小学校が廃校になり、学区が分割され、友だちが2つの学校に離れ離れになることが耐えられなかったのだ。このような悲劇を二度と起こさないためにも、学校の統廃合の問題について慎重な判断が必要である。そして当事者である児童生徒の意見を大事にする姿勢が教育行政担当者に求められる。「子どもは地域の宝」である。子どもの意向を考えずに、むごく扱えば、その地域はやがて見捨てられる。まちに絶望した子どもたちは、その地域に残ることはないだろう。

　首都圏を対象にして状況分析を試みる。人口減少に加えて高齢化率が高まっている。2025年の高齢化率を見ると、千葉県30.0％、埼玉県28.4％、神奈川県27.2％、東京都25.2％である。とくに首都圏の大規模団地で一斉に高齢化が進んでいる[17]。それは子どもたちの姿が団地から消え、団地の学校が統廃合されることでもある。

　埼玉県は「平成22年度国勢調査」によれば、人口は719万人、3区分別で見ると、年少人口が13.3％、生産年齢人口66.3％、老齢人口20.4％（うち75歳以上人口8.2％）である。核家族世帯割合62.2％（全国2位）、昼間人口637万人（同5位）、昼間人口比率88.6％（同47位）、流入人口24万6000人（同4位）、流出人口10万6000人（同2位）、他都道府県からの転入15万8000人（同3位）、転出14万6000人（同4位）、転入超過率0.16（同3位）。また、出生数5万7470人（同5位）、1000人当たり出生率8.1（同23位）、自然増減率△0.4（同6位）、合計特殊出生率1.23（同41位）である。このように人々の動きが活発で、人々の入れ替えの激しい東京近郊のベッドタウン地帯の特色をもっている。

　現在の人口719万から2040年には630万人になると見込まれているが、それは1990年代の水準に戻るだけとの見方もある。埼玉県内には40市、22町、

1村がある。政令指定都市さいたま市は、2015年7月現在の人口126万7000人（55万7000世帯）である。これはほぼ鳥取・島根両県を合わせた規模である。年齢別の内訳は14歳以下が17万1809人、15歳から64歳が81万8565人、65歳以上が27万6661人である。埼玉県は人口増の地域がある一方で、過疎が進行する地域も増加している。そのため学校統廃合も進行している。地方創生会議の推計では埼玉県の21市町村に消滅可能性があるとされた。2013年の合計特殊出生率が埼玉県全体では1.33であるが、たとえば鳩山町が0.63など1.0に満たない市町村が秩父、比企、大里地方において10自治体も存在している。

　まず、県立高校の事例から考えてみよう。埼玉県内中学校卒業者数の動向は、1989年3月をピークの11万5584人とし、2006年3月がボトムの6万3983人（ピーク時の55.4％）となっている。その後は若干上向くもほぼ同規模の卒業者数と見込まれている。東日本大震災と福島原発事故により町ごと引っ越した双葉町を避難所として受け入れた旧騎西高校を記憶している方もいるであろう。1990年代から定時制高校を中心とした廃校が進められ、それを含めた2005年前期再編整備計画（対象校11校）、2008年中期再編整備計画第1期（対象校13校）、2010年中期再編整備計画第2期（対象校8校）、さらに2009年には後期再編整備計画（対象校16校）が出されている。埼玉県は学校適正規模を、1学年当たり普通科高校320〜240人（8学級から6学級）、専門高校240人（6学級）、総合学科高校320〜240人（8学級から6学級）を標準と定めている。

　そのなかの1つに浦和商業定時制の廃校があった。2001年3月、埼玉県教育局の方針により、浦商定時制は蕨高校、与野高校の定時制課程とともに閉校となり、新しく創設されるパレットスクール・戸田翔陽高校に統合される計画が発表された。パレットスクールとは単位制の学校である。単位取得に特化した効率的な学校がつくられたのであるが、はたして学校の役割は単位取得だけなのであろうか。教職員、生徒の反対の運動があったにもかかわらず、2004年9月に統廃合が正式決定。2008年3月、浦商定時制は閉校となった。ある教員は次のように語っていた。

　　私は浦商定時制で、教師として、青年たちと生きることのすばらしさを

教えてもらいました。自己の殻に閉じこもり学校に行けず、未来を描けなかった子どもや、暴力でしか人との関係が結べなくなってしまった青年たち。その彼らの変貌。光り輝く瞬間に何度も立ち会いながら、人は変われるのだと、確信をもたせてもらいました。[18]

定時制高校は、たとえ生徒数は少ないにしても不登校生徒等の子どもたちの変貌する場所として機能してきた。学校統廃合は学校制度から子どもたちを追い出す要素があったのである。貧困、不登校、問題行動等の子どもを学校制度から排除する機能を定時制高校の統廃合が果たした面があるのである。

廃校された校舎の転用は、「1　需要が急拡大している特別支援学校への転用（上尾東高校は2009年度から「県立上尾かしの木特別支援学校」へ、所沢東高校と川本高校もそれぞれ10年度、11年度から特別支援学校に）、2　県関連施設への転用（行田女子高校には県立総合教育センター、吉見高校には県衛生研究所が移転）、3　私立高校へ（北川辺高校跡地への開智学園誘致）」の手法がとられている[19]。

神奈川県の県立学校の統廃合は、その意図がさらに鮮明である。つまり高校入学生徒の減少を契機にグローバル人材育成と基礎学力定着とに学校を分岐する計画である。12年間で142校から20～30校の削減を行うことを前提に、一方に国際バカロレア認定校を、他方に「クリエイティブスクール」と名づけられた基礎学力定着学校をつくる計画が、2015年の県議会で説明されている[20]。神奈川県では、グローバル人材とローカル人材の区分が高校段階から始まる。「学歴・学力保障」政策の高校版である。同様の試みは東京都で先行している。「学歴・学力保障」高校版として2003年から学力に不安を抱える生徒を対象とした「エンカレッジスクール」を複数校設置する一方で、グローバル人材育成のために東京都立国際高校において2015年から「国際バカロレア（IB）コース」を開設した。

都市部で義務制小中学校の統廃合問題が現れるのは大規模団地である。中山間部では、学校統廃合の目安は学校に複式学級をつくらないことである。都市部ではクラス替えができる1学年2学級以上が目安となる。首都圏の一部ではまだ流入を当て込んだマンション建設も見られ、とくに東京都では児童生徒数の拡大が課題となっている学区もある。2020年東京オリンピック施設が集中

する中央区、江東区の湾岸エリアは人口増加に伴う交通インフラと学校の整備が課題となっている。しかし、東京のベッドタウンとしてこれまで拡大してきた地域では、いち早く地域の少子高齢化が起きている。「団地住宅のサイズが家族のサイズを決定するという逆転の現象が普通のこととなった。世論調査でも子どもの数は 3 人を希望するが、現実には 2 人しか産めない、と答える夫婦が多かった」と、西川祐子（2004）は述べている[21]。団地へ一斉に入居した人たちは一斉に子どもを産み、育て、子どもたちは一斉に巣立ち、そして親は一斉に老いていった。その社会生活に必要な学校等の社会的基盤も一斉に消費され、また一斉に不要となっていった。

たとえば、川口市の駅前の芝園団地（最寄駅は JR 蕨駅）の小中学校である。川口市は小中学校適正規模適正配置基本方針をもっている。それによれば、存置を検討する基準は、小学校では全学年単学級であることと全児童数が 100 人程度以下になること、中学校では全学級数が 4 学級以下になることと全生徒数が 100 人程度以下になること、である。芝園小学校、芝東小学校、芝園中学校が廃校となり別の学校へ児童生徒は籍を移す措置が取られた。

このような状況は埼玉県内の他の都市でも見受けられる。埼玉新聞は「あらがえぬ少子化の波　団地の学校、役割終える」[22]という記事で、埼葛地域で東武伊勢崎線に沿って一度に造成された駅前団地が役割を終えた様子を伝えている。幸手団地（幸手市高野台駅）にあった 2 つの小学校は統廃合され、栄中学校も 2000 年 3 月で廃校となったことや、東洋一のマンモス団地と呼ばれた松原団地駅の草加市松原団地内の北谷小学校が花栗小学校と統合して松原小学校へ、開設当時は三郷駅などから東武バスで入った三郷市のみさと団地内にある 5 つの小学校と 2 つの中学校も学校統廃合を実施するとされたことなどが報告され、最後に幸手団地の自治会長の「団地は一つの家族のようなもの。団地の学校は人と人との結び付きが深かった」という述懐で結ばれている。このような述懐には、同じ生活水準、同じ生活環境という同質性へのなつかしさが背景にある。学校の跡地に再び高層マンションがつくられている地域があることも報告されているが、それはまた地域の継続性に課題を抱えている団地の歴史を先鋭化したかたちで繰り返す試みであろう。そしてそれは、湾岸エリアの高層マンション群の未来の姿でもある。江東区は人口が 50 万人を突破する勢いで

あり、人口急増に伴う保育園、小学校の不足が生じている。区内豊洲地区に小学校が2015年4月に1校、さらに2018年に2校開設される[23]。

なお、定数配置を財源的に保障する制度として義務教育費国庫負担制度が存在し、公立義務制諸学校の教職員限定三職種に関しては基幹職種として位置づけ、人事任用と給与負担を都道府県とし、そこに特定補助金3分の1をつけるシステムがある。ただし、2017年に、政令指定都市については政令指定都市費教職員制度が始まる[24]。これによって、学校統廃合による財源圧縮効果を政令指定都市自身が得ることになる。義務教育費国庫負担は3分の1であることから、3分の2を負担する地方自治体にとって統廃合による人件費削減効果は大きい。

以上、政策が60年ぶりに学校統廃合推進に転じたことを中心に、教育行財政の視点から見てきた。そこには重点投資される地域、捨てられる地域という深刻な背景と、子どもの貧困という厳しい状況とがあり、地域からの改善策が求められ、地域の取組をつなげながら政府に全国的な改善を求める方策が必要であると考えられる。

次に、脱統廃合、つまり小規模学校の存続に向けた取組の在り方を、手引の読解によって考えていきたい。

(5) 脱統廃合

ア 学校統廃合をしない、できない場合の方策について

地域創生という掛け声のなかで消滅させられようとしている地域がある。疲弊した地方で、世代を継承しながら生活を維持することは困難な状況に追い込まれている[25]。地方は選択と集中の政策の俎上に載っている。国によって選択されない地域は、そして財政投資を集中されない地域は、政府から見捨てられた地域ということであろう。それと軌を一にした教育施策として学校統廃合が始まろうとしている。日本列島の隅々まで義務教育諸学校を張り巡らしてきた明治以来の先人の営みが断ち切られようとしている。

小規模校で採算の合わない学校を統廃合して何を新たにつくろうとしている

のか。教育再生実行会議の第6次提言（2015年）では、すべての公立小中学校に、住民らが運営に参加する学校運営協議会（コミュニティスクール）を設置し、学校を核に地域活性化を図るとしている。2015年12月21日、中教審答申「新しい時代の教育や地方創生の実現に向けた学校の連携・協働の在り方と今後の推進方策について」では、必置ではなく、積極的に設置を目指す方針で決着した。この学校運営スタイルはイギリスの学校理事会制度をかたちばかりまねたものである。コミュニティスクールは本来住民自治による地域運営学校である。小さな地域でのまちづくりの一環に位置づけられる。その趣旨に則るのであれば望ましいものである。だが、かつて下村前文科相が究極の形態と語った「地方独立行政法人」[26]、つまり学校を法人化して公設民営や教育バウチャー制に道を開く戦略のなかで提言されているのであれば問題である。

　挙家離村という言葉がある。一家を挙げて、住み慣れた故郷を離れることである。生活環境に大きな比重を占める学校が統廃合されると、挙家離村を選択せざるを得ないケースも出てくる。少子高齢化に加えて平成の大合併が行われ、そこに「地方消滅」という言葉が加われば、住み続けられるかという不安が起こる。さらに学校が地域からなくなるという話には多大な効果がある。

　大都市中心部での過疎化による学校統廃合では、まだ近隣地域での学校統廃合（小中一貫の義務教育学校も含む）が可能であるが、中山間部では小学生が徒歩で通える距離での合併は困難な場合が多くなっている。たとえば、岐阜県の高山市は2005年2月に飛騨地方の周辺9町村と合併し、面積は広大な2177km²となった。この広さは2188km²の東京都とほぼ同程度である。そこで教育行政上の比較を試みた。2014年度学校基本調査によれば小学校児童数5017人、中学校生徒数2893人、合計7910人である。小学校数は合併前の24校が現在19校、中学校は13校が12校になっている。対して東京都の公立学校は小学校児童数55万8337人、中学校生徒数23万3931人、合計79万2268人。小学校1296校、中学校624校、合計1920校。密集度では比べようもない数値である。ここで、学校規模をざっくりと見てみたい。単純計算で高山市は1学校当たり255.16人規模、東京都は412.64人規模である。東京都の子どもたちに比べて半分程度の学校規模の生活をしている。さらに、教員が何人の子どもを見ているか比較してみる。高山市では教員1人当たり13.79人、東京都では17.14人

を見ている$^{(27)}$。なお、2014年度の人口比較では高山市が2916人に1校。東京都は6974人に1校である。全般的に見て、ほぼ同じ面積のなかで高山市がゆとりのある教育環境にあると読み取れる。この優位さは大切にしなければならない。そのなかでもっとも大きな課題は、子どもの小さな足で通える地理環境に学校があるかどうかである。高山市に合併した高根村は、「廃校が招いた過疎」として、NHK（2014年4月13日）に取り上げられている。村にあったすべての学校が消滅した。通えなければ挙家離村しかない。高齢化率は50％に急上昇した。

　高山市に限らず、これ以上の学校の統廃合は挙家離村を引き起こす可能性を高めると考えられる。たとえば、首都圏の一角を占める埼玉県のなかで人口減が顕著なのが秩父地方である。国立教育政策研究所の分析によるとすでに1980年代から減少が始まり、2010年に約11万人であるが、2040年には7万人程度までになる。とくに5～14歳人口は1980年が2万人、2010年には1万人、2040年には5000人になる見込みである$^{(28)}$。国立教育政策研究所によるレポートに描かれている小中学校の学校統廃合によって課題を整理する。

　小学校は2000年の31校から2013年には25校へ、中学校は2000年の17校から2013年に16校へと削減されている。とくに問題なのは秩父市に吸収合併された旧大滝村、旧吉田町地域での減少である。旧大滝村にあった小学校が2014年3月、中学校が2015年3月廃校となった。学級数の変化について「小学校で294学級から241学級へ18％程度、中学校で135学級から118学級程度減少している。この間、特別支援学級が増加したこと等を考慮して、単式普通学級に限定して再計算すると小中学校とも20％強の減少率となる。すなわち、児童生徒数の減少に伴い、秩父地域の小中学校も小規模化が進んだことがうかがえる」。児童生徒減少は学級によって緩和され、さらに学校統廃合が児童生徒数の減少率に比して加速していないことが、第1のポイントである。第2のポイントは、旧大滝村に見られるように吸収合併された自治体での統廃合が際立つことである。さらに第3のポイントは、下記に示されたように基礎自治体にとって財政面での合理化効果がきわめて小さいことである。すなわち、経費の多くが県費教職員の人件費であり、埼玉県が支出する。学校現業職員以外の給与費は基礎自治体では負担していないからである。具体的な数値を見て

みよう。「秩父市教育委員会が2014年3月の小学校統合で削減される経常経費は年300万円程度と試算しているように、学校統廃合を決める市町村レベルの経費削減効果は、県費負担教職員制度を背景に、非常に小さなものとなっているのが現状である」。

以上の3つのポイントから、市区町村にとって学校の統廃合は無理して実施する必要のないもので、もし1人でも在籍しているなら学校を存続させたほうが、スクールバスの運行費や道路整備を考慮するだけでも財政面からしても有効であることがわかる。

しかし、文科省は学校統廃合の促進策に転じた。このような政策転換は、どのような地域にあっても教育機会の平等を目指してきた教育行政の趣旨に反するばかりではなく、社会的なインフラを縮小することによって居住地を選ぶ自由を奪うことにもつながる。学校の統廃合がさらに広範囲での学校の統廃合につながる負のスパイラルを断ち切るために、根本的な検討が必要であろう。義務教育は自治事務である。現在の国家の指し示す地方消滅に抗うには、まず学校の設置者として学校統廃合をしない決断をし、財政的にもできるだけ誘導的な補助金や地方債による負債を負わない地域運営学校をつくり出す方策をとることが、より持続可能な未来を築くことになる。社会資本としての役割をもつ学校を評価する必要があると考える。生活機能を中心にして地域を守る、学校を守るという姿のなかに草の根の革新がある。それには、公選制の地域運営学校が望まれる。公設公営学校の形態をとり、機関補助型の教育行財政を住民自治によって維持・充実することである。

すでに述べたように、2015年1月27日、文科省は事務次官名による「公立小学校・中学校の適正規模・適正配置等に関する手引の策定について（通知）」を都道府県教育委員会教育長等に通知した。1956年に通知が出されてから約60年ぶりに、そしてその修正が出た1973年から約40年ぶりに強力な学校統廃合政策に転換し、統廃合に向けた手引を出すに至った。あわせて、2015年1月28日付事務連絡「少子化に対応した活力ある学校づくりに活用可能な予算事業について」（以下、「2015事務連絡」と略す）を、初等中等教育局初等中等教育企画課教育制度改革室長名で各都道府県・指定都市教育委員会教育長宛てに送付した。

繰り返すが、手引には、1学年1学級未満の複式学級が存在する小規模学校は、へき地、離島などの特別な事情がない限り統合すべき、との見解が述べられ、統廃合にあたっての優遇政策が示されている。同時に、手引には、第4章「小規模校を存続させる場合の教育の充実」や第5章「休校した学校の再開」という項目も入れられ、バランスのよい手引とみなすこともできる。そこから、たとえば琉球新報のように手引を「存続模索する契機にしたい」[29]と報じる見方も出てくる。実際、手引の第4章を見ると、学校統廃合をしない選択の方が、豊かな公教育を実現できると思えてくる内容が描かれている。

政治的な経緯からすれば、経済合理性から見た救う地域（学校）と見捨てる地域（学校）とに区分されていると判断できるが[30]、見捨てる地域であっても自立的に活性化ができるところについては一定の範囲で評価し、援助する姿勢を示していると考えることができる。このことから、今回の手引の特徴の1つは、排除しつつ包摂する姿勢のなかで、選択可能なメニューを提示することにある。

学校統廃合をしない場合の主体的な方策について検討する。その際に、文科省が手引のなかで挙げた項目や「2015事務連絡」によって補助金等のかたちで示した項目について検討を加え、財源の措置部分にも立ち入って考察を試みる。

イ 手引の分析

① 手引の前提条件への批判

手引はいくつかの論証されていない観点による一面的な学校観に立っている。第1章は位置づけである。そこには、「切磋琢磨することを通じて一人一人の資質や能力を伸ばしていくという学校の特質」を前提とするとしている。学校は共同学習の場であり、それはともに学ぶための施設であり、助け合うこと、教え合うこと、啓発されることなど、たくさんの要素の1つに切磋琢磨、競い合うという要素があるのであって、これが第一義的な学校の要素ではない。また、「小規模校では個別指導が行いやすい等の利点もある一方、社会性の育成に制約が生じる」とも分析をしている。社会性の育成は、学校が社会と有機的な結びつきを維持している限りで有効性がある。義務教育段階の公立学校は物理的な地域性のなかで教育効果が保障される。数値化された学力ではな

く、実際の生活に役立つ学習効果は、小さな子どもが徒歩で行き帰りできる地域のなかの学校でこそより多く獲得できる。遠方の施設という地域から隔離した環境でする学習は、地域や保護者の目から離れてしまい、統合校が特定のイデオロギーによって「国家・社会の形成者としての基本的資質を養うことを目的」とする純粋培養器になる危険性が生じる。以上のことを踏まえれば、「あくまでも児童生徒の教育条件の改善の観点を中心に据える」ためには、子どもが地域の実態に不断に触れられる、そして地域や保護者が不断に子どもの学びに関与できる条件が教育を考える場合の最優先事項となる、といえる。少なくとも、地方分権の教育改革に踏み出して以降、「地域の宝」としての子どもたちの姿が見える環境を保持するという視点が優先されなければ、単なる財政論議となってしまう。

　なお、「適正規模」がキーワードの1つとして重要視されている。それには学級の組み替えによる効果と、複式学級の課題などが具体的には含まれる。それぞれ重要な課題であるが、学級規模、学校規模についても教育学的に小規模学級・学校だと効果が少ないという研究は成果が出ていない。日本では明治以来、義務教育段おいての学校規模については大規模化を嫌って、上限基準を設けてきたと理解することができる[31]。ところが、国会の議を経ていない省令（学校教育法施行規則第41・79条）によって学校統廃合を目的としてつくられた12学級から18学級が適正という標準が、独り歩きしているのである。2013年度学校基本調査によれば、小学校11学級以下は46.1％、中学校11学級以下が51.7％である。現状に合わせて基本となる学校規模を1学年1学級にすることが、教育行財政から見ると合理的な判断である。手引の適正規模・適正配置等の考え方そのものの見直しが検討されるべきである。1学年1学級以下を解消することを眼目とするのではなく、適正さの基準から改めることで、「少子化に対応した活力ある学校づくり」が見えてくる。少子化を前提とするのではなく、地域の持続可能性のなかで子どもの成長を保障する制度をつくり出すことが、もっとも重要な課題である。

② 適正規模・適正配置

　手引では学級数が少ないことのデメリットとして「クラス替えが全部又は一

部の学年でできない」など14項目、複式学級によるデメリットとして「教員に特別な指導技術が求められる」など5項目、複数の学級の場合のメリットとして「児童生徒同士の人間関係や児童生徒と教員との人間関係に配慮した学級編制ができる」など7項目を挙げる。また、教職員数が少なくなることによる学校運営上の課題は、「経験年数、専門性、男女比等バランスのとれた教職員配置やそれらを活かした指導の充実が困難になる」など11項目、学校運営上の課題が児童生徒に与える影響は、「集団の中で自己主張をしたり、他者を尊重する経験を積みにくく、社会性やコミュニケーション能力が身につきにくい」など9項目列挙する。このような多数の項目を羅列的に並べたうえで学級数の考え方を示した。小学校ではまず複式学級を解消するために1学年1学級以上であることが望ましいとした。中学校では1学年2学級以上を必要とした。あわせて児童生徒総数など考慮すべきとしている。さらに学級数が少ないことによる顕著な課題として、「遠足や修学旅行等の集団生活の教育効果が下がる」など8項目を掲げ判断材料とすべきとしている。学校全体の児童生徒数のとくに顕著な課題として「クラブ活動や部活動の種類が限定される」など4項目を挙げている。だが、部活動が学校教育にとって必須なものでないことは、学習指導要領を見るまでもなく明らかである。現状の課題を並べたうえで、次に「学校規模の標準を下回る場合の対応の目安」を小学校と中学校とに分けて整理している。

　図表17によれば、いずれも将来への予測に立った学校統廃合計画の検討を求めていることがわかる。該当校を見ればまず、小学校では5学級以下の学校は11.4％（2346校）、中学校では20.9％（2028校）が当てはまる。それ以上の規模の学校でも複式学級があれば学校統廃合の対象となる。

　その他、大規模および過大規模校については7項目が指摘されている。

　手引では合わせて通学条件について変更が示されている。これまで自転車や徒歩による片道で小学校4km、中学校6km以内を通学距離としてきた[32]。今回、時間設定も入れることで大幅な遠距離化に拍車をかける手引となった。すなわち、「適切な交通手段が確保でき、かつ遠距離通学や長時間通学によるデメリットを一定程度解消できる見通しが立つということを前提として、通学時間について、「概ね1時間以内」を一応の目安と」することが示された。これ

図表17　学校統廃合計画

小学校規模別対応			中学校規模別対応		
学校規模	説明	対応	学校規模	説明	対応
1～5学級	複式学級が存在する規模	統廃合を速やかに検討、困難な場合は別途方策を検討	1～2学級	複式学級が存在する規模	統廃合を速やかに検討、困難な場合は別途方策を検討
			3学級	クラス替えができない規模	将来、複式学級が見込まれる場合は上述の対応
			4～5学級	全学年ではクラス替えができない学年が少ない規模	将来人数予測を行い上述の対応
6学級	クラス替えができない規模	将来、複式学級が見込まれる場合は上述の対応	6～8学級	全学年でクラス替えができ、同学年に複数教員を配置できる規模	学校規模が十分でないための課題を確認し、将来人数予測を加味した検討
7～8学級	全学年ではクラス替えができない規模	将来人数予測を行い上述の対応			
9～11学級	半分以上の学年でクラス替えができる規模	将来人数予測を行い、教育環境のあり方を検討	9～11学級	全学年でクラス替えができ、同学年で複数教員配置や、免許外指導の解消が可能な規模	将来人数予測を加味した検討

[出典]　文科省「公立小学校・中学校の適正規模・適正配置等に関する手引」により作成

はスクールバスの導入や多様な交通機関の活用事例が増加したからとの説明がなされているが、地方の実態では、交通機関は廃止ないし削減される傾向にあることを看過した判断だと考えることができる。詳しくは後述する。

③ 学校統合の留意点

　学校統廃合に向けて、地域住民等との合意形成のために統合の効果を示すことを求めている。児童生徒への直接的な効果として「良い意味での競い合いが生まれた、向上心が高まった」など10項目、指導体制、方法、環境整備等の効果として「複式学級が解消された」など12項目が列挙されている。とくに注意を喚起しているのは、統合しても文科省が考える適正規模に満たない場合でも、統合を進めるための住民合意の獲得の必要性である。文科省は正当化が難しくても統合を求めている。これらの留意点を踏まえて地域、保護者を巻き込んだ検討委員会などの設立を手引に載せるとともに、着目点として地域コミュニティの核であることをとらえて首長部局との緊密な連携、とくに総合教

育会議での教育大綱の策定、地方ごとで策定する努力義務がある「市町村まち・ひと・しごと創生総合戦略」との関連づけも課題とされている。地域住民等との合意形成で期待されているのは学校運営協議会（コミュニティスクール）と学校支援地域本部である。とくにコミュニティスクールは、地域の核としての学校づくりのために必置が一部関係者から打ち出されている。統合過程から設置することで、むしろ学校統廃合の推進役となる可能性もある。また、地方大学による統廃合の推進や「魅力ある学校づくり」のためのカリキュラム、たとえば小中一貫教育などへの共同研究を勧めている。保幼小等の連携・接続や中高連携や小中一体となった学校運営体制、そして学校の複合機能など「魅力」を引き出すことが求められている。付加価値をつくって合併を納得させる手法は、地域共同の営みとしてある学校の姿を覆い隠す役割となってしまっている。

　他方で課題に対しては、遠距離通学になるためスクールバス等の多様な交通手段の導入が示され、スクールバス通学に伴う体力低下問題や車内での学習も提示されている。その他学校統廃合に向けての課題が事細かに列挙されているが、本質的な課題というより統廃合に向けた実務的なスケジュール上の処理項目が手引に載せられているととらえることができる。

④ **小規模校を存続させる場合**

　学校統廃合の推進の必要性の説明とその統合過程を速やかに進めるための実務上の項目が手引に記されている。しかし、へき地、離島など学校統廃合ができない地域がある。また、地域の核としての重要性の認識から学校統廃合を拒む地域もある。つまり学校統廃合をしない地域がある。できない、しない地域の学校に対して、手引では次のような対応策を講ずることを勧めている。手引第４章には学校統廃合を選択しない場合について、「離島や山間部、豪雪地帯など」の５ケースを挙げている。小規模校のメリットは指導の充実として「一人一人の学習状況や学習内容の定着状況を的確に把握でき、補充指導や個別指導を含めたきめ細かな指導が行いやすい」など９項目、そのための「ICTを効果的に活用し、一定レベルの基礎学力をすべての児童生徒に保障する」など９項目の取組が紹介され、教育課程特例校制度の活用などによる特色あるカリ

147

キュラム編成を求めている。また、社会性を涵養する機会や多様な意見に触れる機会の少なさなどの小規模校で生じるとされるデメリット緩和策として、小中一貫学校教育（義務教育学校）の導入などによる一定の集団規模の確保など12項目が挙げられ、切磋琢磨する機会を創出する工夫が各種検定、コンクールへの参加や姉妹校指定などのかたちで提起されている。

　教育行政上の重要課題となるのは教職員体制である。財務省からも人件費の削減が強く求められている。教職員体制の整備等として複数学校間の兼務発令、巡回指導システム、学校事務の共同実施、教員の「地域枠」採用など6項目を講じる工夫として示している。それを補完するために地域のリソースの有効活用を、図書の地域間総合融通システムや教材教具の共同利用システムなど3項目に例示している。さらに、手引第5章では休校した場合の再開の可能性も示し、学校統廃合を推進するための担保としている。しかし、休校扱いについては会計検査院からの指摘があり、2005年に休校から廃校へ多数の学校を処分した経緯もあることから、「休校」扱いは心の拠り所以上の効果を発揮するのは難しいのが現実ではないだろうか。それよりは休校とせず、小規模校として活路を見出す方策を選ぶことのほうが、将来への持続可能性は高いと判断すべきである。

　手引第6章においては、義務制諸学校の設置主体を「指導・助言・援助」する都道府県に対して、文科省の作成配布した手引を参照として、都道府県ごとにガイドラインを整備することを期待している。給与費の3分の2を担う都道府県が判断の基準を設定し、迅速な学校統廃合を行うよう市区町村に後押しをすることが求められている。人件費削減のために都道府県も応じるであろう。

ウ しない、できない場合の具体的方策

① 小さな学校の評価と工夫

　手引第4章に書かれているように、小規模学校は、義務教育として初等中等教育を実施する原点が見える素晴らしい実践が可能な学校形態である。地域から見える小さな学校は魅力的である。したがって、学校統廃合を極力回避しつつ、地域の実態に応じた教育実践を積み重ねていくことが重要である。それは

政府が最重要課題として掲げる少子化対策から見ても、全国津々浦々に義務制諸学校があることが、子育てに優しい環境づくりそのものであり、連動性の強い政策になる。

宮崎県五ヶ瀬町教育長であった日渡円（2008）は、横浜市との人口比を示して、町が10倍優位な差があること（五ヶ瀬町800人1校、横浜市8000人1校）に関して以下のようなコメントを出している。すなわち、「変えることの出来なかった条件が五ヶ瀬に学校の設置率の高さを生み出したのである。教育の世界はこの設置率の高さを小規模と言い換えてきたのである」と肯定的に見ることを主張している(33)。そして、「町を一つの学校」とみなして、小規模学校をネットワーク化し、教科の授業等の必要に応じてスクールバスを運行させた。日渡は次のように述べている。

　　資源全体を覆うドーム型の義務教育一貫教育が五ヶ瀬の求めている学校である。1校1校の規模が小さいことから当然1校の教職員の数は少なくなる。この小規模校の弱点を補って多様な人材を活用するためにも町内の全ての学校で緩やかな一つの義務教育学校を構成すると見なすことができる。

さらに、スクールバスは行き帰りの足というより柔軟な組み合わせによる地域一体の教育を行うための機動力として活用すべきことが提案されている。このように発想を変えれば、統廃合以外の工夫はできるのである。

統廃合をしない場合の代替案としては、手引で提示しているICT活用の遠隔授業が目立つ。ICT活用を否定はしないが、有効な代替策としては2015年度から高校段階で始められたばかりである。効果は未知数である。

これまで手引のテキスト批評を行ってきた。以下では、公設民営などの手法ではなく、現行の公設公営学校への機関補助型の教育行財政に基づきながら、子どもの最善の利益に沿った「しない、できない」場合の方策を検討する。手引とともに「2015事務連絡」も参照して、学級標準、定数、学校施設環境、スクールバスの4課題を追究し、その可能性を探っていきたい。

② 教職員定数、複式学級標準の改善

　これまで学校統廃合の目安として一般的に考えられてきたのは、中山間部では複式学級であり、都市部ではクラス替えのできなくなる1学年2学級を下回る場合であった。以下、今回の手引の統廃合の基準である複式学級について重点的に検討をする。公立学校の設置主体は地方自治体である。しかし、設置にあたっては国からのさまざまな規制があり、全国的な標準化が図られてきた。そのシステムを概括する。21世紀になって教育においても地方分権化が進められ、全国的な標準を弾力的に運用する権限が「分権」されてきた。これまでも述べてきたように12学級から18学級を標準学級基準として把握されてきた。学級編制や1学級の児童・生徒数についての標準は、義務標準法第3条で「学級編制の標準」として定められている。学級規模も義務標準法によって、小学校1年生は35人学級、それ以外は40人学級を標準とし、それらの標準に対して教職員定数が定められている。教職員定数の配置に対しては、2000年代になると都道府県による弾力的な配置や市区町村の独自任用が可能となった。代表的な指標では、35人学級等の独自改善である。たとえば、大分県では小中学校30人以下学級が実施されている。

　学年ごとに学級編制をする場合を単式学級といい、小規模校の場合など同学年で1学級をつくれない場合に数学年一体としたものを複式学級といい、その設置が可能となっている。ただし、日本では例外的な措置としてみなされているが、今後は学習効果が発揮できる一方策としての積極的な評価を含めて、名称を学年統合学級などに変更することが望まれる。複式学級はフィンランドなど世界中で見かける。そこでは異学年の子どもたちが一緒になって勉強をしている。上級生が下級生の勉強の手助けをすることも当たり前である。教える、あるいは学ぶ区分けをどのようにするのか、日本では年齢による分け方を基本としているが、年齢が異なる子どもたちを混ぜる「異学年混合学級」の積極的な評価も同時に研究されてよい。どちらが効果的な集団学習の方法なのかは一概にはいえない。現在の設置基準を見てみる。学級編制の原則は「同学年の児童又は生徒で編制する」ことである。例外として「児童又は生徒の数が著しく少ないかその他特別の事情がある場合においては、数学年の児童又は生徒を一学級に編制することができる」とされている。複式学級の基準は、小学校では

2学年の児童で編制する場合には合わせて児童数16人以下とする。1年生を含む場合では1学級当たり児童数8人以下とする。中学校では複式学級は2学年の生徒で編制する場合、合わせて生徒数8人以下とする[34]。飛び複式学級の場合の標準も別に定められている。

「平成26年度学校基本調査」によれば、小学校の複式学級数は5046学級で、前年度より189学級減少している。中学校の複式学級数は183学級で、前年度より9学級減少している。複式学級の設置は地域的な格差がある。小学校数の多い都道府県を順に挙げてみよう。北海道739校、鹿児島県524校、福島県215校、岩手県211校、長崎県203校、山口県182校である。すでに鹿児島県については、その衝撃の深さを見た。

校数の順位なので、都道府県内で占める割合、したがって深刻さはまた別である。その深刻さは、各地のローカル紙、ローカル局の手引に対する反応に現れている。東奥日報は青森県の様子を、「県内の公立小中学校472校（小学校309校、中学校163校）のうち、該当するのは37市町村の211校（小学校167校、中学校44校）。郡部に限らず市部でも該当校は多く、青森、八戸、弘前の3市教委は手引を「参考」と受け止めつつ、慎重に検討を進める方針だ」（「学校統廃合、青森県内は211校が該当／文科省の公立小中学校「手引」」2015年2月12日）と書いた。岩手日報は、「文科省が公表した手引案で、統合の適否を検討する必要があるとした6学級以下の小学校は県内で132校、3学級以下の中学校は29校に上る。全体に占める割合は小学校が38.2％、中学校は17.1％で、各市町村教委の対応が注目される。葛巻町は、町内の5小学校、3中学校のすべてが対象となるが、統合の検討に速やかに入る考えはない。中田直雅教育長は「枠を設けることは必要だと思うが、地域ごとの実情がある。葛巻町にとって既存の学校は地域の核であり、なくす議論の検討は難しい」と指摘する」（「小学校132校、中学校29校に　県内、廃合検討対象」2015年1月20日）。また、KNBは富山県の様子を、「小学校78校と中学校9校のあわせて87校が対象。文部科学省が公表した小中学校の統廃合に関する手引き案について県内の小学校では、およそ4割に当たる78校が対象となります」（「統廃合手引き案、小中学校の対象は87校（富山県）」2015年1月20日）と放送し、四国新聞は、「香川県教委によると、県内の公立小中学校のうち、6学級以下の小学校は全173校中

65校、3学級以下の中学校は全70校中12校（ともに昨年5月1日現在・休校中を除く）」（「小中学校1学年1学級以下統廃合／文科省が手引案」2015年1月20日）と報じるなど、悲鳴ともつかないフレーズが続いている。

　なぜ、地方自治体のこのような悲鳴を聞きながらも、文科省は学校統廃合に邁進するのであろうか。それは、学校統廃合によって浮いた文教予算の一部を政策的な予算に回すことが可能となるからである。2014年8月末の文科省の2015年度概算要求では次のように記されていた。文科省は人的な措置として今後10年間を見通した教職員定数改善計画（計3万1800人）を立てて、初年度分として2760人を要求した。そのうち、学校統廃合としての学校適正化への支援では、学校統廃合にかかわる支援360人、複式学級編制の標準引下げ120人を算定していた。学校統廃合支援360人要求のうち、220人が政府原案に載せられたのである。しかし、複式学級の引き下げについて、小学校16人を14人に、中学校8人を4人に改善する要求は財務省に認められず、政府原案では複式学級の改善はなかった。複式学級標準が改善すれば該当校数は絞られたはずである。

　すでに述べたように、定数配置について都道府県独自基準や市区町村独自配置をしている地方自治体は多い。複式学級標準についても複式学級を緩和、ないし置かない基準設定をしている県がある。長野県では単式学級を維持してきた。「平成15年度の国基準による複式学級数は58であったが、平成25年度には79となり、10年間でおよそ1.4倍になっている。長野県は、これまで複式学級を解消し単式学級化するための教員を、国基準を上回って配置してきたが、今後さらに国基準の複式学級が増加する場合には、様々な教育課題が生まれてきている中で、将来的に現在の状況を維持し続けることは困難になっている」と、厳しい判断に追い込まれている[35]。

　学校の統廃合問題では教える側の人的要素をどのようにするのかが重要と考えられる。改善するためには、標準学級規模について、12学級から18学級という枠組みを実態に合わせて1学年1学級に改善し、それに伴う教職員定数改善計画を策定すべきであると主張してきた。次にその定数の内容として小規模学校や過大規模学校への重点配備、そして複式学級の定数改善が求められる。この基本的な視点に基づけば、学校の統廃合を所与とする発想には至りつかな

い。また、手引では、「教員の採用および人事において特定地域での勤務を前提とした「地域枠」を設ける」工夫が取り上げられているが、この地域枠は賛成である。教員をはじめ学校職員は、本来、設置者である地方自治体の職員の1人として、地域密着型の公務員であるべきである。定期的な人事異動がある教職員制度は世界の通常のかたちではない。義務教育費国庫負担制度によって都道府県費教職員となってしまったための課題の1つであるという視点も成り立つ。教科担任制による小規模校での免許外担任などの弊害を除去するためには、ICT活用[36]とともに地域巡回指導教員などの制度の導入も方策の1つと考えられる。子どもたちが遠距離の統合校に毎日出向くのではなく、小規模校を地域に存続させ、そこに必要な学校職員が巡回指導する制度である。このような措置を義務標準法に位置づけることも検討すべきである。2016年度予算において、統合前1年から統合後の5年間の支援として、50人とともに、小規模校における質の高い学校教育に向けた支援のための10人が加配されたことは評価されてよい。

③ 学校施設環境、スクールバスの課題

　学校の統廃合は、学校職員の配置問題とともに学校施設環境そのものの課題である。学校を統合し、また廃校にするのは、環境の大幅な変更をもたらす。これまで学校建築の課題は耐震補強であった。現在は、地方自治体の公共施設全体の老朽化問題が、地方自治体の財政に重くのしかかっている。そのなかで建築後25年以上経過した学校施設は約7割を占めている。もっとも古典的でもっとも効果的な誘導政策は、学校統廃合時の校舎建築に対する国庫補助である。統廃合を誘導させるその具体策についてはすでに述べた通りである。学校運営協議会、義務教育学校制度の新設、総合教育会議の導入も加速させる装置になることも言及してきた。確かに、まちづくりと連動した学校の在り方を検討することは、それ自体は重要である。まちが持続するためにも学校の統廃合には慎重な判断が必要となる。直接的に地域住民の意見を集約する民主的な制度設計が待たれる。

　学校の寄宿舎も再度注目されている。特別支援教育以外では寄宿舎は減少してきた。しかし、学校統廃合が加速し、遠距離通学が拡大すれば、寄宿舎制度

という方策も検討材料となる。たとえば、高知工科大学のグループは、文科省「へき地等における寄宿舎学校に関する実践的調査研究」の委託事業を受けて寄宿舎を公設民営とすることで再評価する研究を行っている[37]。通学圏を拡大し（片道通学自家用車で2時間程度）、一定規模の子どもたちを集め、土日を除く週日を学校に近接する宿泊施設で過ごして学ぶ方法が考えられている。学校経営全体を公設民営するのではなく寄宿舎のみということであるが、公設民営には疑問の残るところである[38]。

　学校統廃合を考える場合も、小学校同士の統合だけではなく、小中学校の統合型一貫学校のパターンや、学校間だけではなく高齢者施設や子ども関連施設との地域統合施設のパターン（代表的事例は札幌市立資生館小学校）も検討する必要がある。地域の存続にとって最適な公共施設の組み合わせが重要である。また、すべての学校に教育課程をこなすための施設、備品、教材をフル装備することは、財政的に負担が重過ぎると考えられる。近隣の学校をネットワーク化して相互に融通し合うシステムがあれば事足りる場合がたくさんある。たとえば、すべての学校にプールを設置する必要はない。住民が活用できる全天候型のプールを地域に1つつくり、スクールバス等を活用して乗り入れる手法に転ずれば採算性は高まる。海老名市等では学校プールを全廃している。これからは、学習内容も含めてより柔軟な創意工夫が求められる。他方、現在の学校にまちが必要な機能を付加すること、たとえば空き教室を以下に述べるスクールバスとコミュニティバスの混合運行を管理するNPO法人の事務所に利用するなど、を計画し、複合施設化する具体的な改善の積み重ねも必要である。

　小さな足で通うのは小さな距離が望ましい[39]。これは誰しも異議のないところであろう。それにもかかわらず、現在の基準は、児童生徒の体力や生活合理性から判断されたのではなく、学校建築の国庫補助をする場合の限度設定によるものであった。今回、片道小学生4km、中学生6kmというこれまでの距離による判断基準に、通学時間片道1時間の設定が加わった。それには、徒歩、自転車に加えて、スクールバスを基本とする交通機関、交通用具の活用を必要とする。6歳の子どもでも通学1時間という設定には合理的な範囲を超えている。見直すべきである。

　地方自治体は、学校統廃合をするために円滑な通学ができる道路の整備か

ら始めなくてはならない。遠距離となればそれだけ整備費用も増加する。積雪地帯ではその維持管理費もかさむ。スクールバスについては国庫補助があり、「へき地児童生徒援助費等補助金交付要綱」によって細目が定められている。文科省による「国内におけるスクールバス活用状況等調査報告」(2008 年)によれば、①多くの市区町村においてスクールバスが導入されているが、利用児童生徒数は少数に止まっている。62.7％（1132 自治体）の市区町村においてスクールバスを導入。スクールバスの運営経費（路線バス等を活用する場合は、行政負担額のみ）は、一部保護者負担を含め年間約 353 億円。スクールバスを活用している児童生徒は約 18 万人（全小中学生数の約 1.7％）。②導入自治体の 82％（929 自治体）が専用スクールバスを活用、55％（624 自治体）が路線バス等を活用し、遠距離児童生徒の対応を中心に地域特性に応じた運行を行っている（両者の併用を含む）。個別事例では、保護者が独自に専用スクールバスの運行を行っている例（鹿児島市等）も調査報告がされている。結論として以下の 4 課題を挙げている。①スクールバス、路線バス、タクシー等の多様な形態の活用。②地域ぐるみで支えるという意識。③乗降場所の安全配慮。④総合的な交通体系のなかで検討を行うことである。

　この調査報告の背景として通学時の安全確保があるため、学校統廃合における交通手段確保と論点がずれる分析もあるが、この調査報告を踏まえて検討をする。とくにスクールバスについては、通学時以外に利用されていないことは問題である。学校間連携の機能力としての活用も必要である。地方自治体が路線バスの廃止などによる住民の交通手段確保の観点から進めているコミュニティバスとの共用の観点も必要である。あわせて、地域全体の「足」の確保の視点からは、路線バスの廃止を回避するために、路線バスとコミュニティバス、スクールバスの混合化によって利用率を高めることも重要な課題である。利用者からの要望（予約）に応じて運行するデマンド型も検討材料の 1 つである。

　手引でもスクールバスは学校統廃合の生命線である。そのために以下の 7 項目の取組を打ち出し、体力低下や肥満対策にまで言及した。学校管理下の範囲の課題もあり、通学という理由でここまで教育的な管理をする必要があるのだろうか。その 7 項目は、①歩数の目標を定めて校門から一定の距離でスクールバス等を乗降車させたり、歩数計を活用したりして運動量の確保に努める。

②放課後なども含めて1日の運動時間の目安を定め、運動を推奨する。③遊具や運動場等の運動環境の改善を進めるとともに、体育の授業で体を動かす時間を意識的に増やしたり、学校教育全体を通して体力づくり活動を充実させたりする。④長時間乗車後、円滑に授業に入っていけるよう、スクールバス等の到着時間と始業時間との間に余裕をもたせ、降車後に軽い運動の時間を設けたり、始業の直前や直後に脳の認知機能を活性化させるトレーニングの時間（短時間での計算、音読等）を設けたりする。⑤スクールバス等のなかで音声教材を活用した学習活動を行う、図書館司書等の同乗により朗読活動を行う、放課後子供教室等との連携により指導員が同乗するなど乗車時間の有効活用を図る。⑥授業終了からスクールバス等の乗車時間までの時間に余裕をもたせるなどして、集団での外遊びの時間、放課後の補習の時間や宿題に取り組む時間を確保する。⑦スクールバス等の時間を複数設定するなどして、放課後子供教室等との連携により希望者が参加できる多様な活動の時間を設定する、である。

これら7項目以上に重要なのが物理的なスクールバスの確保と運行である。「2015事務連絡」の別紙の活用可能な予算一覧の最初に掲げられているのが、施設・設備・スクールバス等の措置である。その1項目はへき地児童生徒援助費等補助金である。補助率は2分の1である。「へき地児童生徒援助費等補助金」は16億1582万円。前年度比1.23倍。補助対象は4項目に分かれている。そのうちスクールバス・ボート等購入費は7億6500万円（前年度比約1.5倍）を措置している。スクールバス等購入費の補助率変更はない。台数は2014年度と同じく203台。単価は2014年度の257万円から2015年度は377万円（120万円増）に増額された。その理由は、「へき地児童生徒援助費等補助金交付要綱」で、補助限度額及び補助率は「別に通知する額を限度として、購入費の1／2の額」とし、257万円を限度としていたが、従来の限度額では購入できなかった中型のマイクロバスを購入できるようにするためである。

バス購入費のみならず通学費支援についても補助が出る。だが、運行経費の国庫補助は統廃合後5年までの一定年限である。その後は地方自治体の自主財源によって運行を維持することになる。その分は地方交付税交付金の算定基礎にはある。スクールバスは、市町村が所有する場合で運行をバス会社等に委託

するケース、所有せずに委託する場合についても算定基礎に該当する。それは計算上の数値であり、特定目的に限定された交付金ではない。したがって、地方自治体が財政支出をしない場合には、保護者負担、そして学区の地域住民の寄付によってNPO法人が運営するケースも出てくる。いずれの場合でも、部活動などによって保護者の自家用車による送迎も必要となっている。それが多大な負担となっている。「へき地児童生徒援助費等補助金」の２項目は遠距離通学費である。金額は４億6800万円である。遠距離通学費、寄宿舎居住費、高度へき地修学旅行費に分かれている。そのほとんどが遠距離通学費である。該当児童生徒数は5700人。単価は小学生10万4900円。中学生16万3700円。３項目は保健管理費である。これは健康診断等を行う医師、歯科医師および薬剤師の派遣、心電図検診の実施を円滑に行うために必要な経費に対する補助費として前年度同様の5100万円。４項目目に離島高校生修学支援事業がある。高校未設置離島の高校生を対象に、負担が重くなっている通学費、居住費に要する経費を支援する都道府県および市町村に対する補助として前年同様の３億3200万円が計上されている。

　学校統廃合の積極的な推進に転じた文科省であるが、学校統合に伴う通学費を負担した費用の２分の１国庫補助は、補助の開始から５年までという限定を取り払っていない。スクールバスを利用する場合には、年数限定の改善とともに、利便性が高く、また低コストの地方交通網の形成のなかで、路線バス、コミュニティバスとの一体化・混合化を基本として、学校行事などへの柔軟性、緊急対応性をどのように構築するのか、教育委員会レベルを超えたまちづくりとしての判断が求められている。

エ 存続の意志を

　地方財政は乏しい。地方自治体に産業がなければ税収もわずかである。たとえ産業を誘致しても、かけた経費に比べて雇用の創出は小さい。そのなかで少子高齢化の厳しい現実が進行している。政府は選択と集中による地方消滅を進めようとしている。公教育も選択と集中がかけられ、国や都道府県にとって採算の合わない小規模学校は統廃合を求められている。推進の論理として使われ

ているのが、財政効率化の論理から発する適正規模、教職員配置、そして学校施設環境である。いずれも、文科省が省令や通知で定めた机上の基準に則ったものが多い。しかし、そこに住む民の論理は違うはずである。挙家離村は避けたい。そのためには、できるだけ誘導的な補助金や地方債に飛びつかず、身の丈に合った自治的な財政運営が必要である。人口が減れば、それだけ地方債償還は重い負担となる。

　本章では、小規模学校の存続の可能性について、手引と「2015 事務連絡」を分析し、複式学級基準、教職員配置、学校環境整備、スクールバスなどの課題を焦点化して論述した。小規模学校の存続への展望は存続への意志から始まる。たとえば、新宿区が学校の統廃合をしない意志を示すと保護者が学区内小規模校に入学を選択した事例もある。熊本県太良木町では地域の熱意が実り、2014 年に 7 年ぶりに槻木小学校が再開された。児童は一人であるが入学式には 120 人の住民の参加があった。また、同じ 2014 年には過疎の島である香川県男木島でも、瀬戸内国際芸術祭をきっかけとした U ターン定住者の子どもたちのために高松市立男木小、中学校が再開された。2015 年 3 月には瀬戸内横串サミット in 周防大島「教育で島をつなぐ」が開催され、U ターン増加のためには教育が要であるとの課題が掘り起こされている[40]。今回の分析は義務制の分析が主であった。浦商定時制の事例など高校の統廃合の問題にも少し触れた。存続の意志の問題でいえば、広く知られた事例として、島根県立島前高校の廃校を拒んで全国から高校生を募集するなかで、学校のある隠岐島の海上町の人口の 1 割以上が島外からの移住者となるような状況も生まれている。このように続々と取組が生まれているのである。

　存続の意志が事態を変える。「いつの日かなりたいと思うものを感じとれる場所」をつくること、そして、それを子どもたちがいつも見て育つことが一番大切なことである。地域と学校とが分けられたとき、どちらも衰退していくのではないだろうか。

（1）毎日新聞「実業系高校 8 年間で 1 割減少　進学志向高まり」2012 年 11 月 14 日。
（2）朝日新聞「「学校外で義務教育」18 年にも新制度　自民慎重派容認」2015 年 11 月 13 日。

（3）ダイアン・ラヴィッチ『アメリカ　間違いがまかり通っている時代』東信堂、2015年、230〜264頁。日本でも株式会社立通信制高校「ウィッツ青山学園高校」の過度な定員と不正経理が2015年12月に表面化している。
（4）若林敬子『増補版　学校統廃合の社会学的研究』お茶の水書房、2012年、497〜498頁。
（5）浅川和幸「学校統廃合による中学生の生活と意識の変化」『北海道大学大学院教育学研究院紀要』117、2012年、1〜31頁。北海道の事例で、生徒数が変わらないのに3中学校を統廃合し1校にしたため、教諭数が28人から14人、教職員数が40人から19人へ削減され、子どもたちにとって友だちは増えたが教育効果は下がる、と分析している。
（6）文部省『学制百年史　資料編』1972年。
（7）京都新聞「財政効果で同床異夢」2014年7月29日。
（8）官庁速報「教員定数、実質的には増員　文部科学省(2)」2015年1月19日。
（9）官庁速報「学校統合、デメリットも提示　文部科学省(1)」2015年1月26日。
（10）文科省「学校施設の老朽化対策について」2013年3月15日によれば、今後30年間で38兆円が改修・改築経費としてかかる。ただし、長寿命化改修をする場合には30兆円に圧縮できると試算している。
（11）菅原敏夫「2015年度地方財政計画と自治体財政」埼玉県地方自治研究センター講演、2015年2月15日。
（12）「第1回大阪市総合教育会議開催結果」2015年4月28日。http://www.city.osaka.lg.jp/seisakukikakushitsu/page/0000308338.html（2015年10月13日閲覧）。朝日新聞「小学校統廃合したら予算優先　大阪市教委が方針」2015年4月28日。
（13）増田寛也編著『地方消滅』中央公論新社、2014年。
（14）山下祐介『地方消滅の罠』筑摩書房、2014年、68頁。
（15）小田切徳美『農山村は消滅しない』岩波書店、2014年、224頁。
（16）文科省「廃校施設活用状況実態調査」2014年11月13日。
（17）日本創成会議首都圏問題検討分科会『東京圏高齢化危機回避戦略』2015年6月4日、3頁。
（18）平野和弘編著『オレたちの学校　浦商定時制』草土文化、2008年、はじめに。
（19）読売新聞「北川辺高校　初の民間転用へ　開智学園が意欲」2009年7月10日。
（20）読売新聞「神奈川県立高校の国際バカロレア、1校指定へ」2015年9月11日。
（21）西川祐子『住まいと家族をめぐる物語』集英社、2004年、148頁。
（22）埼玉新聞「あらがえぬ少子化の波　団地の学校、役割終える」2009年3月29日。
（23）日本経済新聞「江東区、人口50万人突破」2015年6月16日。
（24）中村文夫「政令市費教職員制度の創設」『日本教育事務学会年報』第1号、日本教育事務学会、2014年、24〜35頁。
（25）酒川茂『地域社会における学校の拠点性』古今書院、2004年。瀬戸内海の島における

柑橘栽培の経営困難性から、「中学校でも、生徒に対して「将来、島に残ってみかんを作れと言わないでほしい」と、保護者から要望が出されたこともあるという。（略）みかんの開花時期を知らない児童が多いという調査結果もある」109 頁。
(26) 下村博文「公立小中学校の独立行政法人という究極の改革に向けて」『法律文化』Vol.262、2006 年、12〜27 頁。
(27) 高山市のデータは 2011 年度。児童生徒数 8313 人。教員数 603 人。東京都のデータは 2014 年度で教員数 4 万 6215 人。
(28) 国立教育政策研究所「第 11 章　埼玉県秩父地域の事例：学校教育行政面での課題を中心に」『人口減少社会における学校制度の設計と教育形態の開発のため総合研究最終報告』2014 年 3 月、177・184 頁。
(29) 琉球新報「学校統廃合手引　存続模索する契機にしたい」2015 年 1 月 21 日。
(30) 中村文夫「まち、子ども、学校、そして、そこに働く人々」『現代思想』2015 年 4 月号、184〜201 頁。
(31) 喜多明人『学校施設の歴史と法制』エイデル研究所、1986 年、119 頁より引用すれば、1897 年、文部省訓令第 8 号：1 校当たり 10 学級を超えないよう配慮。1900 年、小学校令施行規則第 29 条：1 校当たり 12 学級以下。1909 年、小学校令施行規則第 29 条：1 校当たり 18 学級以下。1926 年、小学校令施行規則第 29 条：1 校当たり 24 学級以下。
(32) 「義務教育諸学校の施設費の国庫負担等に関する法律施行令」（政令）。
(33) 日渡円『教育分権のすすめ』学事出版、2008 年、36・40〜41 頁。
(34) 第 6 次定数改善計画（1993 年度〜）により実施。
(35) 長野県　少子・人口減少社会に対応した新たな学校づくり検討会議「少子・人口減少社会に対応した新たな学校づくり検討会議報告書　よりよい学びに向けた学校環境のあり方（原案）」2014 年 1 月 9 日。
(36) 日本教育新聞「高校の遠隔教育　5 県で導入・拡大進む」2015 年 10 月 5 日。
(37) 永野正展・小久保幸恵・岡村庸「遠距離通学を可能にする小中学校教育システム――寄宿付き小中学校の実現に向けて」2006 年、http://management.kochi-tech.ac.jp/PDF/COEReport_2006/23_4.pdf（2015 年 9 月 16 日閲覧）。
(38) 嶺井正也・中村文夫編著『市場化する学校』八月書館、2014 年。
(39) 田口康明、2020 研究会レポート「ドイツ　農村地域における小規模学校」2015 年 2 月 22 日によれば、短い足には短い通学路という原則が見受けられ、複式学級という言い方ではなく学年横断的学級と呼ばれる。
(40) 「槻木小学校再開」『広報たらぎ』2014 年 5 月号。四国新聞「島に子どもの声戻る／男木小中学校が再開」2014 年 4 月 8 日。離島経済新聞「瀬戸内海の島々で「教育で島をつなぐ」勉強会開催」2015 年 4 月 10 日。

6 学校職員の非正規化と外部化

(1) 学校職員構成の変容

　子どもの貧困問題が再発見される状況で、それを改善する立場の学校職員はどのような構成となっているのだろうか。

　その前に、社会福祉のアプローチでいち早く貧困の世代間連鎖を断ち、子どもの貧困対策として「学歴・学力保障」に踏み出した厚労省の関係職員の構成を見てみよう。地方公務員全体としても、「地方公共団体での非常勤職員などは60万から70万人にも上り、3人に1人が非正規職員との推計もあります」[1]として報じられている状況にまでなっている。

　公的な措置であった高齢者介護、および就学前の子どもの保育は、契約が基本となり民間活力の活用が主となっている。ハローワークの職員の非正規化も進んでいる。職業相談員、求人開拓推進員は非正規職員である。ハローワーク立川裁判の原告冒頭陳述によれば、2010年度の職業紹介部門では正規職員が5748人に対して非正規職員が1万3386人であるとしている。2013年には2200人が雇い止めにあっている。ケースワーカーではどうであろうか。厚労省「平成21年社会福祉事務所現況調査」によれば、社会福祉主事取得率は生活保護担当現業員74.2％、査察指導員34.6％。同じく社会福祉士取得率は生活保護担当現業員4.6％、査察指導員3.19％である。2008年1月に実態調査を行った読売新聞によれば、全国1237福祉事務所のケースワーカー1万3150人のうち社会福祉主事の資格をもっていない者は23.4％であり、無資格者は政令指定都市では大阪市が69.4％、都道府県平均では46.6％である。無資格者

の従事は違法であっても、罰則規定がない。また、経験年数的にも3年未満が67.5％と異動の激しい職場であり[2]、経験的な専門性が養える環境にないことがわかる。

さらに、ケースワーカーに非正規職員が急増している、と新聞は報じている。九州の8政令指定都市・県庁所在市の比較では、鹿児島市が4人に1人が非正規、また「福岡市博多区役所の保護課では140人近い職員のうち11人が非正規職員のケースワーカー。そのうちの1人、30代女性は生活保護を受ける75世帯の担当だ。1日2～4世帯を回り、近況を聞きながら就労や生活相談を受ける。2009年11月に採用され、経験は約4年。異動が早い正職員より"ベテラン"として現場を支える」と描かれている[3]。

このような数字や新聞報道の指し示す社会福祉現場の状況は、貧しい者による貧しい者の相互扶助ということもいえるのではないか。さらに、生活自立の具体的な担い手は非正規職員等に移っている。そこでは正規公務員は実務者から管理・手配の立場に軸足を変えつつあるというのは言い過ぎであろうか。実務から遠ざかれば実態はわからず、法令、通達、内規などのマニュアルがすべてとなり、対象者に寄り添うことではなく、予算が唯一の判断材料となってしまう。非正規化あるいは業務委託による実務者は、実態把握を皮膚感覚で知っているにもかかわらず福祉行政の意思決定過程から除外される。

生活福祉行政に長年携わってきた櫛部武俊へのインタビューは大変示唆的である[4]。1990年代後半からの釧路市での出来事を教育行政の現状に引きつけて読み取ってみた。「月当たりの申請受付50件まで」のようなローカルルールでの仕事が北海道庁の監査によって申請権を侵害していると指摘される。保護世帯が増加すると、2001年に会計検査院の検査が入り5年間で約5000万円の不正受給が指摘される。漏給と濫給である。当然、受給世帯の状況確認の徹底を図る対応がとられるようになる。給付に伴う挙証主義を厳密に整備することは、帳簿上の整合性を完ぺきにするための管理的部門の肥大化をもたらす。結果的に本採用公務員の管理職員化であり実務者の非正規化あるいは外部委託化を招く。外部化すれば、業績さえあげればよく、そこには監査の手が及ばない。公務員職場への官僚主義と外部化した部分への業績主義というダブルスタンダードが今日の地方自治体の業務を覆っている。実態は関係なく旧来からの

文字を追っていくだけの法令遵守の要請と新自由主義的な業績主義の要請との間で引き裂かれ、先をどのように構想したらよいのか難しい状況となっている。対人サービスではこの傾向が強く出る。

 学校教育は「ひと」が「ひと」を教える場である。対人サービスの業態である。子どもたちは抽象化された児童生徒ではなく、生活背景を背負った生身の人間である。これまで述べてきたように、過疎化により地域の大人たちが抱える不安そして希望は、子どもたちにも影響を与えている。逆に、学校の統廃合が、子どもたちの心だけではなく、大人たちの生活にも響いてくる。雇用が限られている、人間関係も奪われるなど、過疎化には貧困問題が内包されている。そこで大切なことは、貧困や格差を拡大する装置として学校が機能してはならないことである。小さな学校の魅力はたくさんある。明治の先人が努力したように、21世紀においても津々浦々に義務教育の学校がある風景を守っていかなければならないのではないか。パンドラの箱が開かれたいまこそ、教育機会の平等を保障するためにはさまざまな工夫を必要としている。

 地域間格差だけでなく地域内格差も深刻である。これまで見てきたように都市部の事例で見れば、東京23区内での就学援助受給者率と、それと対照的な私立中学校の進学率などを比較することで、点から面へ広げた対策が急務であることがわかる。だが残念なことに、保護者が給食費を払わないと子どもの給食を止めると脅す校長も現れている。教育活動をする学校の本来の趣旨を忘れたような振る舞いである。学校の運営が子どもの最善の利益に沿った方向から遠ざかる危険性を感じないわけにはいかない。公教育の無償化は理念ではない。日々実践を通じて実現する具体的な目標なのである。第4章で述べたように、そのためには公会計化というコンプライアンスの徹底化を図り、そして財政民主主義を保障する議会という場で十分な協議を行うことによって、給食費や教材費など学校徴収金の撤廃、公教育の無償化を地方自治体からつくり上げる試みが大切である。それはすでに始まっている。

 このように学校で教育機会の平等を実質化する取組をしている学校職員の状況もまた、厳しさが増している。教員の多忙化は構造的な問題が根底にある。非正規学校職員の増大に見られる格差構造は根本から見直しをしなければならない。要保護・準要保護児童生徒への就学援助は学校を窓口として実施され

ている。その学校も内部に学校職員間の格差を抱えている。非常勤講師をはじめ学校職員にも官製ワーキングプアが増えているのだ。2009年当時の様子を、さいたま市で生活保護を受けた学校職員の話である「官製ワーキングプア　生活保護を受けて教壇に立つ」[5]から切り抜いてみよう。

　　　加藤貞子さん（55）は、埼玉県さいたま市の市立小学校に勤務する現役教師だ。地方公務員でありながら年収80万円。今、生活保護を受けている。「私だけじゃありません。市内には、年収80万円の教師が158人います」（加藤さん）
　158人は「少人数サポート臨時教員補助員」と呼ばれるさいたま市独自の非常勤の臨時教員で、市立小中学校の158校に一人ずつ配置されている（2008年度）。（略）だがその賃金は、年齢に関係なく、一律時給1,210円。一日5時間、週5日勤務で月の手取りは10万円ほどにしかならず、春休みや夏休みなどの長期休業期間での収入はゼロ。超勤手当、一時金、退職金などは一切支払われない。正規の労働時間の4分の3未満では社会保険にも入れない。

このように教育に携わる大人たちの現実も厳しい。非正規労働者の家庭の子どもたちが公立学校に通い、公立学校では多くの非正規学校職員がその子どもたちを教える。卒業しても正規職場はどんどん狭まっている。したがって、子どもたちの非正規労働者としての厳しい将来に脅えながら、児童生徒、保護者、学校職員が公立学校を守っている。そんな構図が頭に浮かんでしまう。この現実は変えなければならない。それでも、現在は公設公営の学校に直接公費が投入され、教育行財政としては十分でないにしても機能しているといえる。
　ところが、アメリカ合衆国、イギリス、そしてスウェーデンでは、公設公営学校ではなく、丸ごと民営化された学校（公設民営学校）が広がっている。それが日本でも始まろうとしている[6]。複線型学校体系を意図して、大阪市ではバカロレア認定の中高一貫校を公設民営学校として、早ければ2018年に設立する動きがある。大阪市以外にも東京、京都、神奈川、兵庫、沖縄の各都府県と福岡市などに広がる可能性がある[7]。グローバル人材養成に投資を集中する

ことは、戦後教育制度の根幹にかかわる弾力化である。規制緩和により格差を助長する新たなステージが起ころうとしている。

新自由主義教育政策の光と影が交差する。学校職員はそのなかでどのような姿勢をとらなくてはならないのか。学校制度も教育再生実行会議の提言に沿って戦後公教育の解体・改編ながされてきた。義務教育制度では、それがほぼ完了したと把握され、現在は後期中等と高等教育とに焦点が移っている。そのなかで義務制小中学校を中心とする学校職員の在り方も変容している。その変容を一言でいえば、学校職員の非正規化の加速である。逆に非正規化されない職員はどういう理由から正規職員として存続が許されているのかも課題として考える必要がある。グローバル人材の育成に積極的にかかわれる場所にいれば正規職員として保障されるのか。学校職員に関する基本的な問題から検討を始めたい。

(2) 教員の多忙化の現実と理由

ア OECD 調査への対応

2014年、OECDの 国際教員指導環境調査（TALIS 2013年2、3月）[8]は、日本の中学校教員の多忙化を浮き彫りにした。注目されたのは、1週間当たりの勤務時間が参加国最長（日本53.9時間、参加国平均38.3時間）であり、授業時間は参加国平均と同程度である一方、課外活動（スポーツ・文化活動）の指導時間がとくに長い（日本7.7時間、参加国平均2.1時間）ほか、事務業務（日本5.5時間、参加国平均2.9時間）、授業の計画・準備に使った時間（日本8.7時間、参加国平均7.1時間）等も長い点である。他には、子どもへの指導についての自己評価が低くなっている点がある。つまり長時間学校に拘束され、多様な業務に携わっているが、本来の授業には自信がもてないという調査結果である。

教員の過労死も出ている。たとえば、堺市の中学校教員は担任のほか体育系の部活の顧問もしていた。新聞によれば、遺族による申請に基づいて地方公務員災害補償基金が公務災害を認定した。「同僚などの証言から、死亡直前3か月間の前田さんの残業時間は月61～71時間と判明。国の過労死認定基準の

「2か月以上にわたり月平均80時間以上」を下回ったが、自宅でも多くの残業をしていたことを示す、バレー部員との連絡ノートなどがあったことなどから、同基金は昨年11月、仕事による過労死を認めた」と報じている[9]。残業80時間を過労死の目安とすること自体が問題である。

　教員には時間外勤務の概念が存在しない。1971年5月28日、「公立の義務教育諸学校等の教育職員の給与等に関する特別措置法（法律第77号）」（以下、給特法と略す）が成立した。超過勤務を強いられていた教員が行った裁判闘争への回答である。そこでは時間外勤務を原則として認めず、代わりに教職調整額4％を一律支給することで政治的な決着を図ったのである。教員は他の労働者と違い時間で測れない労働をする特殊な職、いわば「聖職」であるとするのがその理由であった。給特法によれば、原則として時間外勤務を命じることはできないが、限定された場合に時間外勤務を命じることができる（給特法第5条による読替後の労基法第33条第3項）。時間外勤務を命じることができる場合は政令で定める基準に従い条例で定める。基準としているのは、いわゆる「超勤4項目」（1．生徒の実習、2．学校行事、3．職員会議、4．非常災害、児童生徒の指導に関し緊急の措置を必要とする場合等）だけである。部活動はこの範囲に入っていない。あいまいな位置づけで従事している。

　教員に関しても特例法を廃止して、時間外手当を支給する制度へ改めるべきである。なお、この超勤4項目の非常災害の項目であるが、教員の職務は児童生徒の教育活動に限定されているため、住民に対する援護活動などを職務命令できるとの解釈は成り立たないと考えられる。早急に、実態に合わせるかたちで法的な整備を行い、地方自治体職員として非常災害の業務に従事できるようにするとともに、児童生徒対応に限定しない非常災害手当の支給をできるようにすべきである。

　教職調整額という一律の手当をやめて、TALISによって示された、1週間当たりの勤務時間が参加国最長であることにより発生した時間外手当をすぐに支給することから検討すべきである。

　ところが、給特法を廃止するという根本的な対策を講ずることなく、文科省は教員の多忙化対策として長期の教職員定数改善計画と、教員を補佐する学校スタッフの拡充を目指してきた。文科省の対策のうち前者については、財務

省は単年度計画しか認めていない。後者については、「これからの学校教育を担う教職員やチームとしての学校の在り方について」を当時の下村文科相が2014年7月29日に中教審へ諮問した。これを受けて中教審初等中等教育分科会に「チーム学校作業部会」が設置され、2015年12月21日には中教審答申「チームとしての学校の在り方と今後の改善方策について」が出されている。チーム学校の問題については改めて検討したい。学校をチームとして再編成する視点は大切である。それは、単に多種多様な人々を学校教育に配置すればよいというものではない。階層化した学校職員の関係から、互いの専門性を尊重した協議を重ねて学校の役割を担う職員間の平等な組織につくり変えること、つまり真の同僚性を意図的につくり出させることが大切であると考える。構造的な変更を加えることが教員の多忙化という現象を改善する道である。小規模化する学校に合った新たな鍋ぶた型組織の再評価が必要である。

イ 鍋ぶた型からピラミッド型へ

　教員の多忙化とは、教員だけではなく他の学校職員にとっても多忙な学校職場の象徴的な表現であって、単に教員だけが忙しいのではない。このような状況が生じてきたのは、子どもの貧困に示されるような地域の階層格差の拡大とグローバル人材の育成のために矢継ぎ早に打ち出されてきた国の教育政策の強要の結果である。職場それ自体でいえば、教員内部での階層化と学校職員全体の階層化とを検討することなしには、教員の多忙化を理解することはできない。これまで述べたように、地域も多層化されていて一色ではないのと同様に、学校職員も多種多様な職員によって分けられ一色ではないのである。

　学校職員の構造を簡単に示そう。第1の要素は義務教育費国庫負担制度である。公立義務教育諸学校を事例とすると、学校の設置者は市区町村である。学校教育法第5条に、設置者は学校の管理と財政的な負担をすることが書かれている。したがって、学校の建物をつくり維持する責任は市区町村にある。同様に、教員をはじめ学校職員を雇用し、給与を払う責任も市区町村にある。学校職員は多様な職種に分かれている。そのうち義務制では、約70万人の教員、事務職員、学校栄養職員の特定三職種に関しては学校教育法第5条の例外規定

図表18 特定三職種二層制

負担割合	制度
3分の1	二層目 義務教育費国庫負担制度（義務教育費国庫負担法）
3分の2	一層目 県費負担教職員制度（市町村立学校教職員給与負担法）

により、図表18のように市町村立学校職員給与負担法によって都道府県が給与支払者となり、そのうち3分の1を義務教育費国庫負担法によって国が給与等を支払うという二層の制度となっている。このことは、もっとも財政的な負担の大きな教職員給与費等についての責任の所在と、本来市区町村職員である三職種の身分関係の在り方をあいまいにしている[10]。

　義務教育費国庫負担制度は、戦後の一時期を除いて1940年から続いてきた。国による特定補助金である義務教育費国庫負担金は、40人学級などの学級規模を設定し、そこに教員を配置する根拠となる国による義務標準法の裏付け財源となり、地方公務員でありながら国の定数管理を受けてきた特殊な職種をつくった[11]。地方自治体は、自主的な教育政策を実施するために自由な人事を行う必要性があることから、義務教育費国庫負担制度の解消を求めている。これに対して政府は、1つに都道府県への裁量権の拡大によって対応してきた。定数内の三職種に関しては標準にとらわれずに配置することができるとしている。2つに政令指定都市のみには、道府県からの給与費等の移譲を2017年に実施するという対応をとっている。しかし、二層目の制度である義務教育費国庫負担制度はそのままである。

　義務教育費国庫負担制度は、都道府県費教職員と学校用務員等の市区町村費学校職員とが学校に存在する分離・差別構造をつくった。もとより旧来の鍋ぶた式の学校運営が構成員平等性を保障していたわけではない。そこには、一方を「先生」と呼び、他方を「さん」あるいは「おじさん、おばさん」と呼ぶ差別構造も存在していた。公教育は自治事務なのであり、地方自主財源を拡充するなかで義務教育費国庫負担制度を廃止するというのが理論的帰結である。職種により制度的に身分が相違しては対等な職場はつくれない。

　戦後のなかで義務教育費国庫負担制度の限定三職種についての制度上の岐路は2つあった。1つは、1974年に「学校教育の水準の維持向上のための義務教育諸学校の教育職員の人材確保に関する特別措置法」（以下、人確法と略す）

である。給特法により教員は特殊な職であることを法制化した。それを受けて時間外手当から給与本体へと制度全体の改正を図ったのである。列島改造論を掲げた田中角栄首相の時代であった。教員の給与を他の公務員より50％高くするとの掛け声のもとに、教員の人材確保をする名目で給与を上げ、代わりに教頭の法制化、主任手当の導入が行われた。鍋ぶた式の学校経営からの転換である。この人確法による施策を「毒まんじゅう」と批判する声も高かったのであるが、棚ぼた式の給与改善を拒否することはできなかった。

　2つには、義務教育費国庫負担制度から事務職員、学校栄養職員を排除して教員のみに限定しようとする案が1984年11月14日「財政制度審議会第1特別部会」において当時の大蔵省から出されたことである。その策案の理由は、「義務教育に要する経費について国庫負担を行う基本理念は、「教育の機会均等とその水準の維持向上を図る」ことにある。この基本理念からすれば、教壇に立つ先生の給与について国庫負担を行うことは必要であるとしても、事務職員や学校栄養職員の給与まで国庫負担する必要はないと考えられる」とされた[12]。特定三職種から教員のみに待遇を限定しようとする政策に対して、学校栄養職員は教員同化政策を選び、栄養教諭を実現した。学校の事務職員は、かつて「事務教諭」を目指して失敗した過去から行政職志向を強め、教育委員会事務局と学校との間に「学校事務の共同実施」を介在することで独自の位置をとることを選択した。文科省も加配措置を行うなど積極的な支援を行ってきた（2016年度の定数法第15条第5号の共同実施等加配は1085人）[13]。

　しかし、昭和時代までは、学校のイメージは鍋ぶた型である。管理職のつまみ部分と教員、事務職員、学校栄養職員、学校用務員、学校給食調理員等のふたによって構成されていた。そのうち学校用務員、学校給食調理員、および地域によっては事務職員、栄養士の一部が市区町村費で給与費を支払われていた。PTA雇用の学校職員も存在していた。毒まんじゅうは徐々にしか効かなかったのである。

　今日この構造は複雑化し、ピラミッド型となっている。教員層のなかにも階層化が持ち込まれている。管理職の拡充、中間層への登用、直接雇用の臨時教員、非常勤講師、および業務委託による教員補助職員がいる。義務制の非正規教員は17.22％も存在し、教員の6人に1人は非正規身分なのである。そのこ

とは、校内の業務分担である校務分掌が本採用の中堅教員に集中し、多忙化を生む要素ともなっている。そのため、2013年度は、教育職員の精神疾患による病気休職数は5078人（0.55%）となっている。また、東京都、大阪市など都市部では学校管理職への希望者が減る現象も起きている。東京都では管理職選考試験の倍率が1倍強にまで低下する状況が生じている。そしていったん管理職となっても、降任希望者が多発している。学校の管理体制を一般の行政組織をモデルとして考えるピラミッド型の最先端を行く東京都で、精神疾患による病気休職者数も529人と全国の1割以上を占め、また、管理職のなり手がいない、そして管理職になっても自発的な降格希望者が多いという現実は、ピラミッドの内部から崩壊をしていることを示している。民間人校長を多用している大阪市においては、教頭試験を受ける教員が少なく、2013年度には昇任試験不合格となった6人を追加合格とし、2014年度には10人の不足によって2月になって追加昇任試験を実施した[14]。ここでもピラミッド型の教職員体制は内部崩壊している。にもかかわらず、ピラミッド型を前提とした多様な人材の活用を目指すチーム学校が文科省によって打ち出されている。

　このような教授活動を担う領域とは別に、学校事務職員、学校栄養職員以外にも多様なスタッフ職員が学校に存在し、義務教育費国庫負担職員以外の臨時職員、非常勤職員化が加速している。上述の中教審初等中等教育分科会のチーム学校作業部会「チーム学校関連資料」に示されている数値では、教員以外のスタッフ職がアメリカ合衆国では44%、イギリスでは49%に対して日本では18%であり、さらにスタッフ職の拡充が文科省によって意図されている。教員の多忙化等を理由としたこのピラミッド型の精緻化は、さまざまな矛盾と軋轢を学校現場にもたらし、そのためにかえって教員の多忙化を加速させている。毒まんじゅうは食べたほうにも食べることができなかったほうにも毒の影響が浸透してきている。さらに、新たな学校職員間の状況を分析したい。

　義務教育費国庫負担制度という基本について述べた。第2の要素としては、学校教育法など法的な根拠に基づいて設置されている学校職員と、財政的な措置によって設置されている職員とが存在することである。「学校に置かれている主な職の職務等について」[15]に記載されている校長ほか17職種に、2014年に新たに法的根拠をもった学校司書を加えた18職種が法的根拠をもって学校

図表19　学校に置かれる主な職の職務等について

職名	職務規定	主な職務内容	設置	根拠法定
校長	校長は、校務をつかさどり、所属職員を監督する。	①校務の管理　②職員の監督	必置	学校教育法第37条第4項等
副校長	副校長は、校長を助け、命を受けて校務をつかさどる。	①校長の補佐　②校長等の命を受けた校務の掌理	任意設置	学校教育法第37条第5項等
教頭	教頭は、校長（副校長を置く小学校にあつては、校長及び副校長）を助け、校務を整理し、及び必要に応じ児童の教育をつかさどる。	①校長等の補佐　②校務の整理　③必要に応じた児童の教育	原則必置	学校教育法第37条第7項等
主幹教諭	主幹教諭は、校長（副校長を置く小学校にあつては、校長及び副校長）及び教頭を助け、命を受けて校務の一部を整理し、並びに児童の教育をつかさどる。	①校長等の補佐　②校長等の命を受けた校務の一部の整理　③児童の教育	任意設置	学校教育法第37条第9項等
指導教諭	指導教諭は、児童の教育をつかさどり、並びに教諭その他の職員に対して、教育指導の改善及び充実のために必要な指導及び助言を行う。	①児童の教育　②ほかの教諭等への教育指導の改善及び充実のための指導助言	任意設置	学校教育法第37条第10項等
教諭	教諭は、児童の教育をつかさどる。	児童の教育	必置	学校教育法第37条第11項等
養護教諭	養護教諭は、児童の養護をつかさどる。	①保健管理　②保健教育　③健康相談活動	原則必置	学校教育法第37条第12項等
栄養教諭	栄養教諭は、児童の養護をつかさどる。	①食に関する指導　②学校給食の管理	任意設置	学校教育法第37条第13項等
事務職員	事務職員は、事務に従事する。	①庶務関係事務　②人事関係事務　③会計関係事務　④教務関係事務	原則必置	学校教育法第37条第14項等
助教諭	助教諭は、教諭の職務を助ける。	児童の教育	任意設置	学校教育法第37条第15項等
講師	講師は、教諭又は助教諭に準ずる職務に従事する。	児童の教育	任意設置	学校教育法第37条第16項等
養護助教諭	養護助教諭は、養護教諭の職務を助ける。	①保健管理　②保健教育　③健康相談活動	任意設置	学校教育法第37条第17項等
実習助手	実習助手は、実験または実習について、教諭の職務を助ける。	実験や実習における教諭の補助	任意設置（高校、中等教育学校）	学校教育法第60条第4項等
技術職員	技術職員は、技術に従事する。	農業、水産、工業等の職業教育を主とした学科における機械器具の調整や保護などの技術	任意設置（高校、中等教育学校）	学校教育法第60条第6項等
寄宿舎指導員	寄宿舎指導員は、寄宿舎における幼児、児童又は生徒の日常上の世話及び生活指導に従事する。	①食事、洗濯等の日常生活における世話　②日常生活の習慣及び社会生活技術を身につけるための生活指導	寄宿舎を設ける特別支援学校について必置	学校教育法第79条第2項
学校栄養職員	学校給食法（昭和29年法律第160号）第7条に規定する職員のうち栄養の指導及び管理をつかさどる主幹教諭並びに栄養教諭以外の者をいう。	学校給食に関する①栄養管理　②衛生管理　③検食	任意設置	公立義務教育諸学校の学級編制及び教職員定数の標準に関する法律第2条
学校用務員	学校用務員は、学校の環境の整備その他の用務に従事する。	①校地及び校舎の管理や整備　②施設及び設備の小規模な修理	任意設置	学校教育法施行規則第65条
学校司書	専ら学校図書館の司書職務に従事する。	学校図書館の司書	任意設置	学校図書館法第6条第1項等

※　その他、校長等から命じられた校務等をそれぞれの職員は行う

[出典] 中教審初等中等分科会「学校・教職員の在り方及び教職調整額の見直しの在り方等に関する作業部会」第5回、その他配布資料2に加えて、その後の職員設置を追加した

に配置されている。職務内容の大筋も定められている。義務制では小学校を事例として、その他高校等にのみ配置されている合わせて18職種を図表19で示した。これ以外のSC、SSW、学校給食調理員等は法律に基づかず財政措置のみで配置されているため、より不安定な職となっている。SCなどの職種に関しても学校教育法等への位置づけが必要である。

ウ 非正規教員の拡大の要因

　第3の要素は非正規化である。国によって「基幹職種」として義務教育費国庫負担制度により保障された特定三職種、国法に位置づけられた学校職員18職種について明らかにしてきた。だが、これらの職種を含めて学校職員の非正規化は拡大している。この第3の要素は重要である。義務制教員の17.22％、高校教員の21.45％が非正規労働者である。民間では40％が非正規労働者であることからすれば、まだこれから学校職場に非正規労働者、そして業務委託、派遣請負が拡大すると見込まれる。

　そのうち教員の非正規率が拡大した理由はなにか。現在を考える場合、その歴史的経緯を踏まえることで理由がわかることが多いのである。主要な要因は、第6次定数改善計画（1993〜2000年）以降、少人数による授業等の加配置を文科省が選んだことである。40人学級からさらに学級規模を改善する道が閉ざされたこの時期に、主要教科への複数教員による授業などを名目にした増員計画に転じたのであった。加配措置は単年度のために、非正規教員というかたちで都道府県が措置したことにより、現在約6万人の臨時教職員を生み出した。また、2004年度から義務教育費国庫負担金の総額の範囲内で、給与額や教職員配置に関する地方の裁量を大幅に拡大する仕組み（総額裁量制）が導入され、地方教育委員会は正規職員分で非正規教員化による人的措置を行う手法を講じてきた。さらに、2001年に義務標準法が改正され、第17条の1に、短期再任用職員を正規職員の勤務時間数に換算してカウントするとともに、第17条の2に、教頭および教員等に対して非常勤講師で措置することを可能にした（定数崩しといわれる）。そして、2008年度予算から定数外非常勤講師7000人の予算を付けた。これが非常勤講師を国段階で付けた始まりである。都道府

県や市町村ではこれとは別に非常勤講師を配置しているところがある。

この結果、2015年現在の教員の構造は下記の通りとなっている。以下の記述は、自治労学校事務協議会政策部の武波謙三による文科省の2015年度教職員実数調等に基づい

図表20　義務制教員の非正規割合

区分		2003年度	2015年度
非常勤講師	人数	3.6万人	5.4万人
	割合	5.2%	7.8%
臨時的任用教員	人数	4.8万人	6.6万人
	割合	7.1%	9.5%
非正規教員計	人数	8.4万人	12.0万人
	割合	12.3%	17.3%

［出典］2015年度等の文科省教職員実数調により作成

たデータ分析に負っている。義務教育の教員は総数69万5961人、そのうち再任用者を含む正規教員（本務者）は57万2824人（82.31%）である。臨時教員は6万6172人（9.51%）。そして、官製ワーキングプアと等しいと考えられる非常勤講師は5万3962人（7.71%）である。他に実数換算で再任用短時間勤務者3292人がいる。47都道府県で総数に対する正規教員の割合が低い順に沖縄県、奈良県、三重県である。図表20は義務制教員の非正規割合の比較である。12年間で5ポイントも拡大していることが理解できる。非正規は教員としての専門的な経験の蓄積ができないため、教員の質は低下せざるを得ない。

高校教員は総数21万4512人である。このうち正規職員（本務者）は、再任用者を含んで16万4099人（76.50%）である。臨時教員1万7014人（7.93%）。非常勤講師2万8990人（13.51%）である。その他に再任用短時間勤務4409人がいる。47都道府県で総数に対する正規教員の割合が低い順に福岡県、熊本県、島根県である。

事務職員は、義務制では実行定数で3万2717人、実配置数3万1441人、配置割合96.10%である。実配置が90%を割るのは大分県、愛媛県、東京都である。臨時的任用者数は3464人、実数に占める割合は11.0%になる。臨時的任用が20%以上となるのは京都府、熊本県、富山県、岩手県、徳島県、宮崎県である。高校事務職員では、定数1万5075人、実配置数1万4789人（98.1%）である。臨時的任用者は960人、実配置数に占める割合は6.49%である。このうち全日制において臨時的任用者が20%を超えるのは山梨県、奈良県である。事務職員の非常勤職員は、国の定数法上は存在しない。

義務制では義務教育費国庫負担制度と義務標準法という二重のしばりがあり、また高校には高校標準法というしばりがあるにもかかわらず、都道府県ご

との教職員配置にはばらつきが生じている。その理由として、義務教育段階の事例で考えられるのは、特定補助金である義務教育費国庫負担制度が3分の1に削減されたままであり、残りの3分の2を自主財源で賄うことが必要なため（もちろん地方交付税措置がある。東京都だけが不交付団体である）、未配置にすることや、総額裁量制のために本採用者分をたとえば複数人の臨時職員分に振り替えるなどの措置を講じていることである。

　大都市問題で付け加えることとしては、2017年に道府県から政令指定都市へ教職員人件費等が移譲されることが注目される[16]。図表18の一層目が道府県から基礎自治体へ77年ぶりに戻り、政令指定都市費教職員制度が創設されると、政令指定都市ではその権限を行使してグローバル人材の養成を重点化するのか、またはインナーシティ問題でもある子どもの貧困に対処し全般的な底上げを重点化するのか、地方分権の中身が問われる事態となる。教育機会の平等をより実質化する大都市教育政策への展望を拓いていくことが重要である。学校職員の配置をどのような教育政策に基づいて実施するのかが注目点である。

(3) 学校スタッフ職の非正規、官製ワーキングプア化

　学校用務員の歴史は長い。すでに明治時代から学校を舞台とする小説等に登場していることからも、それをうかがうことができる。だが、自治体への現業合理化の一環として削減され、非正規職員化が拡大し、自治労調査では2008年には常勤職員1万378人、非正規職員6842人（39.7％）となっている。また、多様な業務を日々の学校の実態に合わせて遂行しているという民間委託になじまない職種であるにもかかわらず業務委託が拡大している。学校調理員の歴史も浅くない。しかし、1985年の文部省体育局長通達「学校給食業務の運営について」などの合理化推進が行われ、文科省「平成25年度　学校給食実施状況等調査」によれば非常勤職員42.8％（2万4047人）である。民間委託も進められている[17]。民間委託では常に偽装請負の可能性を伴っている。

　加えて近年、SCに代表されるさまざまなスタッフ職が学校に配置されてき

ている。財源的な分類をすれば、国庫補助事業対象では、委託費には運動部活動の外部指導者など9職種、補助金では、SCなど10職種、そして地方単独事業として学校図書館担当職員（学校司書）など4職種を数えることができる。たとえば、2014年度の文科省の事業を一覧にすると図表21のようになる。このような国からの補助がついた事業は各地方自治体で予算措置がしやすい構図となっている。これを見れば、補助率100％も存在することがわかる。地方自治体からの持ち出しがなくても配置できるのである。ただし、「非常勤」とあるように非正規学校職員の待遇である。そのためSCでも正規職員化を行っているのは名古屋市のみという状況となっている。児童生徒は週5日登校している。その相談業務やカウンセラーの業務が週1回程度の勤務では対応できるはずもなく、担任教員との継続した連絡体制も組むことは難しい。さらに、国からの補助金頼みの配置のため、政策が終了し補助金が切れれば配置を継続することは難しくなる。

　この他、地方自治体によって独自に任用する多様な学校スタッフ職があり、その雇用形態も特別職非常勤職員（地方公務員法第3条3項3号）、一般職非常勤職員（同法第17条）、臨時的任用職員（同法第22条2項、5項）などがある。特別職非常勤職員は臨時または非常勤の顧問、参与、調査員、嘱託員およびこれらの者の職が採用の対象であり、地方公務員法の適用がない。一般職非常勤職員は職員の職に欠員を生じた場合の任命の方法として採用されている。これは地方公務員法の適用がある。臨時的任用職員は緊急の場合、臨時の職の場合、任用候補者名簿がない場合などが要件である。これも地方公務員法の適用がある。さらに任期付短時間勤務職員（任期付法第5条）として一定の期間内に終了することが見込まれる業務等を対象とする職員もあり、地方公務員法の適用がある。任期付短時間勤務職員は、育児休業制度に育児短時間勤務職員制度が導入されたことにより、短時間勤務のために処理できない業務を処理させるために期間を切って任用される。総務省は「臨時・非常勤職員及び任期付き職員の任用等について」（総行公第59号、2014年7月4日）を出して、増大する臨時・非常勤職員の任用形態の整理を通知した。これにより、地方自治体が多様な任用形態で設置されてきた実態のうち、とくに特別職非常勤職員から一般職非常勤職員への切り替えが進むと考えられる。任期付職員の活用が高まっている[18]。

図表21　学校にいる非正規職員等の国による補助等

国庫補助事業

	事業名	補助先等	補助率	勤務形態・報酬	2014年度予算
委託費	合理的配慮協力員（インクルーシブ教育システム構築）	都道府県・指定都市・市町村・国立大学法人・学校法人	10/10	非常勤　年200日×5H×2,650円	130人
	早期支援コーディネーター（インクルーシブ教育システム構築）	都道府県・指定都市	10/10	非常勤　年60日×7H×4,700円	120人
	外部専門家（インクルーシブ教育システム構築）	都道府県・指定都市・市町村・国立大学法人・学校法人	10/10	非常勤　年20日×4H×2,650円	720人
	就職支援コーディネーター（自立・社会参加に向けた高等学校設置における特別支援教育充実事業）	都道府県・指定都市・市町村・国立大学法人・学校法人	10/10	非常勤　年200日×6H×2,650円	40人
	発達障害支援アドバイザー	都道府県・指定都市	10/10	非常勤　年120日×4H×4,700円	80人
	支援機器等教材アドバイザー	都道府県・指定都市	10/10	非常勤　年120回×4H×4,700円	3人
	小学校体育活動コーディネーター	法人格を有する総合型クラブ	10/10	非常勤　2,350円/1H	294人
	運動部活動の外部指導者	都道府県・指定都市	10/10	非常勤　年15回×2,850円	201人
	通学路安全対策アドバイザー	都道府県	10/10	非常勤　年20回×12,900円	89人
補助金	補習等のための指導員等派遣事業	都道府県・指定都市	1/3	非常勤　週1回程度×12H×2,770円	8,000人
	理科の観察実験補助員（PASEO）	都道府県・指定都市・中核市・市町村など	1/3	非常勤　年21回×3H×900円	3,200人
	外国人児童生徒支援員	都道府県・指定都市・中核市・市町村など	1/3	①児童生徒の母語がわかる支援員・非常勤　週3回×3H×2,000円　②日本語指導補助者・非常勤　週4回×4H×2,000円	860人
	特別支援教育専門家（医療的ケアのための看護師）	都道府県・市町村	1/3	非常勤　1人当たり2143千円	329人
	スクールヘルスリーダー※1	都道府県・指定都市	1/3	非常勤　月1×5,400円	1,708人
	スクールカウンセラー	都道府県・指定都市	1/3	①スクールカウンセラー　非常勤　週1回程度×4H×5,000円　②スクールカウンセラーに準じる者　非常勤　週1回程度×4H×3,000円　③生徒指導推進協力員・学校相談員　非常勤　週3回×4H×1,000円　④緊急支援のための派遣　非常勤　月2回×8H×5,000円	24,336人
	スクールソーシャルワーカー	都道府県・指定都市・中核市	1/3	①スクールソーシャルワーカー　非常勤　月4回×3H×3,500円　②指導員　非常勤　月4回×3H×5,500円	1,466人
	スクールガードリーダー※1	都道府県・指定都市	1/3	非常勤　年45回×4,500円	1,800人
	学校支援地域本部・放課後子供教室（コーディネーター・教育活動支援員等）	都道府県・指定都市・中核市	1/3	非常勤　1,480円/1H	コーディネーター6,000人、教育活動推進員等3人×12,000ヵ所
	地域の豊かな社会資源を活用した土曜日の教育支援体制等構築事業	都道府県・指定都市・中核市	1/3	非常勤　2,200円/1H	コーディネーター2,425人、教育活動推進員等53,100人

※1　「学校・家庭・地域の連携協力推進事業」に含まれる。

6 学校職員の非正規化と外部化

地方単独事業

事業名	実施団体	勤務形態・報酬	概要
特別支援教育支援員	都道府県・市町村	市町村によって異なる	幼稚園 5,300 人、小中学校 40,500 人、高等学校 600 人
学校図書館担当職員（いわゆる学校司書）	都道府県・市町村	市町村によって異なる	小中学校の1／2　週30H
JETプログラムによる外国語指導助手（ALT）※2	都道府県・市町村	市町村によって異なる	国際化施策として実施する職員の海外派遣に要する経費
情報処理技術者（ICT支援員）	都道府県・市町村	市町村によって異なる	教育の情報化のために必要な経費のなかで措置

※2　地方単独事業において所要の地方財政措置が講じられているもの
[出典］文科省「学校における外部スタッフ活用に係る関連事業施策一覧（平成26年度）」より抜粋作成

　現在も同一職種であっても自治体ごとに根拠法を別にするなど厳しい状況が続いている。低賃金だけではなく、雇い止めなど不断に不安を抱えざるを得ない状況で毎日働いているのである。同一価値労働同一賃金を基本として賃金を改善するため、均等処遇を柱とするパートタイム労働法の公務員への適用も改善のための1つの手段である。
　学校職場に多様な学校職員が働く事例として、新宿区を挙げることができる。新宿区教育委員会教育調整課の「学校に勤務する職員等一覧」（2013年5月）によれば、都・区費教員等正規職員10職種、再任用職員（調理・用務・警備）1職種、区費再雇用職員（事務）など非常勤職員19職種、都費事務アルバイトなど臨時職員3職種、学校施設管理協力員など委託職員8職種、外部講師として理科実験名人、ボランティアとして介護ボランティアなど5職種の合計47職種が挙げられ、全校配置や該当校のみなど多様な組み合わせで公教育が担われている。その職種名を図表22にまとめた。学校が教員だけで成り立っているというのは幻想であり、多種多様な学校職員の協業によって成り立っているのがわかる。確かに47職種は記憶するに値するが、新宿区の事例が特殊なものではなく、ある程度の規模の地方自治体であれば多種多様な学校職員が子どもの教育のために働いている。それが可能になるのは、文科省が政策的に財源を確保した、図表21に掲げた職員が主に配置されるためである。その実際は多様に分かれている。それぞれ勤務日数、勤務時間、そして雇用期間、社会保険の有無、そして賃金単価等が相違する。学校管理職がこれらの職員を網羅的に把握し、それぞれ関連する職員と有機的な調整を図るには相当の努力が

図表 22　学校等に勤務する職員等一覧

	名称等	区分
1	教員	正規
2	再任用教員	正規
3	期限付任用教員	正規
4	産休代替教員・事務・栄養職員	正規
5	育休代替教員	正規
6	養護教諭	正規
7	学校栄養職員（都費）	正規
8	事務職員（都費）	正規
9	区費事務職員	正規
10	区技能系職員（調理・用務・警備）	正規
11	区再任用職員（調理・用務・警備）	再任用
12	区再雇用職員(事務)	非常勤
13	区再雇用職員（調理・用務・警備）	非常勤
14	都嘱託員（再雇用職員）　都非常勤教員（日勤講師）	非常勤
15	非常勤・準常勤講師（時間講師）	非常勤
16	連携教育推進員	非常勤
17	学習指導支援員	非常勤
18	学校支援アドバイザー	非常勤
19	地域協働学校運営協議会委員	非常勤
20	スクール・コーディネーター	非常勤
21	スクールカウンセラー（都費）	非常勤
22	スクールカウンセラー（区費）	非常勤
23	スクールソーシャルワーカー	非常勤
24	特別支援教育推進員	非常勤
25	肢体不自由児等補助員	非常勤
26	特別支援学級介護員	非常勤
27	肢体不自由児等補助員	非常勤
28	非常勤看護師	非常勤
29	非常勤療法士	非常勤
30	学校栄養士	非常勤
31	都費の事務アルバイト	臨時職員
32	区費・給食会計事務アルバイト	臨時職員
33	介助員（肢体不自由児等）	臨時職員
34	学校施設管理協力員	委託
35	学校安全管理員	委託
36	学童擁護指導員	委託
37	日本語サポート指導員	委託
38	日本語学習支援員	委託
39	ALT（外国人英語教育指導員）	委託
40	ICT支援員	委託
41	学校図書館支援員	委託
42	理科実験名人	外部講師
43	介助ボランティア	ボランティア
44	スクールスタッフ（地域学校教育活動支援員）	ボランティア
45	教育ボランティア	ボランティア
46	メンタルサポートボランティア	ボランティア
47	放課後等学習支援員	ボランティア

［出典］新宿区の資料に基づき作成

必要となろう。教員の多忙化解消に多様な学校スタッフを投入するだけでは、教育効果は上がらない。円滑な運営をするためには職員間の調整が必要である。それをすることは、それだけ時間を余分にとることになる。

　たとえば、英語授業を考えてみよう。ALT（Assistant Language Teaher：外国語指導助手）と担当教員とが共同で授業を組み立てるには事前の打ち合わせが必要である。このような打ち合わせをする時間をとるとなるとさらに多忙化が進む。また、市区町村の直接雇用でない場合には、ALTの委託会社を介した折衝が必要になる。委託職員と授業内容を直接打ち合わせた場合には、偽装請負の可能性が高い[19]。文科省は「外国語指導助手の請負契約による活用について（通知）」（2009年8月28日）によって、「担当教員がALTに対して、指導内容や授業の進め方に係る具体的な指示や改善要求、ALTの行う業務に関する評価を行う場合は、いずれも請負契約で実施することはできない」ことを通知している[20]。この偽装請負は学校用務員、学校調理員の場合にも問題とされている。現場での打ち合わせが日常的にできなければ、業務が円滑に遂行できるはずがない。公務職場である学校の外部化が進行している状態への警鐘である。

　今後、中教審で検討した「チーム学校」に基づいた予算措置がなされれば、さらに学校スタッフ職は拡充される。どのように専門性をもった職員同士が有機的に結びあえるか、そこがポイントとなる。委託職員とは直接的な打ち合わせができないことが明らかである。直接雇用であってもフルタイムの職員でないと職員会議への参加や業務関連の打ち合わせの時間が確保されない。そうなると、その場その場で指示されたことを処理するだけのかかわりとなってしまう。身分処遇があまりに分けられた対人サービス職場での、相互確認できないような仕事のかかわりは、不測の事態を引き起こしやすいと考えられる。

　だが、2015年12月21日、中教審答申「チーム学校としての在り方と今後の改善方策について」では、チーム学校として認める職員の範囲を限定する見解を出した。すなわち、「組織として責任ある教育を提供することが必要であり、「チームとしての学校」に含まれる範囲は、少なくとも校務分掌上、職務内容や権限等を明確に位置づけることができるなど、校長の指揮監督の下、責任をもって教育活動に関わる者とすべきである」と提案されている。ピラミッ

ド型学校運営を徹底するためのチーム学校であることを示した箇所である。校務分掌上に位置づけられる範囲は、学校教育法等で職務が明示されている18職種が基本となるであろう。その他の学校職員は学校組織運営から除外され、チーム構成員のための使い捨て要員ということになる。中教審を受けて、2016年1月25日、文科大臣は「次世代の学校・地域」創生プランを決定し、チーム学校を含むプランと2020年までの行程表とを明らかにした。これから学校職員のなかに差別構造が政策的に導入されようとしている。

(4) 21世紀ピラミッド型学校職員雇用

ア 小規模化するなかでピラミッド型は有効なのか

　多様な現状と中教審の冷徹な管理主義を踏まえて、これからの学校を中心とする雇用や任用の組み合わせがどのようになるのかを展望する。まず、雇用を中心にピラミッド型学校運営組織を図表23に描いてみた[21]。
　このように学校現場は多様な学校職員が存在するが、必ずしも円滑な学校マネジメントが実施されているとはいえない。以下に述べる2つのことが混在しているからである。
　1つは教員の多忙化である。これは時間外手当の支給とともに基本的に教員の増員によってしか解決できないと考えるべきである。欧米では、教授活動に正規の教員の他に補助教員、あるいは教育補助職員が参加している事例がある。イギリスの2013年度公立（営）初等中等学校教職員統計によれば、教職員総数約92.2万人、そのうち教員（正教員資格〈QTS〉をもつ常勤教員のフルタイム換算）が約45.1万人に対して、職員は47.1万人いる。この職員のうち教員補助は約24.4万人（指導の補助、保育補助、リテラシー・ニューメラシー指導員、学習メンター、特別支援教育補助）である[22]。日本に従来から高校等に配置されてきた実習助手はこの形態と考えてもよいかもしれない。日本においても、たとえば文科省の施策目標「確かな学力の育成」にある2013年度から始めた「補充等のための指導員等の派遣事業」（2015年度、事業主体は都道府県および政令指定都市、配置人数8000人、予算額33億円、国庫補助率3分の1）では「教師業務アシ

6 学校職員の非正規化と外部化

図表 23　21 世紀ピラミッド型学校運営組織図

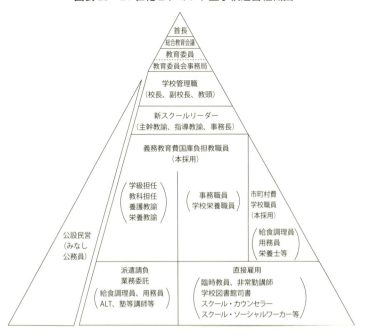

スタント」が自治体判断で配置ができる。本採用の教員ではなく、非正規や補助的な教育職員を活用して安上がりな教育行政を行う手法である。欧米型の雇用政策が、欧米での雇用の在り方（同一価値労働同一賃金）を入れないままに導入されつつある。財務省も文科省による教員補助職員や地域ボランティアの活用には積極的な評価を与えている。本採用教員に対しては少子化による削減を強力に実施でき、その安価な穴埋めができるからである（財務省「財政制度分科会」文教・科学関係資料、2015 年 10 月 26 日）。

　2 つに、多様な社会的な背景や心身に障害をもつ子どもたちの抱えた問題である。教員の多忙化問題とは別に、これらの問題に対処するためには、学校を拠点とした各種の専門的な職員が必要である。教授活動分野とは別建てで教育福祉分野を校内に立ち上げて組織的な対応をすることが有効であると考えている。たとえば、学校の事務職員を学校現場から学校事務の共同実施や事務センターに集め、業務の集中処理を約 20 年間積み重ねてきたが、個別的な事例を

別にすれば教員の多忙化の解消にはほとんど役立たなかった。学校の事務職員には別に行うべき職務がある。それは教育福祉の課題である。養護教諭、学校栄養職員、栄養教諭、給食調理員、SC、SSW、そして学校財政、就学援助事務に当たる学校事務職員ほか学校職員は教育福祉分野を構成する、という構想である。

義務制の学校の規模を見ると1学年1学級が多いことは第5章で述べた。小規模化する学校において、ピラミッド型組織によって分けることはかえって意思疎通を阻害する。学校で使われる用語でいえば、「ほうれんそう」（報告、連絡、相談）ばかりに時間がとられて、本来の業務がはかどらないことになる。2分野に機能を切り分けたうえで、フラットな鍋ぶた型での他職種間の同僚性を大切にした学校へ再転換すれば、学校職員間の有機的な結びつきが可能となると考える。そのためには、学校現場への大胆な権限移譲を行い、自主裁量を拡大することが前提となる。校長権限を拡充するばかりではなく、さらに校内的に再委任するシステムが必要である。

④ チーム学校への期待と危惧

チームという言葉は、それぞれの専門性を尊重し、それぞれの異なる原理に立脚する者たちによる対等な討議による調整によって連携し、機能的な組織運営を行うことを意味している[23]。さまざまな職種の学校職員の姿が、子どもたちにとってなりたい自分を見つけるものになっていることが重要である。そのためにも、教員中心でも、またピラミッド型でもない組織運営が肝要である。小規模学校が鍋ぶた型の組織運営によって躍動する姿をチーム学校に見たい[24]。しかし、進んでいるチーム学校の論議は真逆である[25]。

当時の下村文科相は、2014年7月29日、中教審へ2つの諮問を行った。1つは「子どもの発達や学習者の意欲・能力等に応じた柔軟かつ効果的な教育システムの構築について」であり、もう1つは「これからの学校教育を担う教職員やチームとして学校の在り方について」である。諮問への理由によれば前者については教員の養成・採用・研修を再構築して資質能力を身につける課題、後者については学校の組織運営の在り方についての課題を検討するもので

ある。「理由」のなかに後者のチーム学校について4つの検討課題が出されていた。「1　教員の評価と処遇、2　心理や福祉の専門性を有するスタッフ、事務職員との連携、3　管理職の養成・研修システムなど管理職、管理的職員による組織運営強化の方策、4　教員への指導体制の強化体制の方策の検討」である。これを受けて、2014年7月29日当日の中教審総会（第92回）、および2014年8月6日の初等中等教育分科会（第90回）・教育課程部会合同会議（第88回）でチーム学校について検討し、作業部会での検討事項例が示された。11月21日初等中等教育分科会内に「チームとしての学校・教職員の在り方についての作業部会」が設置され、6つの事項を検討することになった。

1　学校が組織全体の総合力を高め、発揮していくための学校運営の在り方等について
2　教員と事務職員、さまざまな人材との役割分担や連携の在り方について
3　教員の評価や処遇の在り方について
4　管理職や主幹教諭、指導教諭、主任等の在り方について
5　学校と地域等との連携の在り方について
6　その他

つまるところ新たな学校組織運営の提示を求められたのである。ピラミッド体制内部の組織運営がチームとして設定されたのである。
　振り返ってみれば、学校運営に関しての象徴的な出来事は職員会議の位置づけである。戦後、学校の運営は職員会議で回ってきたといっても過言ではない。21世紀を迎えるころになると、校長のリーダーシップが強調されるようになった。
　中教審答申「我が国の地方教育行政の今後の在り方について」（1998年9月21日）に基づき、これからの学校が、より自主性・自律性をもって、校長のリーダーシップのもと組織的・機動的に運営され、幼児児童生徒の実態や地域の実情に応じた特色ある学校づくりを展開することができるように、校長および教頭の資格要件を緩和するとともに、職員会議および学校評議員に関する規定を設けることとなった。校長の指揮監督権が発揮できるように規定が設けら

れた。「学校教育法施行規則等の一部を改正する省令の施行について（通知）」（文教地第244号　2000年1月21日）により、これまで法的根拠のないままに一部には最高議決機関とも呼ばれ学校の意思決定の場として機能してきた歴史もある職員会議が変質した。つまり、「職員会議についての法令上の根拠が明確でないことなどから、一部の地域において、校長と職員の意見や考え方の相違により、職員会議の本来の機能が発揮されない場合や、職員会議があたかも意思決定権を有するような運営がなされ、校長がその職責を果たせない場合などの問題点が指摘されていることにかんがみ、職員会議の運営の適正化を図る観点から、省令に職員会議に関する規定を新たに設け、その意義・役割を明確にするものであること」とし、学校の運営の在り方を大幅に変えて校長の諮問機関化した。これにより学校での意思疎通をする機関はなくなり、法令を振り回す以外に学校運営を行っていくすべがない学校も出現した。

　そして今日、団塊世代の学校職員も退職し、世代交代が進んでいる。特定三職種以外の学校職員も次々に配置されるようになった。そのなかで、戦後教育体制の解体の完成を求めて次期学習指導要領の改訂のように教育内容や方法にも踏み込む場合に、やはり新しい学校組織運営が必要とみなされるに至っている。

　チーム学校には3つの検討材料が挙がっている。1つは教員そのものの対策、2つにSC、SSWなどの配置の充実、3つに学校運営の組織化である。以下その問題点である。

　1つ目は、研修等によって教員のマニュアル労働化を進めることである。

　2つ目のSC、SSWに関して、先に図表21で掲げた文科省の補助金職員にあるように、週1回程度のSCの配置では数値化された調査情報や経過観察資料などによる対象の把握と対処方針の作成だけになりがちである。これでは効果は期待できない。名古屋市では市長の肝いりで、「市内11エリアごとに拠点となる事務室を中学校1校に開設。スクールカウンセラーら常勤職員3人と警察出身者を充てる非常勤の「スクールポリス」1人の計4人ずつを配置する」[26]ことになった。チーム学校を機能させるには、常勤職員を配置することである。

　3つ目は、学校のマネジメント機能の強化を目指して管理職、管理的職員の

組織的な構成をつくることである。そのなかでは、管理職の研修を強化し、主任制では十分機能しなかった中間管理職の再構成、そして事務職員の新たな位置づけが検討された。学校の事務職員に関しては、これまで人確法の適用から除外され、また長期にわたって義務教育費国庫負担制度からの排除の動きにさらされてきた歴史がある。そこには屈託した思いが詰まっている。先に述べたように、選んだのは学校と教育委員会事務局との中間的な組織であり、その結果として学校事務の共同実施、学校事務センターなどのさまざまな形態が各地で生じてきた[27]。今回このような経緯を踏まえるなかで、チーム学校という新しい学校運営組織では、学校事務職員の位置づけ方も焦点の1つになった。

　まず、自民党教育再生実行本部が2015年5月12日に、安倍自民党総裁に第4次提言を提出した。その中味はチーム学校部会（主査、福井照）と高等教育部会のまとめである。チーム学校の取組とは、一言でいえば、道徳の教科化やアクティブ・ラーニングという新たな課題を進める学校の組織運営を、校長のリーダーシップによって推進する体制づくりのことである。そのために教育再生実行本部からは3つの取組が提案された。1つは社会の有為な人材を学校に配置すること（教員の国家免許化やSC等の配置など）、2つに学校・地域人材によるチームを形成すること（コミュニティスクールなどの政策）、そして3つに校長のリーダーシップを強化すること。「チーム学校推進法（仮称）」や運営体制の充実（校長権限の強化、主幹教員倍増、外部専門家導入）とともに学校事務職員について触れている。事務職員の名称を「学校運営主事（仮称）」に改め、事務長や事務担当の副校長など、学校運営事務の統括者の制度上の位置づけや職務内容等を明確化するというものである。学校の事務職員という戦後始まった制度を解体し、統括者を制度化する提言となった。

　次いで中教審初等中等分科会チーム学校作業部会は、2015年7月3日、教育再生実行本部とほぼ同旨の中間まとめ「チームとしての学校の在り方と今後の改善の方策について」を発表した[28]。そこには学校に置かれる教職員として、管理職、主幹教諭、指導教諭、事務職員、教員以外の専門スタッフが取り上げられている。チーム学校にとって関心のある職種であろう。なぜ事務職員が取り上げられたのか。「事務職員は、学校運営に関する専門性を有している、ほぼ唯一の職員である」からである。役割を担っていくために国として事務職

員の標準的な職務内容を示すこと、事務長等の学校運営事務の統括者を法令上に位置づけ、職務内容や教頭との職務分担を明確化すること。そして、研修プログラムを開発して研修を強化することが柱となっている。21世紀ピラミッド型学校運営組織図（図表23）で見たようなピラミッド型により学校職員を管理統制するには、教員出身者がほとんどの校長、副校長、教頭ではなく行政職の比重を高めていくことが求められたのであろう。

　これまでいくつかの地域を除いて細々と続けてきた学校事務の共同実施、事務センターは、この学校のマネジメント機能の強化で注目されることとなった。一方では、学校は小規模化し、したがって学校職員も少人数化する。他方では、新たな教育内容・方法を徹底するために学校職員への管理統制をしなくてはならない。そこで、学校を地域的に管理運営する組織によってこれを実現する方策が検討されている。学校事務の共同実施、事務センターは、都道府県の教育行政組織の縮小効率化のために教育事務所（都道府県教育委員会事務局の出先機関）を廃止・縮小した折に、その業務の受け皿としてつくられてきた。その延長線上の発想で、さらに管理的業務が拡大することになる。管理的業務が拡大すれば担当する職員も増え、それを統括する職が必要となる。ただし実務を担当する職員は非正規職員が想定される。すでに東京都の数ヵ所で実施されている学校事務の共同実施では、正規職員の人数を削減し、さらに拠点校以外の学校には非正規職員が配置されている[29]。合理化効果を考えるならば、東京都で進められているかたちが全国的にも波及していくことになると考えられる。

　2015年12月21日の中教審答申「チーム学校の在り方と今後の改善方策について」は、戦後公教育の解体を進めるための学校運営を構想したものである。その内容は、これまで見てきた中間まとめの内容を整理し、より管理的色彩を強めて課題を取りまとめたものである。チーム学校が構想された政治的な文脈を見落とし、そこに職の将来展望を重ねることには慎重さが必要である。

　この答申でも、基礎自治体の教育委員会事務局との業務連携、業務の再配分についての検討は深められていない。それは、都道府県費教職員制度が論議を阻んでいるからである。当面、教育委員会事務局は地方自治体の教育政策の決定と執行状況の管理という役割を強めると考えられる。その管理のもとに、各

学校は21世紀ピラミッド型学校運営組織を整備する方向へ進むであろう。正規学校職員が意思決定に参加する学校運営から排除された非正規職員および委託職員は、それを前提として教育実務を担うことになる。それが極限まで来たとき、規制緩和による公設民営学校に一斉に転換する事態も想定できる。そこで問われるのは業績だけである。もちろん、教育委員会の存在、教育委員会事務局の必要性も不可欠のものとはならない。世界的な事例としては、教育委員会あるいはそれにあたる地方自治体教育担当部署の廃止、縮小も起こっている。それはたとえば、ニュージーランド、カナダ、イギリスなどである。

　このような新たな学校運営組織のアイデアの1つにイギリスの学校運営がある。イギリスはサッチャー保守党政権の教育政策により地方自治体の教育部署の介在を縮小し、国と学校とを直結する政策を実施してきた。鍵となったのが学校運営の法人格をもつ学校理事会の存在であった。学校理事会は人事権、予算執行権をもち、全国学力テストによる数値化された学力の向上を行う権限と責任をもっている。そして現在、キャメロン保守党・自由党の連立政権は公設民営学校を基本とするに至っている。国民から得た税を学校理事会が運営する民営学校に投入する流れが加速している[30]。ここでは、一方で教員の教員免許取得緩和が進められ、他方で学校の人事や予算を管理執行する職員の重要性が増している。公設民営学校はイギリスだけでなく、アメリカ合衆国、スウェーデンなどで広がっている。スウェーデンでは学校経営で利益を生むことが認められている。欧米で広がる公設民営学校の特徴は、国を超えたグローバルなネットワークでつながった経営主体がいくつもの学校を傘下に置いていることである。チーム学校構想の次を注視する必要がある。

(5) 公設民営学校と教育バウチャー

ア 新自由主義政策の究極のかたち

　新自由主義的な教育行財政制度の究極のかたちは、公設民営学校と教育バウチャーである[31]。日本において通常、実施されている公立学校は公設公営学校である。義務教育であれば市町村が設置者となる公設のかたちをとってい

図表 24　設置形態別学校区分

学校形態	設置者	経営	公的財源支出	備考
公立学校	公設	公営	機関補助	地方自治体
私立学校	民設	民営	機関補助	学校法人
公設民営学校	公設	民営	機関補助	株式会社含む
教育バウチャー	公設、民設	公営、民営	個人補助	株式会社含む

る。そして、学校の維持や学校職員の給与費等、設置者が自主財源と特定補助金などを工面して直営（公営）として管理している。公教育は、日本の一般的な概念把握では私立学校も含まれている。設置形態別の学校区分を図表 24 に掲げた。備考は主な設置主体の類別である。

　私教育は、たとえば進学目的の塾、予備校や家庭教師による教育である。私教育は公の支配を受けない分、公的な補助がないように制度設計されている。日本国憲法第 89 条を見てみよう。

　　第 89 条　公金その他の公の財産は、宗教上の組織若しくは団体の使用、便益若しくは維持のため、又は公の支配に属しない慈善、教育若しくは博愛の事業に対し、これを支出し、又はその利用に供してはならない。

　私立学校は国の法令に従って公教育を行っているので私学助成が行われている。対して、公の支配に属しない私塾や教育特区に設置されている株式会社立学校などの教育の事業に対しては、公金その他の公の財産を支出し、またはその利用に供してはいない。憲法第 89 条に基づき、公の財産を私教育への支出や利用に供してはならないのである。国民からの財産を私してはならないことは当然である。他方で、それは私教育の国家からの自立が保障されることでもある。

　この境をあいまいにするのが公設民営学校や教育バウチャーである。いずれもアメリカ合衆国発の新自由主義的な教育制度である。戦後の日本の制度はアメリカ合衆国の影響を多分に受けている。それでも制度運営の実体は相違している。たとえば、義務制公立学校を維持するのは、日本では設置者である地方自治体である。教育委員会は役所のなかにある行政委員会である。行政委員会は政治的な中立性が必要な場合に設けられる首長から相対的に自立した機関で

ある。戦後まもない頃の教育委員会法の時代とは相違した現在のありようは、その相対的な自立性は希薄になりつつある。

ところがアメリカ合衆国では内政権は各州にあり、連邦政府は教育に関する権限がない。アメリカ合衆国の学校制度は、教育に特化した特別自治体である約1万3000の学校区（school districts）が基礎にある。ニューヨークなど大都市は別にして、日本と相違し、教育委員会をもつ学校区は地方自治体のエリアとは異なった存在である特別自治体である。州が教育に関する権限を学校区に移譲している。学校区は公選制の教育委員会をもち、また独自に教育税を課す権限をもっている。教育財政は特別自治体の自主財源が主となってきた。教育税をもつ点が日本とは相違する。ただし、アメリカ合衆国占領下の沖縄では教育税が存在していた。教育税は財産税であって不動産価格に連動している。地方ごとに自律的な教育を、自分たちの出し合ったお金で運営していた牧歌的な時代は、アメリカ合衆国では新自由主義がはびこるなかで強制的に終了させられた。

1960年代後半からカリフォルニア州に発した「納税者の反乱」により、教育税率の上限が州法によって定める州が拡大した。これに伴い学校区の財源不足を州財政で補てんすることになる。だが近年、州財政が苦しく十分な補てんができないなかで、連邦政府からの特定補助金を当てにする傾向が拡大してきている。ブッシュ共和党政権下で成立した時限立法である初等中等教育法の再改定が「どの子も置き去りにしない法」（NCLB法：No Child Left Behind Act）である。2002年から施行され、今日までアメリカ合衆国の教育行財政制度を規定している。NCLB法による連邦政府からの特定補助金を得るためには、州によるスタンダードの設定、学力テスト（アセスメント）による検証、数値による説明責任（アカウンタビリティ）を果たし、そして達成できない場合には罰、たとえば外部の補充授業、教職員の入れ替え、学校廃校、公設民営学校（アメリカ合衆国ではチャータースクールという）を措置すること、が求められた。数値化することで学力が比較可能となり、それを競わせると成果が生まれると信じる業績主義が基底にある。学校の市場化を図る方策の1つとして、つまり新自由主義的な教育政策として、学校区の教育委員会等と教育達成目標などの契約（チャーター）を取り交わすのが公設民営学校である。民間企業、個人等が経営

を公費によって担う公立学校である。その後、連邦議会では与野党の勢力分布により初等中等教育法の再改定ができない状況になっている。

　リーマンショックによる不況打開の責務を担って2009年に誕生したオバマ民主党政権は、新たな教育政策として「頂点への競争」を仕掛けている。「頂点への競争」は、連邦政府が掲げる政策目標に対応した州の教育政策の計画に対する、お金をぶら下げた州別対抗コンテストである。これには、州別スタンダードを連邦政府が推奨するコモン・コア・スタンダード準拠にすること、そして全米で成績下位5000校と卒業率60％以下の高校を再生するために公設民営学校化するなどの目標が掲げられている。いっそうの業績主義である。ダイアン・ラヴィッチ（2013）は、このようなアメリカ合衆国の傾向を、「企業型教育改革」（Corporate Reform）として厳しく弾劾している。「真の学校改革は、恐怖の上にではなく、希望の上に築かれなくてはならない」と語っている[32]。そのなかでもっとも利益率が高いと指摘しているのは、サイバーチャータースクールと呼ばれるホームスクールや不登校児童生徒対象のICTを使った通信制の公設民営学校である。

　公教育の市場化を進める公設民営学校は、イギリスではアカデミーやフリースクールとして繁栄している。また、スウェーデンでもフリースクールとして拡大している。民間活力の活用が広がっている。

　もう1つの公教育への市場化を進める政策として、ミルトン・フリードマンが提唱した教育バウチャーがある。公立学校は公設公営であり、そこに機関補助型の公的資金を投入している。公設民営学校も公的資金の投入の仕方は機関補助型である。ところが、教育バウチャー制度は保護者に公的教育経費の1人分をクーポン券のかたちで配布し、保護者はこれに私費を積み上げて、公私立学校を問わず選択した学校に自分の子どもを通学させるという仕組みである。「子どもは家庭の所有物」という考え方が露骨に現れている。この個人補助型の公的資金の投入の仕組みが唱えられた背景には、アメリカ合衆国では日本と相違して私立学校に公的補助金制度がないことが挙げられる。この公的資金の上に私費を積み上げる手法では富裕層に有利に働く制度になりがちのため、アメリカ合衆国でも一部でしか実施されていない。実施する場合でも、ミルウォーキー市のように貧困世帯の子どもたち向けに限定して実施されている

ケースがほとんどである。フリードマンは憲法違反を保護者への財政援助という迂回によりすり抜けようとしたのである。それが教育バウチャーである。この保護者の貧富の格差による教育機会の差を生み出す両制度とも、さまざまなかたちで日本にも持ち込まれようとしている。

イ 教育活動の外部化

現在、「教員の多忙化」キャンペーンによる教員の授業活動への特化とスタッフ職の拡大とが、「チーム学校」というスローガンのもとに文科省によって進められている。教育活動領域は狭められ、変質させられようとしている。非正規職員の拡大だけではなく、委託などの方法による外部化も課題である。非正規化が進んでいるのは公立学校より私立学校である。正規教員以外に常勤講師、非常勤講師、派遣講師など多様化し、埼玉県の正智深谷高校では、外部委託による非常勤講師は偽装請負に当たるとして労働委員会が救済命令を出している(33)。

外部化とは、アウトソーシング（outsourcing）などの手法により業務の一部、あるいは全部を地方自治体以外の民間企業等から調達することである。委託などによる直接的な教育活動への市場化の浸透は確実に進んでいる。公務労働を公務員が行う必然性が問われている。公的領域でほとんど唯一残っている未開発市場に向けて、公教育の市場化は多様な迫り方をされている。これまで、学校現業職員に対する合理化攻撃として、学校給食の外部化、用務員の委託が行われ、公務員現業職員は激減した。子どもの給食サービスは外食産業の、学校環境整備はビル管理会社にとっての有力な市場である。学校事務領域は学校事務センターなど公的な機構改革と臨時職員化によって再編されてきた。教育行政組織の二重化をもたらしている義務制の共同実施・事務センターと教育委員会事務局との関係は、今後整理が行われると思われる。2017年の政令指定市への特定三職種の給与費等の移譲を契機に、行政合理化の観点から統合が打ち出されるか、まったくの外部化が志向されるか、各自治体の判断が迫られていると考えている。

教育活動における外部化の実態についていくつか取り上げてみる。中央官庁

は各種調査を民間企業に委託している。文科省も 2007 年から始めた全国学力学習状況調査はそのようなかたちで実施してきた。ベネッセコーポレーションは 2070 万件に及ぶとされる顧客名簿の流出があったにもかかわらず、全国学力学習状況調査（小学校）を請け負っている（2016 年度分委託料 23.7 億円）。すでに文科省は、ベネッセコーポレーションなしには全国的なテスト調査の実施はできなくなっている。新自由主義的な教育政策の要である全国学力学習状況調査は巨大教育産業の手の内にある。ここで調査される数値化された学力によって、文科省や各地の地方自治体は業績主義的な政策判断を行うに至っている。

教育活動そのものにも市場化が侵食し始めている。これまで、塾、予備校などの受験産業は、公立学校、学校法人立の私立学校という公教育との棲み分けを行ってきた。公教育にあっては、教育産業を非公式に活用することで保護者の噴出する教育の私事化の欲求を緩和してきたのである[34]。だが、いつまでもそれが許されるはずもなく、公教育自体にも規制緩和の波が押し寄せている。

教育産業は、27 校中 20 校の廃止を検討している代々木ゼミナールの縮小に見られるように、少子化によるマーケットの減少への対応が迫られ、大学受験用の予備校と高校等への進学塾との連携・買収が盛んに行われている。その一部は公立学校に入り込んできている。その代表的な事例が藤原和博の「官民一体型学校」戦略である。杉並区立和田中学校の夜スペ（公立学校の課業時間外に学習塾を導入）の手法は、武雄市の小学校に学習塾を学習活動として引き込むことに転用されている。その説明会に登場した「提携先の「花まる学習会」（さいたま市）の高濱正伸代表が「この国は働けない大人を量産している。今の子供は考える力と人間関係づくりが弱い」などと学校教育の問題点を指摘し、独自の授業方法「モジュール授業」の有効性を訴えた。このように授業の補完に塾とタイアップする地方自治体は増えている。モジュール授業は低学年では児童 5、6 人に講師が 1 人つき、四字熟語や文章朗読、作文などを実施。1 回 90 分の授業を数分〜20 分で区切り、約 10 のプログラムを行う。達成感を味わいつつ想像力や思考力を培うという」と報じられている[35]。独自の授業方法の効果があるかは一律にはいえないが、「この国は働けない大人を量産している」という根本的な状況把握には大きな問題があるとはいえる。すでに子ど

6 学校職員の非正規化と外部化

もの貧困の問題で明らかにしてきたように、それを個人の能力や自己責任にする発想が、社会構造的につくられた「この国は働けない」状況をつくっていることを覆い隠し、貧困あるいは貧困一歩手前で働く人々を公教育が量産することに導くものであるからである。

過疎地では学習塾が少ない状況への対策から地方自治体が教育産業に委託する事例は少なくない。たとえば、「過疎地域の教員不足を補おうと、西伊豆町教委は通信教育大手「Ｚ会」と連携し、今月から町立仁科小学校で、添削指導を含むＺ会テキストを授業に使い始めた」という事例がある[36]。すでに見てきたように、生活困窮者自立支援法や子どもの貧困対策法、そして子供の貧困対策に関する大綱によって、学校内外でも公設補習塾の設置が流行となっている。公教育における民間活力の活用の導入である。

教科でいえばグローバル人材として重点化している英語での外部化が目立つ。文科省はALT 2万人配置を目指している。ALTを人材派遣会社に委託している自治体も見受けられる。先に偽装請負問題を取り上げたが、委託には企業の倒産などによって業務提供が不可能になる危険性は必ず生まれる。たとえば、2007年10月にNOVAが会社更生法の適用申請を行い、大阪市立小中高校450校中335校で突然授業ができなくなった事態も起きている。小学校での英語の教科化など新たな施策では、必ずそれに必要な予算措置と人的措置とが伴う。急激な需要増を理由として、新規領域には民間活力の活用が意図的に進められている。

教員の多忙化対策として、部活動への外部人材導入が進もうとしている。大阪市では、全国に先行するかたちで大きな市場として開放しようとしている。大阪市だけで数十億円規模の新たな市場である。本来、市民の自発的な活動の一環として、青少年の体育・文化事業として発展することが望ましく、学校教育から分離すべきであると考える。だが、学校内に抱え込んだうえで市場化をねらっているのが今日の動きである。これでは、勝利至上主義的な部活を変えることはできない。「市立中学校（約130校）の運動部は計約1440。市教委関係者によると、すべての運動部の毎回の指導を委託する全面委託も視野にいれるが、その場合は千人以上の指導人材と数十億円の費用が必要。市教委担当者は「教員の声も聞き、制度設計を進めていきたい」としている」と報じられ

た(37)。大阪市では 2015 年の 2 学期から、「部活動のあり方研究（委託団体活用モデル事業）」として中学校モデル校 8 校で実施されている。受託したのは大阪 YMCA などである。1 回 2 時間で年間 120 日の実施をする。サッカー、吹奏楽などを対象として 2015 年度予算約 1400 万円である。このような民間団体からの部活動指導者派遣事業は、杉並区では 2001 年から実施されてきた。これまでも、種目等の経験もない教員の指導による効果の低さや、また時間外勤務の法的黙認など課題が多い部活動への負担軽減から、専門性のある民間講師への依頼を制度化している地方自治体は少なくない。しかし、それは個人への依頼であった。民間企業等の委託とすると、偽装請負問題も生じかねない。

　文科省による「中学校における部活動指導支援」は「多彩な人材の参画による学校の教育力向上――補習等のための指導員等派遣事業」（2015 年度約 41 億円、対象人数 1 万人、補助率 3 分の 1）の 1 項目に載せられ予算措置されている。大阪市の場合は、大規模な民間活力の活用として政策立案されているところに注目しなければならない。また 2015 年 12 月の中教審答申「チームとしてのあり方と今後の改善方策について」では、SSW、SC の配置とともに部活動支援員の配置も提案している。大阪市の動きとともに注視する必要のある提案である。

　予算を握る財務省は、2015 年 10 月 26 日財政審「財政制度分科会」において次のような提案を含んだ資料を提示している。そこには、教員は少子化に対応して削減を行い、代わって「チーム学校」や「学校を核とした地域づくり」の取組を強力に進め、多様な専門家や地域住民が参画する学びの場を構築する。それによって教員は、授業に専念する体制を整えることで効率的・効果的な教育を実現できるとした。つまり 2024 年までの 9 年間で、教職員定数は約 3 万 7000 人削減し、代わって非正規補助職員（岡山県で始めた教師業務アシスタント配置事業等が実例として示されている）や地域ボランティアなどによって効率化を図るとしている。

　このように、教育関連においても教授活動への民間活力の活用による虫食い状態が一気に拡大している。新自由主義的な展開は第 2・3 次安倍政権による戦後教育体制の解体の一環として進められてきている。そのなかで、教育バウチャーや公設民営学校ははたして手つかずであったのか。公教育における新自

由主義政策の最終形態が日本おいてどのように進んでいるのかを次で見ていきたい。

ウ 日本における教育バウチャー

塾経営者出身の下村博文前文科相は、地方教育行政の究極の形態について、かつて次のように語っていた。

> 私が提唱する究極の形態は、現場の学校にマネジメントを任せるべく、公立の小学校を地方独立行政法人に移行させることです。(略) そして、そこにバウチャー制度を組み入れる。現在、小学生一人当たり年間約 100 万円の税金が投入されています。(略) バウチャー制の要点は、公立学校と私立学校を公平に扱うところにあります。今、日本では、教育を受ける側は過酷な競争原理にさらされていますが、教育をする側、特に公立学校には、競争原理が働いていません。(略) 小中学生約 1,100 万人の義務教育に年間約 10 兆円という巨額を支出しているわけです。[38]

公立学校に地方独立行政法人として法人格をもたせることで、自由な学校経営を可能とするというのである。そして、学校法人としての私立学校と地方独立行政法人としての公立学校とを競わせることでよりよい教育が実現できるとしている。肝心なのは 1 人 100 万円とする税金を公私立学校に分け隔てなく投入することである。投入方法は学校ごとではなく、保護者個人に 1 人当たり 100 万円を配布する仕方である。その公的資金に自分の資産を合わせた資金で学校を選択するという教育バウチャーの手法である。誰が有利なのかはわかり切った話である。「子どもは家庭の所有物」という根本的な考え方が基本にある。

新自由主義的な競争原理とは、国家間だけでなく個人間の経済的格差も利用したものである。それだけではあまりにも露骨なので、初期にはほとんどの場合、貧しい者、社会的なマイノリティ、災害にあった者への公的施しを導入理由に掲げていた。最初の提唱者であったフリードマンも言っている。すでに

貧困地区と高級住宅街とは分かれているのだから、現在の学校制度は、教育の機会を均等化するどころか、逆の効果を引き起こしていると彼は考えている。「並はずれて優秀な子供たち——未来の希望が託されているこれらの子供たちが、貧困から這い上がるのを阻んでいるのだ」[39]という。高級住宅街の児童生徒は並はずれて優秀な子どもでなくても未来が約束されている。逆に貧困地区の子どもたちは並はずれて優秀でなければ未来に夢がもてないことが社会的な不平等なのである。すべての子どもたちが「貧困から這い上がる」ためには、教育バウチャー制度ではなく、貧困地域への追加的財政投入こそ唯一の改善策である、と新自由主義者以外は考えるであろう。

　日本でも教育バウチャーはなかなか受け入れられてこなかった。松下幸之助、加藤寛、渡部昇一、堺屋太一らが中心となって、新自由主義的な教育政策を展開した世界を考える京都座会編『学校教育の活性化のための七つの提言』[40]が出されたのは1984年であった。その提言のなかの加藤寛が執筆した「教育の自由化について」の一節で、教育バウチャーを日本にも導入することを求めた。このような提言が、徐々に政府の政策に反映されていく。日本には私立学校への直接的な公的支援が基本的に存在する。その点では、憲法で私立学校への直接的な支援を認めていないアメリカ合衆国とは置かれた位置が相違する。したがって、焦点は学校法人以外の、たとえば株式会社立学校への公的資金の投入の道を拓く論議として設定される。2004年12月24日、規制改革・民間開放推進会議は「規制改革・民間開放の推進に関する第1次答申」を取りまとめた。この答申では、教育分野について、経営形態の異なる学校間の競争条件の同一化（「教育バウチャー制度」）や、学校に関する「公設民営方式」の解禁の検討を迫った。規制緩和による公教育の市場公開が繰り返し提言されるのである[41]。

　一歩踏み出したのは、当時の橋下徹大阪市長である。橋下市長は小中学生の塾や習い事への補助としてバウチャーを構想した。塾代等に月1万円を西成区内の就学援助を受ける中学生約950人を対象として2012年7月から実施、2013年度からは市全域に広げ、対象を生活保護受給世帯の中学生2万人（全体の3割）に拡大した。使用目的を限定したクーポン券を発行する方式である[42]。さらに2015年10月から5割に拡大した。こうして大阪市では、公教育ではな

く私教育への個人補助型の公的支出によって始まった。公的な教育財政の投入に関して、このように公私教育の区分をあいまいにした施策は、公教育の市場化に道を拓く下地づくりであると考えられる。同趣旨の発想は、災害時の子どもの教育保障や日本におけるフリースクールへの財政支援で検討されている。それが、より大きな弊害をもたらす毒まんじゅうではないかと危惧する。

エ 公設民営学校の具体化

　次に教育バウチャーよりいっそう具体化されている公設民営学校について検討をする。

　日本においても、公設民営学校をつくる動きは、先に見た規制改革・民間開放推進会議にあるように繰り返されてきた。2003年に構造改革特区法が改正されたことを契機として、株式会社立学校が設立された。大学、通信制高校などの他に、義務教育では2004年に、岡山県に株式会社立朝日塾中学校が設立された。株式会社立学校は、文科省の憲法第89条解釈により、私学助成の対象ではないとされた。この憲法解釈は正しい。いわば兵糧攻めのような手法によって財政的な困難さを招き、2011年4月には学校法人の朝日塾中等教育学校への転換を余儀なくされた。

　その後も、2011年6月に総合特別区域法案が成立し、教育特区では株式会社による学校設置の基準の緩和などによる「公私協力学校」の設置特例措置が可能となっている。現在まで、施策としては次の3パターンがある。

1、地方自治体が校地・校舎を提供し、民間と連携・協力して学校法人を設立する方式による公設民営は可能であり、これまでも、構造改革特区「公私協力学校設置事業」の特例措置の創設や、特区以外の公私協力方式による公設民営学校の設置が行われてきている。

2、構造改革特区における「公私協力学校設置事業」は、地方自治体が校地・校舎を無償または廉価で譲渡または貸与して学校法人を設立し、当該学校法人（公私協力学校法人）が、地方自治体の支援・関与のもとに学校運営を行う場合に、当該学校法人の設立認可に係る資産審査を省略するもの

である。ただし、「公私協力学校設置事業」については、これまでのところ特区認定の実績はない。
3、一方、特区「公私協力学校」の特例を活用せずとも、地方自治体が校地・校舎を譲渡又は貸与や出資を行い、学校法人を設立して、公設民営学校を設置することは可能である。このタイプの公設民営学校については、複数の設置事例がある。[43]

　文科省は、以上のような公立学校運営の民間への開放に関して、これまでは公立学校の管理・運営の包括的な委託には反対し、その理由として公の意思に基づく非定型的な処分行為等（公権力の行使）であることを挙げてきた。まだ規制緩和には抵抗していたのである。
　第2・3次安倍内閣では、公設民営学校を本格的に導入するために、成長戦略のなかで国家戦略特区に教育特区を新設することが検討された。内閣府に設置した国家戦略特区ワーキンググループの第4回会合（2013年6月11日）では、公立学校運営の民間への開放が柱の1つとして掲げられた。そこには「公立学校で多様な教育を提供する観点から、公立学校運営の民間開放（民間委託方式による学校の公設民営等）が有用な方策となり得ることを踏まえ、少なくとも特区において、こうした民間開放を柔軟に行うことについて、速やかに検討を開始し、できるだけ早期に結論を得る」と書かれている。この設置に向けた動きについて、日本経済新聞は「義務教育とも絡む公立小中学校の運営の開放は、「岩盤規制」の一つといわれてきた」とし、岩盤規制の緩和によって、既設公立校への民間による運営委託が行政コストの引き下げにつながると報道している[44]。第5回会合（2013年8月1日）では、有識者からの集中ヒヤリングについての報告があった。新しい学校の会（旧学校設置会社連盟）（7月8日）からは、「私学助成をバウチャー給付に切り替えること」、学校教育全体にインパクトを与えるには、「公立学校を変える取り組みが必要。公立通信制高校の民間委託、公立通学制学校全体の民間委託、科目別の民間委託など」が提案されている。
　第6回（2013年10月18日）では「国家戦略特区において検討すべき規制改革事項等について」を作成した。教育の項目には、

特区内で、以下の規制改革を認めるとともに、これについて臨時国会に提出する特区関連法案の中に必要な規定を盛り込む。(1)公立学校運営の民間への開放（公設民営学校の設置）・東京オリンピックの開催も追い風に、国際バカロレアの普及拡大を通じたグローバル人材の育成や、スポーツ・体育の充実などに係る必要性が増している。こうした中で、公立学校で多様な教育を提供する観点から、教育活動の質や公立学校としての公共性を確保しつつ、特区において、公立学校運営の民間開放（民間委託方式による学校の公設民営等）を可能とすることとし、関係地方公共団体との協議の状況を踏まえつつ、特区関連法案の施行後一年以内を目途として検討を加え、その結果に基づいて必要な措置を講ずる。

と、書き込まれている。

政府は2013年10月18日、日本経済再生本部を開き、国家戦略特区に公設民営学校を「解禁」することを決定した[45]。この方針の決定に先立つ9月20日、いち早く下村文科相は公設民営化を認める考えを示している[46]。また、この決定に早速反応したのが大阪市橋下市長である。「公設民営学校は長年議論されるばかりで進んでこなかった。下村博文文部科学相の政治的リーダーシップのおかげ（で認められた）」と評価する発言をし、「あとは大阪市が責任を持つ立場として、民間からのアイデアをもとに、公設民営学校のモデルを文科省に示したい」と語っている[47]。すでに、2013年6月5日に大阪府・市は政府に対して、公立学校への民間委託の実現に向けて教育特区設置を要請している。その骨子は、設置者管理主義（学校教育法第5条）の改正と教職員人件費についての財源措置である。要望には、「公立学校における義務教育費国庫負担制度と同等の財源措置を国及び都道府県（大阪府）において行なう（将来的には財源移譲すべき）」と記されている[48]。当時、大阪市教育委員会が示した構想では、理数系や英語に特化した中高一貫校（18年度開校）、世界で通用する入学資格を与えられる「国際バカロレア」認定の中高一貫校や学科（17年度開校）とともに、民間のノウハウを生かした小中学校（同）が挙げられていた[49]。文科省でも省内にプロジェクトチームを立ち上げ、次のような課題について検討を始めていた[50]。「1、教員の身分を民間人とするか、公務員とするか、混在

を認めるか。2、民間人採用の在り方と人件費を現行同様に国・地方で負担することが可能か。3、検定教科書以外の教科書の使用。4、教員免許を持たない教員の可否。5、公立学校での学力検査による入学制度」であり、これらは公教育の機会均等と水準の維持にかかわる根本的な課題である。

　文科省の調査を見ると、年間平均100名前後の民間人校長の登用があり、これによって、学校運営のノウハウは民間企業に蓄積されている。人材派遣会社のリクルートからの藤原和博、代田昭久などの名前を挙げることができる。藤原和博（2013）は、新自由主義教育政策に向けた取組をオセロゲームに喩えて次のように述べている。四隅を押さえることによって、すべての白黒を裏返すことに10年の歳月がかかった。最初の隅が和田中学校での学校支援地域本部である。藤原和博が、この「半官半民」組織を使って、「夜スペ」すなわち公立学校を使った進学塾を導入したことは、民営化の第1弾であった。次の隅が「よのなか科」である。社会とのかかわりにおいて子どもたちが学ぶのが戦後の「社会科」の誕生とすれば、この「よのなか科」は企業とのかかわり、あるいは商売とのかかわりで学びをするものである。3つ目の隅が大阪である。大阪で何がなされたのか。それは民間校長の大量採用である。そして、この意義を、「ある時期民間校長となるということが、優秀なビジネスマンにとって当たり前のキャリア選択になって欲しい」と語る。そして四隅の最後が、「公設民営校。今から2～3年かけてやるつもりだ。今は各地で検討されていて、たとえば2年後には武雄市で大変インパクトのある公設民営校を開設する予定だ。あるいは、大阪の公立学校を私塾の塾頭が経営するといった話でも良い」と、市場化の論理を強烈に語っている[51]。そして、武雄市では先に紹介した官民共同の授業が始まっている。公立学校、そこで学ぶ児童生徒はもちろん、そこで教える教職員も、市場化というオセロゲームの石にすぎない。たくさんの民間人校長を採用してきた大阪市は国際バカロレアを掲げる中高一貫校を公設民営学校として設立を進めている。

　国家戦略特区改正案を閣議決定し上程していながら成立していない状況に対して、2015年1月27日、第11回国家戦略特別区域諮問会議は岩盤規制改革のための時間が1年余りとなったことにいら立ち、「岩盤規制改革のための工程表」を示した。そのなかで、教育については「公設民営学校の実現」が掲げ

られ、法案の成立とともに関連した「株式会社の学校経営への参入とイコールフィッテング → 遅くとも来年度内に法案提出」「教育バウチャー → 遅くとも来年度内に措置」「教育委員会制度の見直し（前通常国会で法案成立済み）」が工程表として示されている。つまり、以下に述べる一部改正は単なる通過点であり、株式会社立学校が公立学校と同じ国家的支援を得る仕組み、あわせて教育バウチャーの導入までが射程に入っているのである。

　2015年7月15日、「国家戦略特別区域法及び構造改革特別区域法の一部を改正する法律」が成立した。「産業の国際競争力の強化及び国際的な経済活動の拠点の形成に関する施策の総合的かつ集中的な推進を図るため」に、グローバル人材の育成に特化した公立学校の管理を非営利法人「指定公立国際教育学校等管理法人」に丸ごと民営化することになった。国策学校がつくられるのである。法案の趣旨には「国家戦略特別区域会議が、公立国際教育学校等管理事業（都道府県等が設置する中学校、高等学校又は中等教育学校のうち、産業の国際競争力の強化及び国際的な経済活動の拠点の形成に寄与する人材の育成の必要性に対応するための教育を行うものとして一定の基準に適合するものの管理を、私立学校法に規定する学校法人等であって、当該学校の管理を担当する役員が必要な知識又は経験を有するものとして都道府県等が指定するものに行わせる事業をいう。）を定めた区域計画の認定を受けたときは、都道府県等は、条例の定めるところにより、指定した法人に当該学校の管理を行わせることができる」ようにすると述べられている。この特別な法人は学校法人、準学校法人、一般社団法人、一般財団法人、特定非営利法人が該当するとし、何でもありの様相を呈している。1月27日工程表にあるように次は株式会社の参入と教育バウチャーが準備されているのである。法人の規制の範囲は一時的なものと思わざるを得ない。それは企業による公教育の乗っ取りであり、ラヴィッチのいう「企業型教育改革」の始まりである。

　公設民営学校の学校職員は「みなし公務員」とされ、注目された義務教育段階の教職員の給与費に関しては、公立学校の教職員同様に義務教育費国庫負担とすることが問題とされることなく決まっている。すでに、大阪市は国際バカロレア[52]を掲げる中高一貫校を公設民営学校として設立する方向で進めている。学校職員に関しては定数標準法による配置を求めているが、「国際バカロ

レアについては、通常の教育課程を指導する教員と国際バカロレア機構において認定された教育課程を指導する教員が必要となることから、必要となる教職員数については生徒数に応じ別途定めたうえで、事業者からの提案によるものとする」。「また、学校の維持管理に従事する職員は、業務を第三者に委託することについて教育委員会の承認を受けた場合には、配置を行わないことも可能とする」ことを制度設計で明らかにしている[53]。

愛知県が県立愛知総合工科高校に専攻科を設け、その専攻科の運営を公設民営で実施することについて、「地方創生特区」の第1弾として指定されている。

さらに、「日本再興戦略―JAPAN is BACK―」(2015年6月14日閣議決定)により定められた数値目標、2018年までに国際バカロレア認定校を200校に増加させるという目標に向けて、インターナショナルスクールを規制緩和してそれに応えようとしている。公設民営学校ではないが、株式会社群馬フェリーチ学園が2015年4月にフェリーチ玉村国際小学校を開校した。玉村が国際教育特区の認定を受けて、株式会社立インターナショナルスクールを学校教育法の特例措置として認可させたのである。

いま、単線型の学校体系を捨てて、「学歴・学力保障」の効率を判断基準とした保護者の選択権を優先させた複線型の学校体系がつくられようとしている。保護者の多様な教育欲求を実現することが正義であるとする立場からすれば、公設民営学校の広がりや多様な教育機関をイコールフィッテングで扱い、公的資金を放出することは必要不可欠な規制緩和である。だが、その先には互いに言葉が通じない階層分裂状況が生じると思える。アメリカ合衆国でかつて使われていた悪名高い「分離すれども平等」を思い出す[54]。

これに対して、生活背景も相違し、心身の状態も異なる多様な子どもたちが混じり合って学ぶことが、民主主義の社会を維持していくためにもっとも重要なことだと考える。そのためには全国津々浦々に、そして東京の真ん中においても地域共同の営みとしての学び舎を維持することが必須である。公設公営学校への機関補助型という近代公教育の基本を保持することは、新自由主義的な教育政策が浸透するなかにあってこそ、強調すべき方策であると考える。それが公教育の再生には必要である。

6 学校職員の非正規化と外部化

（1）東京新聞「非正規公務員　3人に1人　官製ワーキングプア」2013年9月11日。
（2）読売新聞「生活保護常務ケースワーカー、無資格者が23％　全国調査」2008年1月7日。
（3）西日本新聞「ケースワーカーに非正規が急増　九州の自治体、苦肉の策」2013年11月3日。
（4）櫛部武俊ほか『釧路市の生活保護行政と福祉職・櫛部武俊』公人社、2014年。
（5）樫田秀樹『官製ワーキングプア　生活保護を受けて教壇に立つ』『世界』2009年7月号、189～199頁。
（6）嶺井正也・中村文夫『市場化する学校』八月書館、2014年、第1・2・10章。樋口修資「公設民営学校の批判的考察」『日本教育事務学会』第2号、2015年、42～52頁。
（7）読売新聞「公設民営校、特区で解禁へ　教育などに特色」2014年10月20日。
（8）国立教育研究所「OECD 国際教員指導環境調査（TALIS）　2013年調査結果の要約」http://www.nier.go.jp/kenkyukikaku/talis/imgs/talis2013_summary.pdf（2015年12月28日閲覧）。
（9）読売新聞「26歳教諭の過労死認定「自宅でも相当量残業」」2015年3月3日。
（10）正確には、校長、教頭、教諭、養護教諭、栄養教諭、助教諭、養護助教諭、寄宿舎指導員、講師、学校栄養職員、事務職員である。根拠法としては、義務教育費国庫負担法以外には地財法第10条がある。
（11）国による定数管理は、義務教育および高校教職員にあるほか、警察、消防、福祉関係職員にもある。しかし現在、定数は地方の最低基準となり、義務教育費国庫負担制度による国からの財源に基づいて都道府県の自由裁量（総額裁量制）によって配置できる。その最低基準を下回る配置も、東京都、大分県などで行われ始めている。
（12）現代学校事務研究所法令研究会編『ドキュメント　学校事務職員の給与費等の国庫負担問題の10年』学事出版、1993年。
（13）中村文夫「学校事務の共同実施・事務センターの中二階論（上）（下）」『学校事務』2007年10月号（46～50頁）・11月号（50～54頁）。
（14）東京都教育委員会「東京都教員人材育成基本方針」2015年2月には、2013年にA選考で1.1倍、2014年にB選考で1.2倍まで低下している現状が報告されている。文科省「平成25年度公立学校教職員の人事行政状況調査」2015年2月によると、副校長、教頭の希望降任者は全国で107人、うち東京都は15人である。
（15）中教審初等中等教育分科会「学校・教職員の在り方及び教職調整額の見直しの在り方に関する作業部会」第5回、その他配布資料2、2009年1月15日。
（16）中村文夫「政令市費教職員制度の創設」『日本教育事務学会年報』第1号、2014年、24～35頁。
（17）中村文夫「学校周縁労働試論」『とうきょうの自治』No.74、2009年、15～20頁。
（18）官製ワーキングプア研究会「官製ワーキングプア研究会レポート」第11号、2014年

8月。

(19) 東京都労働局HP「偽装請負とは、書類上、形式的には請負（委託）契約ですが、実態としては労働者派遣であるものを言い、違法です」。「請負とは、「労働の結果としての仕事の完成を目的とするもの（民法）」ですが、派遣との違いは、発注者と受託者の労働者との間に指揮命令関係が生じないということがポイントです」。偽装請負の代表的な事例は、「請負と言いながら、発注者が業務の細かい指示を労働者に出したり、出退勤・勤務時間の管理を行ったりしています。偽装請負によく見られるパターンです」http://tokyo-roudoukyoku.jsite.mhlw.go.jp/hourei_seido_tetsuzuki/roudousha_haken/001.html（2015年9月21日閲覧）。

(20) 文科省初等中等局国際教育課長「外国語指導助手の請負契約による活用について（通知）」2009年8月28日、21初国教第65号、各都道府県・指定都市教育委員会主管部長あて。

(21) 作図にあたって参考にしたのは、小畑精武「自治体雇用構造の変化」である。『公契約条例』旬報社、2010年、27頁。

(22) 文科省『諸外国の教育動向2013年度版』明石書店、2014年、89頁。事務職は8.5万人。

(23) 紅林伸幸「協働の同僚性の〈チーム〉」『教育学研究』第74巻第2号、2007年、36～50頁。

(24) 中村文夫「21世紀型学校事務モデル――学校事務の共同実施・事務センターからチーム学校へ」『印象派』第41号、2015年3月27日。

(25) チーム学校を考える場合に、三職種に関する人事制度政策の大きな節目は2つあった。すでに述べたように、1つは人確法の導入である。もう1つは義務教育費国庫負担制度の見直しである。両方とも、財務省・財政審は繰り返し廃止を求めている。その1つの成果が、戦前から義務教育費国庫負担金は2分の1であったのを3分の1に削減したことである。

(26) 名古屋市教委「教育つうしん」2015年5月号、http://www.city.nagoya.jp/kyoiku/page/0000060183.html（2015年10月13日閲覧）。毎日新聞「名古屋市教委：「子ども応援委」設置 臨床心理士ら常勤」2014年2月12日。

(27) 中村文夫「学校事務の共同実施・事務センターの中二階論（上）（下）」『学校事務』2007年10月号（46～50頁）・11月号（50～54頁）。

(28) 「教職員等の指導体制の在り方に関する懇談会提言」も2015年8月26日に出されている。内容的にはほぼ同一である。いずれも概算要求時期に合わせた政治的な動きである。

(29) 日本教育新聞「学校事務の新タイプの共同実施モデル施行へ」2013年3月25日。安武久美「学校事務の職場は今」『Autonomy・Tokyo』No.97、2015年によれば、2015年度に武蔵村山市では2校の拠点校に4名ずつ都費正規事務職員を、それ以外の14校には従来からの市費事務職員と新規に都費非常勤職員が配置されている。

(30) 山口伸枝「レポート　公設民営学校の拡がり——イングランドを中心に」2015年9月19日、公教育計画学会教育行財政部会。
(31) 中村文夫『学校財政』学事出版、2013年、243～257頁。中村文夫「オバマ政権下の教育行財政」『市場化する学校』八月書館、2013年、23～40頁。
(32) ダイアン・ラヴィッチ『アメリカ　間違いがまかり通っている時代』東信堂、2015年、417頁。
(33) 朝日新聞「非正規のひずみ私学も」2012年10月13日。毎日新聞「都内私立高　昨年度採用の常勤、過半数「契約先生」多くが1年更新」2013年2月20日。埼玉新聞「非正規雇用の教員、私学で増加　「契約打ち切り」不安抱え教壇に」2015年6月12日。
(34) 中村文夫「課外学習費」『学校財政』学事出版、2013年、147～160頁。
(35) 毎日新聞「官民一体型学校：花まる学習会導入で説明会　佐賀・武雄」2014年6月5日。
(36) 中日新聞「西伊豆町教委とZ会連携」2014年7月13日。
(37) 産経新聞「中学の部活指導に"外注"検討　大阪市、負担軽減図るも費用は最大数十億円規模」2014年9月22日。
(38) 下村博文「公立小中学校の独立行政法人化という究極の改革に向けて」『法律文化』Vol.262、2006年、12～27頁。
(39) ミルトン・フリードマン、井村章子訳『資本主義と自由』日経BP社、2008年、177～178頁。
(40) 世界を考える京都座会編『学校教育活性化のための七つの提言』PHP研究所、1984年。
(41) 中村文夫・樋口修資「教育補助金と教育バウチャー制度の視点からみた現代教育財政への一考察」『明星大学研究紀要　教育学部』第2号、2012年、15～30頁。
(42) 朝日新聞「大阪市の塾代1万円支給　まず西成区で7月橋下市長」2012年2月30日。
(43) 国家戦略特区ワーキンググループ資料「公立学校運営の民間への開放」（公設民営学校の解禁）2013年5月28日、http://www.kantei.go.jp/jp/singi/tiiki/kokusentoc_wg/hearing/06gakkou.pdf（2013年10月25日閲覧）。
(44) 日本経済新聞「既設公立学校も民間に運営委託　政府、新特区で容認」2013年6月11日。
(45) 時事通信「「公設民営学校」解禁　国家戦略特区の規制緩和　政府」2013年10月18日。
(46) 朝日新聞「公設民営学校　文科相が容認」2013年9月21日。
(47) 産経新聞「公設民営学校提案の橋下氏「大阪市がモデルを示す」」2013年10月18日。
(48) 大阪府・市「国家戦略特区の創設に向けた提案」2013年6月、http://www.pref.osaka.jp/attach/20252/00000000/gaiyo.pdf（2013年10月25日閲覧）。
(49) 産経新聞「橋下市長　公設民営化学校をやりたい　沖縄の民営学校にラブコール」

2013 年 5 月 7 日、毎日新聞「大阪市教委：「公設民営学校」政府に提案へ…17 年度から」2013 年 9 月 19 日。
(50) 官庁速報「教員の身分、人件費など焦点＝公設民営学校の論点整理に着手―文部科学省」2013 年 11 月 6 日。
(51) 教育改革実践家、藤原和博「アイディアを豊かにし、イノベーションを起こすには？～情報編集力による付加価値創造とリーダーシップ」（あすか会議 2013 講演）2013 年 9 月 9 日。
(52) 小林美津江「公立学校運営の民間への開放」『立法と調査』No.350、2014 年 3 月の注「国際バカロレア機構（本部ジュネーブ）が実施する国際的な教育プログラムであり、グローバル人材を育成する有用なツールの一つ。国際的に通用する大学入学資格を取得できるプログラムであり、世界の主要な大学において入学選考等に幅広く活用されている。日本再興戦略において、2018 年までに 200 校を目指すとされている」。
(53) 大阪市「公設民営学校における制度設計」2014 年 5 月 27 日。
(54) アメリカ合衆国で、白人、黒人との分離政策として合理化された視点。1954 年の連邦最高裁判所の裁定「分離された教育施設は本質的に不平等である」によって否定された。

おわりに ── 公教育の再生、展望と課題

　持田栄一がかつて語った言葉を思い起こしてほしい。「このような「近代」における教育と学校の現実を問いかえすことをしないで「自己教育」を説き生涯にわたる教育の組織化を追求したとしても、それは所詮は幻想にすぎない」。「いわゆる福祉機能は、さきにも言及したように、社会的に恵まれない条件にある者の利益保障を課題とするものである。しかし、弱者の利益保障は、一般者へのありかたを問いかえすことなしに真に、実を結ぶことはありえない」として、公教育の社会共同的な在り方を問うことの重要性を指摘している。

　当時の「国民教育論」への批判の見解であるだけでなく、今日の新自由主義的に教育の私事性を謳う主張への批判にもなっている。教育と福祉との結合は、ますます重要性が増している。現在進められている公教育の新自由主義的な再編成を前提として、そのなかで子どもの貧困を論議することは虚妄である。公教育の無償化という普遍主義に立つことなく、就学援助制度を基本とする選別主義でさえ財政的に重荷として忌避し、数値化された「学歴・学力保障」政策に転換しようとしている。過度に競争的な日本の教育にあって、そこから排除ないし無視されてきた貧困状態にある子どもを学力競争に復帰させ、新自由主義的な公教育へ傾斜しつつある教育制度へ包摂する構図を「良し」としてよいのだろうか。「学歴・学力保障」に特化した貧困対策では、数値的な学力が上昇しない子どもは、貧困を自己責任として受け入れることを強制される。企業団体の意向を受けて政府が雇用・労働政策を実施してきた結果、労働者の40％は非正規労働者であり、さらに派遣労働の範囲をますます拡大して非正規の割合を広げようとしているのが日本の現実である。

　グローバル人材が、成長戦略には不可欠な要素であるという。安倍第2・3次政権によって進められてきた戦後教育の解体、新自由主義的な教育政策は、グローバル人材の育成に特化している。教育財源の投入もグローバル人材の育

成が優先されている。その育成も規制緩和によって行うことは業績主義の観点から当然有力視されている。その観点からする公設民営学校という究極の手法に向けて、公設公営学校のなかでの民間活力による虫食い状態が進行している。

　グローバル人材の育成、そして成長戦略から排除されているのが貧困世帯の子どもであり、過疎地の子どもであり、そしてグローバル人材の育成の戦力とならない学校職員である。成長すると考えられている社会から排除されている大人も子どももまた自立を強要されている。自己責任を自覚して社会の重荷になるなというのである。このような文脈のなかで新たな子どもの貧困対策が浮上している。就学援助制度は単なる金食い虫とさえ思う人たちも現れている。ましてや普遍主義に立つ公教育の無償化は論外と思う人も多い。子どもは貧困の連鎖を断ち切る要請を受けて自立に向かう。それは「学歴・学力保障」政策として結実した。学校を出た貧困世帯の子どもたちは、社会のなかで、貧困は社会的な理由ではなく、自己責任に基づくものとしてパイの奪い合いに参加させられようとしている。確かに、中学卒業より高校卒業のほうが、高校卒業より大学等の高等教育卒業のほうが、よりよい就労・就職機会に恵まれる可能性がある。だが、可能性に期待はできない。すでに高等教育機関の分岐が構想されている。グローバル人材を養成するＧ大と職業訓練校化するその他多数のＬ大とが用意されている。日本の職業社会はメリトクラシーではなく、社会的構造は閉じられており、社会階層の上昇（移動）は必ずしも約束されていないことも、学校の先にある現実である。稼働年齢の時期、つまり学校を出てすぐには生活保護を受けるようにならないにしても、労働者構成の最底辺部を40％に及ぶ非正規労働者として明日を心配しながら生きる状態に固定化される危険性は高い。チーム学校に入らない多くの学校職員もそのなかに含まれている。自立を強制する人たちの心底が透けて見えるというものである。

　貧困からの個人的な脱出手段に、公教育の役割を限定してとらえてはならない。義務教育はもちろん、公教育の無償化に向けた着実な保障を実現する一方で、再生のためには、公教育そのものを子どもの最善の利益に沿って社会共同的に改善することが求められている。市民社会を形作る信頼性、互酬性、職業に必要なもの以外も備わった知性、広い視野からの判断力、危険を察知する感

おわりに

覚、さまざまな力を内発的に得ていく学びが求められている。

　子どもの貧困対策法の成立、そして大綱の策定は、子どもの貧困が日本において無視できないほどに拡大してきていることを背景としている。それは、相対的貧困者が子どもの6人に1人という数値以上に、学校において実感する事態である。それは、数値化した学力の優劣だけではなく、いじめや不登校などさまざまな事象として現れている。その背景には貧困層の増大と社会的分裂・分断とが存在する。これを無視して学校だけ、教育だけで子どもの貧困対策ができると考えるのは、個人的な救済に教育目的を限定する安直な発想に結びつく。子どもの貧困対策法、大綱、そしていち早く総合的に具体化している足立区の子どもの貧困対策元年の取組が指し示す方向からは、危険なにおいがする。

　1つ目の課題である義務教育段階の子どもの貧困の課題を、就学督励の1つである就学援助制度と「学歴・学力保障」政策、そして民間活力の活用の状況を中心として論じてきた。日本の義務教育段階では、公教育の無償化の一歩手前まで来ている現実を明らかにし、残るわずかな保護者からの学校徴収金を、無償化すなわち税による歳出にすることで、子どもの貧困対策のベースができることを述べた。普遍主義に立った改善に向かうために、1つには、選別主義に立った生活保護（教育扶助）と準要保護世帯への就学援助制度の一体化と就学援助内容、取扱いの改善とを具体的に提案した。2つには、徴収している学校徴収金を公会計化処理し、地方議会での論議を通じて財政民主主義を実現し、そのなかで税による義務教育の実施を実現する地方自治体からの実践的な取組を強く求めた。知る限りでも、すでに給食費の無償化を実施している地方自治体は37団体にのぼっている。全額無償化を実施している団体も7団体が数えられる。

　義務教育に入る以前、そして高校や高等教育、就職に至る全体的な問題については十分に言及できなかった。また、補償教育についての課題や、子どもの貧困対策に要する財源の課題などについても今後の課題として残っている。

　2つ目の課題である平成の大合併と少子化とが及ぼす学校統廃合について、推進政策に転換した文科省の姿勢を、手引を解釈することで明らかにした。そして、地方創生の一環として統廃合を進めることで、挙家離村をもたらす構図

を示した。学校統廃合に対しては、小さな学校の魅力と津々浦々に学校があることによる教育機会の平等を実現することを述べた。地域共同の取組として成り立ってきた義務教育の学校の歴史的意義を振り返り、学校統廃合をしない選択があることを考察した。そのためには、学校も生まれ変わる必要がある。強い意図をもって地域とともにある複合的な施設に変えていく必要がある。京都の町衆が学制以前につくり出した番組小学校がそうであったように、パブリックスペースとしての学校である。

　3つ目の課題である学校職員の非正規化は、教育関連部門から始まり教授部門本体へと進んでいる。義務制教員の17.22％が非正規教員である。学校職員全体としても非正規化や外部委託が進行している。このような状態は地方公務員全体にも当てはまる現象である。地方自治体の運営全体が公設民営される事態もアメリカ合衆国では始まっている[1]。日本でも学校職員の非正規化は教育部門の民間活力の活用による虫食い状態の進行ともつながるものとして把握した。一部の正規採用の地方公務員は管理業務に特化し、対人サービスの実務は非正規化あるいは民間委託化により実施する傾向が見られる。この傾向が公教育の現場にも適用される危険性を指摘した。管理業務に特化した本採用幹部教員が、業務指示書を作成し、児童生徒の評価という公権力の行使（行政処分）の部分を担い、非正規学校職員や委託職員あるいは派遣職員が、授業実務等の事実行為をするという分離構造の合法化もあり得る。

　本書では、新自由主義的な教育政策の最終形態である教育バウチャーや公設民営学校へと至る道を知らずに転がり落ちるものとして示した。藤原和博の唱えるオセロゲームが進んでいる。

　教員の多忙化という現象は、給特法による時間外手当の放棄、人確法による他業種公務員との給与格差肯定に始まる。根本的な改善のためには、そこからの見直しが必要である。学校職員の非正規化については、まず現状認識が浸透していないことから、状況と理由とを明らかにすることに主眼を置き、政策的に進められているピラミッド型のチーム学校の内容を検討した。そこにあるのは、多様な職種を対等の職員として相互承認するのではなく、チームとしての仲間とそれ以外に分ける学校運営組織づくりである。現代の子どもたちは、単に数値化された学力ではなく、ともに学び、地域で生きる、また将来、過酷な

労働環境に直面した場合には、手を結んで対抗することができる共同性を身につける必要がある。そのためには、教育福祉の実践が問われている。これを実現するために、異なる専門性をもち、異なる職業理論に立つ学校職員が、相互尊重と対等な関係による論議と共同作業を行うという本来の趣旨のチームを実践することが重要である。新たな21世紀鍋ぶた型の学校運営である。それは、数値化した学力競争を前提とした業績主義的な学校運営を拒むことである。現在の肥大化した教育行政制度を変える必要があるが、それは公設民営学校や教育バウチャーなどの公教育の市場化に結びつく教育機会の多様化を求めることではない(2)。「分ける」ことではなく、「混ぜる」こと、結びつくことが活路である。貧富の差が拡大しているまちの様子ばかりではなく、学校における階層構造の精緻化、非正規学校職員の増大、委託職員の拡大、そこにおける人間関係の様相を、そして大人たちの哄笑と涙とを子どもたちは見ながら育っている。排除と包摂のもとにいる学校職員になりたい自分はいるのかと、子どもたちは日々考えているのである。

　新自由主義によるグローバル人材の育成という光を消し去り、影を光とする公教育の再生のためのいずれの課題も重い。第2・3次安倍政権によって戦後教育体制の解体が進行している。しかし、発想を少し変えるだけで、できることは少なくない。社会共同の公教育の実現への希望をもつには早過ぎるが、絶望するにも早過ぎる。子どもたちにとって「いつの日かなりたいと思うものを感じとれる場所」が必要である。その1つであるまちの学校としての意義を強調したい。それをしっかりと実現するためには、公教育の無償化という普遍主義に立った実践的な課題など多方面の取組が必要である。相互の関連を考え抜いて、直面する課題の改善を1つ1つ実行することが大切である。

（1）アメリカ合衆国の事例としてPPP（Public/Private Partnership）は、公共的な事業を官、民、市民が連携して行うことの総称的概念であり、我が国でもPFI（Private Finance Initiative）、指定管理者などのさまざまな制度や手法を用いて実践が積み重ねられてきた。
　　NHK「"独立"する富裕層〜アメリカ　深まる社会の分断〜」2014年4月22日や、ZUU ONLINE「お金持ちが自治体を作る⁉〜独立する富裕層〜」2014年5月27日によ

れば、理想的なPPPであるジョージア州サンディ・スプリングス市は富裕層が払う固定資産税の15％、売上税の一部、酒税など、2013年の税収は日本円で約90億円となり、州内トップクラスの財源をもつ自治体であるが、彼らはビジネスの手法を市の運営に取り入れ、ほぼすべての業務を民間に委託した。市民課も税務課も、建設課や裁判所まで民間に委託した。例外としたのは警察と消防程度。その結果、たった9人の職員で市の運営を賄うことに成功した。公教育も外部化されている。

（２）日本では、文科省をはじめ都道府県、市区町村の教育委員会制度は、権限のうえでも、人員的にも肥大化している。中央集権的な教育体制を変えるためにも、またこの経費を削減するためにも学校現場への人事任用権と財政権を主とする権限の拡大が必須である。直接的な教育活動への投資を重点化するためには、後方支援組織の簡素化・廃止が今後検討すべき課題でもある。すなわち、行政組織と一体化している教育委員会の広域化（統廃合）や軽量化（指導主事等の廃止）は検討課題である。代表的事例としてカナダの教育委員会（学校区）の統廃合と学校理事会の活性化が挙げられる。ニュー・ブランズウィック州では教育委員会が廃止された。また、ニュージーランドでも教育委員会を廃止している。他方では、地方教育行政組織の権限を縮小し学校理事会に決定権を付与したイギリスで、素人経営の限界から学校経営の共同実施指向が見られる。それは、公設民営化の導入の糸口にもなっている。

あとがき

　今日いわれているのは、次のようなことではないでしょうか。
　「グローバル人材を養成するためにはそこに教育投資を集中する必要がある。子どもの貧困に対しては自立して、自己解決しろ。そのために、子どもの貧困対策法を制定し、「学歴・学習保障」の政策を打ち出した。少子化、過疎化で子どもが少なくなれば、地域から学校をたたむのは当然である。嫌なら、自分たちでやり繰りを考えろ。地方創生に対応した「手引」も示してある。グローバル人材とその他とは分離して、校長のリーダーシップのもとに、さまざまな学校職員が分担して公教育をつつがなく行うことが大切である。「チーム学校」はそのための仕組みである。もちろん、公教育は本採用公務員でなければできない仕事ではない。本採用教職員の任務は公権力の行使を厳密にすることである。実施するのは非正規あるいは委託職員で十分である。数値化した学力の向上という質の保障のためには、必要に応じて集め、また解雇できる非正規公務員や委託職員の活用が効率的である。その先にあるのは公設民営学校や教育バウチャーになる」
　事態はそこまで来ているのであって、それはちょっとまずいのではないか。そこで、普遍主義に立った公教育と福祉との結合をもってストップをかけ、小さな学校を尊重し、職種や雇用状況を超えた鍋ぶた型の学校運営（それは真のチームの在り方である）を行うことで公教育の再生を本書で検討しました。
　本書は、私にとって3冊目の単著であり、前著『学校財政』で使用した教育行財政のアプローチの手法を使っています。子どもの貧困、学校統廃合、学校職員の非正規化という、新自由主義的な教育政策の影の部分を分析し、公教育の再生に向けた具体的な改善の取組を一緒に考え行うための提起をしたつもりです。実践的な取組には、説得するにしろ交渉するにしろ、主張の論拠を示し、共感を得つつ相手の論拠を覆す作業が必要です。そのとき、これまでの経

緯、法解釈、データ、事例などが大切であると考えています。そのため、なるべく活用できる資料をそろえました。また、実践的な課題に応えるために、資料として「増補改訂版　学校給食費の公会計化を目指す人のためのQ＆A——法令遵守の徹底から無償化を展望します」を添付しました。

　資料の提供や分析の相談に応じていただいた方々なしには、本書をかたちあるものにはできませんでした。日頃から研究をともにする公教育計画学会教育行財政部会、情報を寄せていただいた全国の学校事務職員にはお世話になりました。いつも研究活動を導いていただいている嶺井正也先生と、今回の出版を勧めていただいた井上定彦先生に、そして全文を点検してくれた友人武波謙三さん、妻中村けい子に、深く感謝します。また、明石書店編集長神野斉さん、編集者の小山光さんにも心よりお礼を申し上げます。

2016年早春

中村文夫

付録 | 増補改訂版
学校給食費の公会計化を目指す人のためのQ＆A
――法令遵守の徹底から無償化を展望します

Q1　なぜ学校で給食を食べるのですか

　食べるというのは人間らしく生きるための基本となるものです。「食饗」を「ヲシアヘ」と読み、「教える」という言葉のもとになったとの説もあります。給食が多くの学校で提供されています。日本が世界に誇る食育の制度です。食事を単に提供するだけではなく、学校給食法第2条にある目的に沿った学校教育の1つとしての食育が行われています。教育の一環であることをまず大切にしなければなりません。また、教育と福祉とが交差する学校給食は、セーフティネット（安全網）の役割も果たしています。大規模自治体では、中学校での学校給食が実施されていなかったところもありますが、実施や実施に向けた検討が急速に始まっています。

Q2　「愛情弁当」が必要という人がいます

　子どもたちの養育権は保護者にあります。しかし、教育委員会側から「愛情弁当」論、つまり食べさせることは保護者の責任であり、保護者の愛情の詰まった弁当を持たせるのは当然であるという言い方は教育にかかる経費を安上がりにしようとする心根からの物言いでしかありません。確かに、学校給食事業は多大な経費がかかります。それでも、食育としての位置づけのなかで学校給食を実施することは避けて通ることはできません。家庭の味、家庭での食事のマナーについては、ぜひ朝夕の食事のときに愛情を注いでください。

Q3　学校給食の経費にはどんなものがあるのですか

　学校給食を実施するには、給食を作る場所、作る人たちの維持管理費用がかかります。この費用については学校給食法第11条第1項によって設置者（義務制の公立学校であれば、市区町村）が負担することになっています。直接食べる食材については、同条第2項により保護者負担とされています。ただし、設置者が食材費を負担することも可能です。この食材部分の経費が通常「学校給食費」と呼ばれています。給食費を考える場合、保護者からの集金の在り方と

食材業者等への支払の在り方と両方を考える必要があります。

Q4　学校給食費を保護者に負担させる手続きはありますか

　小中学校への入学説明会の折に学校給食の実施に当たって学校給食費納入の案内をしています。異議が示されなければ、保護者との間に給食提供と費用負担の「黙示の契約」が成り立ったと考えることができます。さらに、入学時に給食申込書を取り集め、その申込書に支払い義務の明記をしている学校があります。念には念を入れろということでしょう。ただし、「食い逃げを許すな」という姿勢を露骨に示すことが、良いことであるかは一概にはいえません。

　黙示の契約は保護者と誰が結ぶものなのでしょうか。これについては判例がありませんので確定はしていませんが、文部科学省の判断は設置者であるとしています。つまり、校長でも教育委員会でもなく、設置者である市区町村長（首長）としています。

Q5　学校給食費はどのように集められていますか

　給食費の集金方法は、3分の1が市区町村の指定する金融機関へ振り込む納税と同様の公会計の方法です。この公会計化する市区町村が近年急速に拡大しています。他方では、3分の2が、校長への支払となり、そのほとんどが保護者（あるいは本人）の預金口座から校長口座に振り込む私会計方法となっています。

　また、徴収率が上げるためとして、児童生徒に現金を持たせる方法をとる学校もあります。その場合に受け取る担任教員の負担軽減を考えて、保護者の給食担当が受け取り、集計をしている学校もいくつかあります。

Q6　保護者が集金担当をすることに不安です

　地域を同じくする保護者が集金するのは、相互規制の役割を期待してのことでもあります。江戸時代の五人組を思い出させます。そのため、確かに徴収率

は上がる傾向が見られます。しかし、学校給食は市区町村の公的な事業です。それを集めるのは公務です。地方自治体として公務に伴うプライバシーを守る必要があります。

　市区町村にある個人保護条例に照らして許容範囲であるかどうか、見極めることが大切です。同様に、学校給食費の学校においての監査にPTA役員が当たる場合にも、個人情報保護条例に違反するかどうか、市町村役所の法務担当による判断が求められます。

Q7　学校で集金すると収納率は高まると言われました

　現金集金でなくても、学校を通した徴収方法は、税金等の徴収より収納率が高いのが一般的です。給食を摂ることとその支払いをすることの因果関係が鮮明なことが、理由の第一です。そのうえ、未納の保護者には、担任経由で児童生徒に督促状を持たせます。この収納への圧力は強力です。さらに、担任、事務職員、管理職からの電話や夜遅くの家庭訪問等による督促が続きます。収納率が高まるのは当然です。

　しかし、その分、本来の学校経営や学級経営、そしてもっとも重要な授業や授業への準備のための時間が割かれるのでは、本末転倒です。また、公的な徴収業務への知識がない教職員が、督促業務を行うために保護者とのトラブルが引き起こされる危険性も高いのです。

Q8　私会計はどのような根拠に基づいていますか

　学校給食費を校長の口座で集金して、市区町村の歳入にしない方式は、戦後の食糧危機の時代に学校給食が法律もなく実施されてきたことに遠い原因があります。学校給食に必要な経費も実態先行で賄われてきました。学校給食法が施行されたのちも、昭和32年当時の文部省は行政実例で、「歳入処理しなくてもよい」「出納員でない校長が取り集め、これを管理するのはさしつかえない」との判断を示しました。この行政実例が根拠となって私会計が続いています。すでに半世紀以上がたち、包括外部監査等でコンプライアンスに基づく見直し

を求める指摘が続いています。地方分権の時代に半世紀前の行政実例を根拠とするのは時代錯誤といえます。

Q9　準公金としての取扱いで十分ではないでしょうか

　公的な施設の管理運営の1つである学校給食は、公会計によって実施されなくてはなりません。学校給食費の徴収は、歳入処理されることが基本なのです。地方自治法第210条は総計予算主義、つまり市区町村のお金は全て歳入歳出として取り扱うことを求めています。準公金という概念は、「教育ムラ」のなかでしか存在しないのです。一言でいえば、法令違反であるということです。学校給食費取扱要綱で取扱いの整備が行われているところがあますが、それで十分であるかは検討を要します。

Q10　金融機関に保護者の名簿を渡しています

　校長口座に振り込むには通常、金融機関と契約をし、保護者の口座から手数料を取って振替をしています。しかし金融機関との書面による契約をしていないずさんな契約行為も見受けられます。書面でどのような契約関係となっているのか再確認が必要です。保護者のデータを金融機関に情報提供することが前提ですから、市区町村の情報管理に関する条例・規則に応じた手続きをとることが大切です。とくに、オンラインの情報提供は、特定の場合を除いて不可となっている市区町村が多いはずです。このことは、私会計では給食費等の口座振替が困難であるということを意味します。個人情報保護条例等に抵触するか、確認を行うことが不可欠です。

Q11　学校で現金を保管・管理するのは大丈夫でしょうか

　地方自治法第235条の4には現金や有価証券を保管できる範囲が定められています。法律に定められているほかは政令（内閣が定めるもの）で決めるものだけです。学校給食費はそのなかには入っていないのです。文部科学省が定める

省令でも、地方自治体が定める条例でも例外扱いとすることはできません。学校で現金を管理し、あるいは校長口座で給食業者へ支払いのための出し入れをすることは、地方自治法に違反している可能性が限りなく高いものです。

Q12　学校で学校給食費の担当者となっています

　現金を取り扱えるのは、市区町村で定められた出納員の資格をもつ職員だけです。私会計あるいは準公金では、法律的な根拠がありません。地方公務員は法律に基づいて仕事をします。それが職務専念の義務です。法律に基づかないことを勤務時間中に行った場合、地方公務員法第35条に基づく職務専念義務違反となります。また、これを命じた管理職にも問題が生じます。保護者に学校給食費の取扱いを依頼した場合には、先の個人情報取扱いの問題とともに、本来公的処理をすべき現金等を取り扱わせた校長の管理責任は検討事項となります。

Q13　督促業務で気を使わなければならないことはなんですか

　学校で徴収金業務を行う場合、未納者への対応が生じます。校長の職務命令で督促業務の一環として児童生徒に督促状を渡す場合、同級生の目を意識して気づかれないように渡すことには神経を使います。それはいじめの引き金にもつながる可能性があるからです。郵送が望まれますが、そのためには送料の予算付けが必要です。電話での保護者への催促にも言葉を選んで話さなければなりません。ましてや夜分、家庭訪問をして督促する場合には、なおさらです。教員には督促業務をしても時間外手当はつきません。自腹を切るほうが楽だとも思うことでしょう。

　督促にも専門的な知識が必要です。学校職員は専門的な知識を習得していません。ただ金を払えと言うだけなら、悪徳金融業者と変わりがありません。納付能力があるのか、分割納付なら可能なのか、就学援助の対象となるのかなどのきめの細かな知識とそれを発揮できる力量が必要です。

Q14　督促しても払わない場合には、給食を止めることはできるでしょうか

　文部科学省の学校給食実施基準には、「学校給食は、当該学校に在学するすべての児童又は生徒に対して実施されるべきものとする」と記されています。給食を止めることは、教育上からも最悪の選択です。給食費の支払債務者は保護者であり、学校教育の一環として給食を食べた児童生徒ではないのです。支払いをしない保護者への責任をそれ自体として追求するのではなく、児童生徒への懲罰的な「教育指導」を行うことによって圧力をかけるのは安直な手法です。確かに、給食を提供することを止めて弁当を持って来いと言うことは、学校給食法が奨励法であることから可能かもしれません。しかし、教室の風景を思い浮かべてください。アレルギー等の特別な問題がない児童生徒が、ある日から1人だけ弁当を持って登校する様子はあり得ない話です。このような手法を選ぶ地方教育委員会あるいは校長の教育者としての判断が疑われます。

Q15　専門的な部署で督促を行っているところがあると聞きました

　市町村役所として、税金だけでなくさまざまな徴収金の収納は大切な業務です。水道料金など利用者個人と役所との契約による料金は私債権と呼ばれ、役所の行政処分で強制的に徴収することができません。裁判所の判断を仰がねばならないのです。私債権の収納は複雑で、専門的な知識が必要です。専門的な部署が包括的に収納事務に当たる傾向が生じています。そのために私債権の管理条例を定める動きがあります。給食費をこのなかに入れて、専門的な部署で徴収するところも出ています。千葉県T市、福岡県F市などでは、徴収員をこのために雇っています。ただ、この場合でも対象となるのは公会計化された給食費のみです。

Q16　どうしても払わない場合には司法手続きが可能でしょうか

　督促をしても保護者が払わない場合には、1つには民事訴訟法第383条以下に規定されている制度の利用が可能です。簡易裁判所を利用することが可能で

す。また、民事訴訟法第368条による小額訴訟制度も60万円以下の請求に関しては利用可能です。しかし、この場合には、事前に議会の承認が必要となります。

　いずれにしても訴える場合には、誰が訴えるのかが問題となります。校長なのか、教育委員会なのか、設置者である市区町村長であるのか。私会計で給食費を処理している場合には、それぞれの市区町村で裁判費用のねん出の合理的根拠を含めて判断が統一されていません。いざ司法手続きをしようとする際には、切手1枚に至るまで支出の法的な根拠を示すことが必要です。

Q17　第三者弁済とはなんですか

　通常は債務者が弁済に当たりますが、民法第474条1項によって第三者も弁済することができます。これを第三者弁済といいます。ただし、債務の性質がこれを許さない場合や、当事者が反対の意思を表示したときは、この限りではありません（同条1項但書）。また、第三者に利害関係がない場合は、債務者の意思に反して弁済はできないとされます（同条2項）。

　給食費を払うのは、保護者です。保護者に代わって、給食食材業者に学校が一括して食材費等を支払うことは、第三者弁済に当たります。本来の債務者である保護者が同意していれば問題はありません。こじれた場合に、保護者が裁判で同意していない旨を主張することが考えられます。勝手に支払ったと居直られる可能性があるのです。債務者の意思に反して第三者弁済したことをもって司法的な手続きを行っても、訴えそのものが問われる事態も生じかねません。

Q18　公会計化のメリットはなんですか

　給食費を公会計化するのは、コンプライアンス（compliance：法令遵守）が必要だからです。メリット、デメリットを考える前に、法令に基づく給食費会計が前提です。そのうえで合理的・効率的な方策を模索することが大切です。子どもにとっては、給食費が公的に歳出されているので、給食止めをされる危険

性を回避できます。2012年度より公会計化を実施した横浜市では効果として、保護者に関して、①給食費の取扱いがより明確になり、透明性が高まる、②保護者が指定した金融機関からの引き落としが可能。学校現場の効果として、①基本的には、給食費の徴収管理の必要がなくなる、②システム管理による事務負担の軽減による教育時間の確保、を挙げています。

Q19　学校給食費の公会計化とはなんですか

　歳入については、給食費を水道料金と同様に役所に歳入として支払うシステムです。債権としての本来の姿です。債権者は市区町村長、債務者は市区町村民（給食費では保護者）です。債権には公債権と私債権とがあります。公債権の代表的なものは税金です。その他に国民健康保険料や保育料があります。これらは役所の行政処分で取り立てる強制徴収が可能です。公債権のなかでも農業集落排水使用料など一部では非強制徴収となっています。他方で水道料金、住宅使用料などは私債権です。私法上の契約によって債権の原因が発生するものです。給食費を公会計化する場合は、この私債権に当たります。担保（抵当）の権利の実行や強制執行は裁判所が判断することになります。なお時効は2年です（民法173条の3号）。

Q20　公会計化を進めるにはどうしたらよいでしょうか

　1つの学校では実現できません。市区町村単位で進めなくてはなりません。給食費の公会計化はコンプライアンスの問題だという認識が必要です。うやむやな取扱いは便利そうに見えますが、それは公務職場である学校で行ってはならないことです。法令に基づいて、法令が現実に合わなければ法令を変えて、業務を進めるのが公務員の基本的な姿勢です。公会計化を進めるのに、有効であったのは群馬県の事例です。群馬県では県教委が市町村教育委員会に給食費の公会計化を進める通知を2007年に出しました。また、市民からの議会を介した要請が実を結んだ場合も多数あります。全国的には、文部科学省に昭和32年の行政実例で示した考え方を改めることを求める必要があります。

Q21　公会計化で支払いはどう変わりますか

　歳出となった給食費は、学校で執行する場合、地教委事務局から令達（配当）された支出項目の1つとして公的な会計となります。したがって、教材費や一般的な消耗品費の執行と同様に行うことになります。総額で見れば、学校に配当された全ての金額以上の規模である給食食材費が新たな支出業務となります。自校給食の場合、毎日の食材の発注、検品、そして30日以内の支払いが、会計規則に沿って行われることが求められます。1件1伝票で実施している場合には、兼票形式に改めるなど会計処理の簡素化をあわせて実施することで、合理的な業務改善につながります。

Q22　公会計化のソフト開発は高額だと言われました

　公会計化するためには、新たに徴収するためのシステムを開発しなくてはなりません。システムの開発費用がかかるので、二の足を踏むところがあります。学校給食費の公会計化を実施した横浜市では、開発契約では会社によっては10倍も相違する見積もりが出てきました。しかし、すでに出来合いのパッケージソフトも数多く存在します。開発費用はもはや高額なものではありません。また、小規模な市区町村で開発費用が捻出できない場合には、自前でソフト開発をすることも可能です。山口県のN市では学校事務職員が中心となって自前のソフトを開発して使用しています。

Q23　学校現場は楽になるのでしょうか

　どのようなシステムをつくるかによって異なります。制度設計には学校現場の参加と意向の尊重が重要となります。歳入の仕組みをどのようにつくるのか。学校現場での集金を前提として公会計化するのでは、過重負担は続きます。未納者の督促業務を含めた教育委員会事務局などとの業務再配分について一体的な検討が必要です。

　歳出に切り替えるには学校内での支払業務の事務担当者の変更が伴うことも

考えられます。公的な監査の対象にもなります。コンプライアンスを守りながら、業務の効率化を見定めることが求められます。発注業務、検品業務、そして伝票処理は同一人であっては不正の原因となります。新たな業務が生じれば必要時間数を割り出して、増員を含む人員配置の見直しも同時に検討しなければなりません。

Q24　学校現場での集金を前提とした公会計化の問題はどこにありますか

　校長口座にいったん入金して、それを出納あるいは特別会計に入れるシステムは、給食センター方式の場合に多く見受けられます。保護者から校長口座に振り込ませて、それを歳入とする場合には、校長を出納員に任命する必要があります。しかし、出納員が私的名義の口座をもつことはありませんから、校長口座の法的位置づけが問題となります。校長口座の段階では個人口座であり、それを出納に入れた段階で公金となると判断できます。

　未納者から現金集金した場合、当日中に出納の口座に学校現場の担当者が振り込む必要があります。このシステムではかえって学校現場の事務量は増える可能性が高いといえます。また、収入と支出担当者を同一人に指定するのは不正防止の観点から、会計処理上の常識として、あってはならないことです。

Q25　給食センターとの関係はどうなりますか

　センター方式の場合、すでに公会計化され、場合によっては特別会計としているところもあります。実施している場合でも、学校長口座までは私会計で、センターに納入されたときから公会計として扱っている場合も見受けられます。学校サイドから見れば、事務量はそのままで、さらに私会計であるための問題点も改善されません。センターサイドでは、全て公会計化する場合の事務量の増大が課題となっています。この間の調整が必要です。

Q26　学校給食会との関係はどうなりますか

　学校給食会と校長（あるいは市区町村）との委託契約で調理内容や物資発注等を学校給食会が請け負っている場合があります。校長が契約を結ぶ権限を委譲しているのか、確認をすることが第1です。適正な競争に基づいた契約であるのか、また契約内容の点検が必要です。市区町村が契約担当者となっているところでは、包括外部監査で契約費用の積算根拠から点検がなされ、大幅な改善の勧告が行われています。公会計化を前提とする会計処理の改善は必須となっています。学校給食会がどのような法人格をもつべきなのかも検討課題です。

Q27　地元食材業者との関係はどうなりますか

　地産地消の観点からも、また地域産業の育成の観点からも地元食材業者の育成は積極的に行うべきです。私会計では簡便な請求書類のやり取りで実施しているところも多く見受けられます。公会計化すると、零細食材業者に指定業者の登録などお役所仕事ならではの手続きが求められます。また、単品ごとに見積もり合わせができるのは大手の食材業者となり、実質的に地元業者が排除される構造となる危険性があります。少量少額で多品種の購入が迅速に可能となるように会計システムの改善を、教育委員会事務局、学校栄養職員、学校事務職員をはじめとした担当者が図ることが大切です。

Q28　会計規則の改善が必要になりますか

　会計規則は市区町村ごとに相違します。校長の決裁権がないところもあります。その場合は、教育委員会事務局で一括処理します。また、校長決裁権がある場合でも、支出負担行為や支出命令の決済額によっては、地元食材業者への支払い額がその上限を超えてしまう可能性もあります。合理的な決済額への変更も必要となります。業務量の増加が心配ですが、学校事務だけではなく、校内での分担見直しも含めて地元食材業者をはじめ、給食センターや給食会との合意形成が大切です。抜本的な業務改善のよい機会としてとらえましょう。

Q29　学校給食費以外の徴収金はどうなりますか

　給食費は金額があまりにも大きいものです。これを私会計で曖昧にしておくことはコンプライアンスから許されません。給食費以外にも学年学級費といわれる補助教材の集金などがあります。修学旅行や校外活動への積立など多額になる項目もあります。O市の包括外部監査では、給食費以外の諸徴収金の公会計化も求められています。今後、給食費以外も公会計化が社会から要求されることになると考えられます。

　給食費が公会計化されても、学校徴収金に他の項目がある以上、私会計の事務は残ります。問題点も残ることになります。まずは、巨額の給食費の公会計化から始め、社会の要請を受けながら段階的な改善を行うのが現実的です。給食費の公会計化システムの上に、その他の徴収金も合わせて徴収しているF市、N市の事例もあります。

Q30　児童手当からの差引は利用したほうがよいでしょうか

　児童手当は子ども手当と相違して所得制限があるうえに金額が削減されているのが現状です。しかし、子ども手当と同様に保育料や給食費、教材費など同意があれば差引（特別徴収）することができます。全員から同意が得られれば給食費の徴収業務がなくなります。実質的な給食費の無償化が実現できるのです。厚生労働省は全員からの申出書を取るよう取扱説明書に書いています。単に未納者対策として活用するのではなく、積極的に活用すべき制度です。

Q31　児童手当からの差引の改善が必要ではないでしょうか

　児童手当の所得制限と金額の引き上げが必要です。また、差引された児童手当を給食費に充当する場合、公会計化されていないなかでは、どこまで公金であるのかが問題となります。厚生労働省は食材業者等への支払いまでを公金であると判断しています。ところが校長口座は私口座（資金前渡口座ではない）のため、矛盾が生じてしまいます。公会計化したうえで児童手当を活用すること

によって、整合性が保てます。

　また、全員の合意が得られれば児童手当から給食費を全て賄うことは可能です。つまり、給食費の無償化は理論的にはできます。しかし、年3回4ヵ月分の一括支払いであるため、それまで食材業者等に支払いを待ってもらうか、あるいは歳出として事前に市区町村が予算を組んでおく必要があります。支払い時期の改善も必要です。

Q32　学校給食費の無償化を広げるにはどうしたらよいでしょうか

　児童手当による実質的な無償化についてQ30で例示しました。児童手当を、保護者への支給ではなく、保育料や給食費等など子育て・教育費用にあらかじめ充当する制度設計も今後検討する必要があると思います。給食費の公会計化はコンプライアンスの問題ですが、給食費や教材費等の無償化は政策的な課題です。これまで少子化対策として市区町村は医療費の中学校までの無料化などを実施してきました。今後は保護者負担の割合の大きな給食費の無料化が焦点となります。

　兵庫県相生市など単独37自治体、義務教育費全額無償化7自治体の計42ヵ所が、少子化対策として給食費の全額無償化を始めています。一部補助の市区町村はさらに広がりを見せています。地域から豊かな子育て・教育環境を整備することなしには少子化に歯止めはかかりません。教育だけを見るのではなく、地域的な課題としての子育て・教育環境の改善方策としてのアプローチが大切です。

Q33　保護者からの徴収金をなくすことは可能ですか

　可能です。すでに教科用図書や教材教具費用の大部分は公費負担となっています。児童生徒が持ち帰るドリルや絵の具など副教材、補助教材の一部が保護者負担となっています。学校運営費標準をつくり、年次計画を立てて保護者負担の軽減をしてきた地方自治体もあります。また、包括外部監査で同一自治体内部での学校ごとの徴収金額格差の改善を指摘されたところもあります。保護

者が望めば、児童手当からの差引も可能です。法令が変われば、保護者の了解がなくても児童手当から未納金に充当することができます。

　少子化対策から給食費のみならず全ての経費を無料にした山梨県早川町、丹波山村など7自治体があります。公会計化は、公教育の無償化への地に足を着けた取組の最初の一歩なのです。

《言葉の解説》
食育：食育基本法が制定され、それを受けて学校給食法に、「児童又は生徒が健全な食生活を自ら営むことができる知識及び態度を養う」ことが求められています。
個人情報保護条例：地方自治体がもっている住民情報に関して、そのプライバシーの保護を定めている条例です。情報ネットワークは、個人情報の流出を避けるために、記録内容の規制、外部提供の規制などが定められています。
黙示の契約：単なる口約束であっても契約は成立しますし、また口約束がなかった場合でもその人の行動から判断して契約が成立したと認められることがあります。これを黙示の契約といいます。
総計予算主義：地方自治法第210条には、「一会計年度における一切の収入及び支出は、すべてこれを歳入歳出予算に編入しなければならない」と記されています。歳入歳出は議会の承認を得ることが、財政民主主義が確保されるための最低限の要件となります。
現金等の保管：地方自治法第235条4「1．普通地方公共団体の歳入歳出に属する現金（以下「歳計現金」という。）は、政令の定めるところにより、最も確実かつ有利な方法によりこれを保管しなければならない。2．債権の担保として徴するもののほか、普通地方公共団体の所有に属しない現金又は有価証券は、法律又は政令の規定によるのでなければ、これを保管することができない」。
職務に専念する義務：地方公務員法第35条「職員は、法律又は条例に特別の定がある場合を除く外、その勤務時間及び職務上の注意力のすべてをその職責遂行のために用い、当該地方公共団体がなすべき責を有する職務にのみ従事しなければならない」。
出納員：地方自治法第171条第4項の規定により、会計管理者の事務の一部を出納員および分任出納員に委任することができます。
私債権管理条例：地方自治体での収入未済＝未収金が増えているなかで、債権徴収強化を目的に制定するものです。私債権とは自力執行権がない債権で、これは学校給食費などの徴収力を強化するために考え出された条例です。
コンプライアンス：法令遵守です。単に法令に従うというのは最低限のことです。求められていることは、法令以上に社会的な公正性や社会貢献に自発的・積極的な姿勢で臨むことです。自分たちだけに通じる「教育ムラ」の都合で是非を考えずに、常に対外的な説明責

任を果たす姿勢で公務に当たる必要があります。

群馬県の事例:「学校給食費の公会計処理への移行について（通知）」（群馬県教育委員会ス健第310106-7号、市第533-39号 2007年3月30日）を各市町村長、各市町村教育委員会教育長あてに通知をしました。「学校給食費については、地方自治法（1947年法律第67号）第210条に規定された総計予算主義の原則に則り、公会計により適切に処理されますようにお願いいたします」と記されています。

《参考資料》

子ども手当・児童手当特別徴収：厚生労働省の説明、http://www.mhlw.go.jp/bunya/kodomo/shiryo/dl/haihu_03.pd

『自治体のための債権管理マニュアル』東京弁護士会弁護士業務改革委員会自治体債権管理問題検討チーム編、ぎょうせい、2008年

参考文献

浅川和幸「学校統廃合による中学生の生活と意識の変化」『北海道大学大学院教育学研究院紀要』No.117、2012年
阿部彩『子どもの貧困』岩波書店、2008年
阿部彩「子どもの貧困Ⅱ」岩波書店、2014年
稲葉剛『生活保護から考える』岩波書店、2013年
岩重佳治ほか『イギリスに学ぶ子どもの貧困解決』かもがわ出版、2011年
岩田正美『現代の貧困』筑摩書房、2007年
植田みどり「「地域の教育力」を活用した学校改革に関する日英比較研究―資料集―」国立教育政策研究所　2008年、
大山典宏『生活保護VS子供の貧困』PHP研究所、2013年
小川利夫『教育福祉の基本問題』勁草書房、1985年
小川政亮「社会保障法と教育権」『教育法学の課題』総合労働研究所、1974年所収。『小川政亮著作集４』再録、大月書店
小川政亮「就学保障のための条件整備の一断面――権利としての就学援助の観点から」『教育条件の整備と教育法』（講座教育法第４巻）、総合労働研究所、1980年６月所収、『小川政亮著作集４』再録、大月書店
小田切徳美『農山村は消滅しない』岩波書店、2014年
樫田秀樹「官製ワーキングプア――生活保護を受けて教壇に立つ」『世界』No.793、2009年７月号
苅谷剛彦『階層化日本と教育危機』有信堂、2001年
鳶咲子『子どもの貧困と教育機会の不平等』明石書店、2013年
喜多明人『学校施設の歴史と法制』エイデル研究所　1986年
櫛部武俊ほか『釧路市の生活保護行政と福祉職・櫛部武俊』公人社、2014年
紅林伸幸「協働の同僚性の〈チーム〉」『教育学研究』第74巻第２号、2007年
香山壽夫『ルイス・カーンとはだれか』王国社、2003年
国民教育文化総合研究所都市政策研究会『ポスト成長社会と教育のありよう』　2013年
国立教育政策研究所「第11章　埼玉県秩父地域の事例：学校教育行政面での課題を中心に」『人口減少社会における学校制度の設計と教育形態の開発のため総合研究最終報告』2014年

小西佑馬「就学援助制度の現状と課題」『北海道大学院教育学研究科紀要』第95号、2004年

小林美津江「公立学校運営の民間への開放」『立法と調査』No.350、2014年

小山進次郎『生活保護の解釈と運用　改訂増補』中央社会福祉協議会、1951年

酒川茂『地域社会における学校の拠点性』古今書院、2004年

佐野眞一「ルポ　下層社会」『文藝春秋』2006年4月号

沢井勝ほか編『自立と依存』公人社、2015年

渋谷望『魂の労働』青土社、2003年

下村博文「公立小中学校の独立行政法人という究極の改革に向けて」『法律文化』Vol.262、2006年

田浦武雄『デューイとその時代』玉川大学出版部、1984年

武波謙三「非正規教職員の実態とその考察」『公教育計画研究』第6号、2015年

堤未果『ルポ　貧困大国アメリカ』第4章、岩波書店、2008年

ジョン・デューイ『学校と社会　子どもとカリキュラム』講談社、1998年

東井義雄『村を育てる学力』明治図書出版、1975年

中村文夫「学校事務の共同実施・事務センターの中二階論（上）（下）」『学校事務』2007年10、11月号

中村文夫「学校周縁労働試論」『とうきょうの自治』No.74、2009年

中村文夫・樋口修資「教育補助金と教育バウチャー制度の視点からみた現代教育財政への一考察」『明星大学研究紀要―教育学部』第2号、2012年

中村文夫『学校財政』学事出版、2013年

中村文夫「『学校と社会』における学習環境設定の理想と現実」『パブリック・エジュケーション・スタディ』第4号、2013年

中村文夫「政令市費教職員制度の創設」『日本教育事務学会年報』第1号、2014年

中村文夫「21世紀型学校事務モデル――学校事務の共同実施・事務センターからチーム学校へ」『印象派』第41号、2015年

西川祐子『住まいと家族をめぐる物語』集英社、2004年

樋口修資「公設民営学校の批判的考察」『日本教育事務学会』第2号、2015年

平野和弘編著『オレたちの学校　浦商定時制』草土文化、2008年

広井良典『定常型社会』岩波書店、2001年

日渡円『教育分権のすすめ』学事出版、2008年

福田直人「「普遍主義」と「選別主義」」『生活経済政策』No.210、2014年

藤沢宏樹「就学援助制度の再検討(1)(2)」『大阪経大論集』第58・59号、2007・2008年

藤田孝典「ソーシャルワークの現場から見る生活困窮者自立支援制度」『SOCAL ACTION』第3号、2015年

藤本典裕「教育費の保護者負担と就学援助制度についての一考察」『東洋大学文学部紀要』

第 31 号、2004 年
ジョナサン・ブラッドショー、所道彦「子どもの貧困対策と現金給付——イギリスと日本」『季刊・社会保障研究』Vol.48 No.1、2012 年
ミルトン・フリードマン、井村章子訳『資本主義と自由』日経 BP 社、2008 年
星野菜穂子『地方交付税の財源保障』ミネルヴァ書房、2013 年
本田良一『ルポ　生活保護』中央公論新社、2010 年
増田寛也編著『地方消滅』中央公論新社、2014 年
増田寛也・冨山和彦『地方消滅　創生戦略篇』中央公論新社、2015 年
嶺井正也・中川登志男編著『選ばれる学校・選ばれない学校』八月書館、2005 年
嶺井正也・中村文夫編著『市場化する学校』八月書館、2014 年
宮武正明「生活困難な家庭の児童の学習支援はなぜ大切か」『こども教育宝仙大学紀要』第 1 号、2010 年
宮寺光夫他『再検討　教育機会の平等』岩波書店、2011 年
持田栄一・市川昭午編著『教育福祉の理論と実際』教育開発研究所、1976 年
森山茂樹・中江和恵『日本子ども史』平凡社、2002 年
文部省初等中等教育局、総理府中央青少年問題協議会『六・三制就学問題とその対策——特に未就学、不就学および長期欠席児童生徒について』1952 年
文科省『諸外国の教育動向 2013 年度版』明石書店、2014 年
安井智恵「東京足立区における学校選択制の事例研究」『岐阜女子大紀要』第 41 号、2013 年
柳田國男「郷土生活の中にある学校」『明日の学校』1948 年
山口伸枝「公教育に期待する福祉的役割」『公教育改革への提言』八月書館、2011 年
山下祐介『地方消滅の罠』筑摩書房、2014 年
湯浅誠『反貧困』岩波書店、2008 年
ダイアン・ラヴィッチ『アメリカ　間違いがまかり通っている時代』東信堂、2015 年
B・S・ラウントリー、長沼弘毅訳『貧乏研究』千城、1975 年
若林敬子『増補版　学校統廃合の社会学的研究』お茶の水書房、2012 年

索 引

あ行

相生市　110, 111
足立区　22, 26, 73-85, 209
委託化　11, 85, 162, 210
一般補助金　92, 129

か行

外部化　64, 162, 179, 191, 193
拡張学校　86, 87
学歴・学力保障　9, 13, 16, 35, 36, 49, 51-55, 61, 63-66, 68-72, 77, 79, 84, 85, 137, 161, 202, 207-209
過疎地　42, 122, 127, 134, 193, 208
学校給食費　⇒給食費
学校財政　91, 92, 97, 100, 102, 182, 203
学校職員の非正規化　7, 11, 12, 42, 165, 172, 210
学校徴収金　29, 92, 93, 96-100, 102, 103, 105-108, 110, 113, 163, 209
学校統廃合　7, 11, 12, 42, 54, 92, 114, 119-125, 127-148, 150-155, 157, 209, 210
寄付　44, 57, 92, 93, 99, 100, 121, 157
義務教育費国庫負担制度　11, 57, 92, 101, 102, 123, 139, 153, 167-170, 172-174, 185, 199
給食費　7, 8, 10, 25, 29, 31, 60, 85, 92, 94-98, 100, 102, 103, 105-114, 163, 209

教育機会の平等　12, 44, 51, 52, 63, 70, 85, 123, 142, 163, 174, 210
教育行財政　13, 33, 51, 121-123, 139, 142, 144, 149, 164, 187, 189
教育再生実行会議　41, 42, 47, 122, 130, 140, 165
教育バウチャー　11, 51, 115, 140, 187, 188, 190, 191, 194-197, 201, 210, 211
教育費の無償化　10, 102, 108, 113
教育福祉　9, 10, 16, 32-34, 85, 86, 108, 114, 116, 181, 182, 211
教職員定数　11, 57, 60, 129-131, 150, 152, 166, 194
業績主義　44, 49, 61, 66, 68, 80, 109, 123, 162, 163, 189, 190, 192, 208, 211
挙家離村　140, 141, 158, 209
グローバル人材　12, 13, 41-50, 58, 61, 71, 123, 137, 164-167, 174, 193, 199, 201, 207, 208, 211
公会計化　28, 29, 96-99, 102-108, 163, 209
高校授業料　10, 11, 34, 35, 114, 115
公設民営化　199
「公立小学校・中学校の適正規模・適正配置等に関する手引～少子化に対応した活力ある学校づくりに向けて～」　⇒手引
国際バカロレア　46, 71, 137, 199-202
子ども手当　106, 107
子どもの貧困　7-13, 15, 16, 18, 22, 29, 33-36, 42, 44, 47, 51, 52, 54-59, 61-67, 70-74,

235

76, 79-81, 83-87, 91, 93, 94, 108, 110, 114, 122, 123, 139, 161, 167, 174, 192, 193, 207-209

さ行

再生　13, 41, 42, 47, 50, 74, 116, 122, 130, 133, 140, 165, 185, 190, 199, 202, 208, 211
財政制度等審議会（財政審）　122, 128-130, 194
財政民主主義　29, 98, 103, 163, 209
私会計　96, 97, 99, 100, 103-106
私債権管理条例　103, 105
市場化　9, 12, 35, 36, 51, 54, 86, 123, 189-193, 197, 200, 211
児童手当　87, 107, 114
社会福祉　13, 30, 32, 34, 64, 65, 74, 161, 162
就学援助　8-10, 15-22, 24-29, 31-34, 53, 60-64, 72, 73, 75-78, 81, 84, 85, 93, 102, 107, 123, 163, 182, 196, 207-209
就学督励　9, 29, 31, 35, 54, 62, 63, 84, 209
授業料　16, 30, 31, 34, 35, 53, 58, 99-102, 115, 116　⇒高校授業料
準要保護　8, 17, 18, 22, 23, 25-27, 29, 32, 34, 62, 73, 75, 76, 80, 84, 85, 93, 163, 209
小規模学校　11, 32, 124, 128, 139, 143, 148, 149, 152, 157, 158, 182
少子化　18, 32, 54, 58, 108, 110, 114, 119, 121, 124-126, 138, 142, 144, 149, 181, 192, 194, 209
自立　9, 13, 28, 49, 52, 53, 56, 62, 63, 65-67, 70, 75, 76, 87, 143, 162, 188, 193, 208
新自由主義　9, 11, 12, 33, 35, 43, 61, 62, 65, 77, 81, 84, 86, 123, 163, 165, 187-189, 192, 194-196, 200, 202, 207, 210, 211
スクールバス　125, 131, 142, 146, 147, 149, 153-158
生活保護　8, 9, 13, 15-17, 19, 22, 23, 25, 27-31, 33, 34, 52, 54, 55, 62, 64-66, 68-70, 74-76, 81, 84, 93, 103, 107, 116, 161, 162, 164, 196, 208, 209
政令指定都市　19-21, 27, 36, 59, 60, 92, 106, 120, 123, 136, 139, 161, 162, 168, 174, 180
戦後教育の解体　207
選別主義　8-10, 15, 16, 28, 35, 36, 51, 54, 61-64, 72, 207, 209
総計予算主義　29, 94, 98, 99, 102, 105

た行

多忙化　11, 79, 97, 105, 163, 165-167, 170, 179-182, 191, 193, 210
多様な教育機会　12, 53, 55, 127
地域の共同性　108
地域の宝　11, 100, 108, 113-116, 135, 144
地方創生　11, 13, 43-45, 54, 122, 123, 130, 131, 133, 136, 140, 202, 209
チーム学校　11, 43, 58, 167, 170, 179, 180, 182-187, 191, 194, 208, 210
中央教育審議会（中教審）　11, 41, 43, 130, 140, 167, 170, 179, 180, 182, 183, 185, 186, 194
通学距離　121, 122, 125, 145
通信制　60, 127, 190, 197, 198
適正規模　124, 125, 128, 133, 136, 138, 142, 144, 146, 158
手引　124, 126, 128, 130, 132, 139, 142-153, 155, 158, 209
特定補助金　92, 100-102, 121, 129, 139, 168, 174, 188, 189

な行

鍋ぶた型　167, 169, 182, 211
なりたい自分　48, 71, 123, 182, 211
認定基準　17, 19, 21-23, 25-28, 62, 76, 84, 85, 107, 165

は行

排除　12, 15, 47, 65, 137, 143, 169, 185, 187, 207, 208, 211
早川町　113, 114
非正規化　7, 11, 12, 42, 64, 161, 162, 165, 172, 191, 210
非正規教員　11, 63, 169, 172, 210
ピラミッド型　167, 169, 170, 179, 180, 182, 186, 187, 210
貧困率　7, 15, 64, 72, 87, 123
複式学級　124-126, 137, 143-146, 150-152, 158
普遍主義　9, 10, 16, 31, 33-35, 54, 63, 85, 108, 114, 116, 207-209, 211
プラットフォーム　9, 52-59, 61-63, 73, 86, 87, 122
包摂　12, 16, 42, 47, 65, 85, 143, 207, 211

ま行

「混ぜる」　13, 61, 211
未納　7, 8, 29, 93, 94, 97, 103, 106, 107
民間活力の活用　9, 16, 51, 64, 67, 79, 84, 85, 87, 121, 161, 190, 193, 194, 209, 210

や・ら・わ行

要保護　8, 17, 18, 22, 23, 25-27, 29, 32, 34, 52, 60, 62, 66, 73, 75, 76, 80, 84, 85, 93, 107, 163, 209
ローカル人材　46, 47, 137
「分ける」　12, 13, 42, 47, 61, 211
ヲシアヘ　109

中村文夫（なかむら・ふみお）

1951 年、埼玉県生まれ
立教大学法学部、明星大学通信制大学院（修士）修了
現在　教育行財政研究所主宰、専修大学非常勤講師
専門　教育行財政学、学校事務論、教育施設環境論ほか

主な著書
『教育コンピュータ工場』共著　現代書館　1981 年
『子供部屋の孤独』単著　学陽書房　1989 年
『ドキュメント学校事務の給与費等の国庫負担問題の 10 年』共著　学事出版
　　1993 年
『公教育における包摂と排除』共著　八月書館　2008 年
『現代学校建築集成』共著　学事出版　2008 年
『公教育改革への提言』編著　八月書館　2011 年
『学校財政』単著　学事出版　2013 年
『市場化する学校』編著　八月書館　2014 年

主な論文
「学校事務の共同実施・事務センターの中二階論（上）（下）」『学校事務』10・
　　11 月号　2007 年
「任意設置教育委員会の教育行財政（埼玉県桶川町の事例から）」『公教育計画
　　研究』第 5 号　2014 年
「政令市費教職員制度の創設」『日本教育事務学会年報』第 1 号　2014 年
「まち、子ども、学校、そして、そこに働く人々」『現代思想』4 月号　2015 年

子どもの貧困と公教育
──義務教育無償化・教育機会の平等に向けて

2016年2月25日　初版第1刷発行

　　　著　者　　　中　村　文　夫
　　　発行者　　　石　井　昭　男
　　　発行所　　　　　株式会社　明石書店
　　　　　　〒101-0021　東京都千代田区外神田6-9-5
　　　　　　　　　　電　話　03(5818)1171
　　　　　　　　　　ＦＡＸ　03(5818)1174
　　　　　　　　　　振　替　00100-7-24505
　　　　　　　　　　http://www.akashi.co.jp

　　　装　丁　　　明石書店デザイン室
　　　印　刷　　　株式会社文化カラー印刷
　　　製　本　　　協栄製本株式会社

(定価はカバーに表示してあります)
ISBN978-4-7503-4305-1

JCOPY　〈(社)出版者著作権管理機構　委託出版物〉
本書の無断複写は著作権法上での例外を除き禁じられています。複写される場合は、そのつど事前に、(社)出版者著作権管理機構(電話 03-3513-6969、FAX 03-3513-6979、e-mail: info@jcopy.or.jp)の許諾を得てください。

子どもの貧困と教育機会の不平等
就学援助・学校給食・母子家庭をめぐって
鳫咲子
●1800円

子どもの貧困 子ども時代のしあわせ平等のために
浅井春夫、松本伊智朗、湯澤直美 編
●2300円

子どもの貧困白書
子どもの貧困白書編集委員会編
●2800円

子ども虐待と貧困 「忘れられた子ども」のいない社会をめざして
松本伊智朗編著
清水克之、佐藤拓代、峯本耕治、村井美紀、山野良一 著
●1900円

日弁連 子どもの貧困レポート 弁護士が歩いて書いた報告書
日本弁護士連合会 第153回人権擁護大会実行委員会 編
●2400円

教育統制と競争教育で子どものしあわせは守れるか?
日本弁護士連合会 第55回人権擁護大会シンポジウム 第1分科会実行委員会 編
●2400円

若者と貧困 いま、ここからの希望を
湯浅誠、冨樫匡孝、上間陽子、仁平典宏 編著
●2200円

若者の希望と社会③
若者の希望と社会
●1800円

二極化する若者と自立支援 「若者問題」への接近
宮本みち子、小杉礼子 編著
●1800円

生活保護「改革」と生存権の保障 基準引下げ、法改正、生活困窮者自立支援法
吉永純
●2800円

間違いだらけの生活保護バッシング Q&Aでわかる生活保護の誤解と利用者の実像
生活保護問題対策全国会議 編
●1000円

間違いだらけの生活保護「改革」 Q&Aでわかる基準引下げと法「改正」の問題点
生活保護問題対策全国会議 編
●1200円

Q&A 生活保護利用ガイド 健康で文化的に生き抜くために
山田壮志郎 編著
●1600円

英国の貧困児童家庭の福祉政策 "Sure Start" の実践と評価
ジェイ・ベルスキー、ジャクリーン・バーンズ、エドワード・メルシュ 著
清水隆則 監訳
●2800円

反貧困のソーシャルワーク実践 NPO「ほっとポット」の挑戦
藤田孝典、金子充 編著
●1800円

貧困研究 日本初の貧困研究専門誌
貧困研究会 編 〈編集長 福原宏幸〉
【年2回刊】
●1800円

子づれシングルと子どもたち ひとり親家族で育つ子どもたちの生活実態
神原文子
●2500円

〈価格は本体価格です〉